LA FRANCE

EN

1829 ET 1830.

IPRIMERIE DE H. FOURNIER,
RUE DE SEINE, N° 14.

LA FRANCE

EN

1829 ET 1830.

PAR

LADY MORGAN;

TRADUIT DE L'ANGLAIS

PAR Mlle A. SOBRY,

TRADUCTEUR DE L'ITALIE DE LADY MORGAN, ET AUTRES OUVRAGES.

> La France connaît ses droits et sait comment elle doit les défendre.
> LAFAYETTE.

TOME SECOND.

PARIS,

H. FOURNIER JEUNE, LIBRAIRE,

RUE DE SEINE, N° 14.

1830.

LA FRANCE
EN
1829 ET 1830.

DROIT D'AINESSE.

Une erreur commune de la société est de considérer plutôt les analogies des choses que leurs différences; car il existe chez l'homme une forte tendance à inférer l'identité sur de légers fondemens. La division du pouvoir législatif en France, entre le roi et les deux chambres, induit nos voyageurs anglais superficiels à prendre la constitution française pour une pure copie de la nôtre; tandis qu'une inspection plus exacte des diverses pièces de la machine leur fait conclure que la copie est non-seulement inanimée, mais infidèle. Les bases étroites sur lesquelles repose le système représentatif en France, l'interférence indue de l'autorité dans les élections, le pouvoir que prend le roi de faire des ordonnances qui ont force de loi, le manque de sécurité pour la liberté personnelle et de garanties suffisantes pour la durée des institutions libres, sont des défauts trop saillans pour échapper à l'attention; et ils ont fait supposer que la constitution française tendait à l'absolutisme.

L'une et l'autre de ces opinions sont erronées. Entre les deux gouvernemens, français et anglais, les contrastes sont plus nombreux que les ressemblances, et la tendance probable des affaires en France va plutôt à consolider les droits du peuple qu'à développer la tyrannie, nonobstant la bonne volonté de la cour, du faubourg et des jésuites, pour détruire toutes constitutions.

En Angleterre, les pouvoirs de l'état, quoique divisés en théorie, se réunissent, pour tout ce qui est pratique, en une pure oligarchie. L'aristocratie serrée de la noblesse titrée et des grands propriétaires fonciers, est toujours sûre d'avoir une influence décisive dans le parlement, et le roi et ses ministres ne peuvent rien faire sans leur permission; tandis que le peuple a fort peu de poids direct dans les affaires et ne conserve pas plus de liberté qu'il ne lui en faut pour accroître, comme laboureur, les revenus publics, au bénéfice de leurs consommateurs privilégiés.

Une notion profondément gravée dans l'esprit des Anglais, c'est que la possession de la terre est quelque chose de très-différent de toute autre sorte de bien, quelque chose de très-supérieur; et que, si l'on joint à cette distinction un titre, et deux ou trois générations d'ancêtres, on peut prétendre à faire entrer sa famille dans les taxes et les charges du pays. Devant ce pouvoir tous les genoux fléchissent; le trône lui-même lui a cédé par degrés sa prérogative, comme le peuple lui a abandonné ses droits. Il accapare l'autorité matérielle et l'influence réelle dans les plans du gouvernement anglais. Quoique la principale partie des affaires publiques soit traitée dans la chambre des communes, les lords, qui y sont représentés par les nominations dont ils disposent, décident en réalité de toutes les questions importantes, et donnent le ton aux délibérations les plus essentielles pour l'état. En France, au contraire, le droit d'aînesse est aboli, la noblesse ne conserve aucun privilége; et la chambre des pairs n'est qu'un pur remplissage, un rouage superflu dans la machine politique, qui complique ses mouvemens sans les modifier matériellement. C'est en vain que le pouvoir exécutif, en créant un pair, le décore d'un titre et lui confère une part de la puissance législative; il n'est point séparé par là de la masse du peuple, soit par les sentimens, soit par les intérêts; et l'esprit de liberté se montre dans la chambre haute avec presque autant de fermeté et de pureté que dans la chambre des communes.

Cette condition politique est une conséquence naturelle du sentiment profondément enraciné de l'égalité, qui, à l'exception de la noblesse émigrée, règne parmi les Français de toutes les classes; de cette haine de la féodalité produite par mille ans d'expérience de ses horreurs. Ce fut ce sentiment qui dicta les lois établies pendant la révolution pour régler les héritages, ces lois qui, en divisant les grandes propriétés, en abolissant les droits féodaux, ont ôté à l'intérêt personnel toute connexion avec les abus de l'état, et ont uni tous les rangs, toutes les fortunes dans le désir commun d'un gouvernement juste et libre.

Les avantages dérivés de ce nouvel ordre de choses sont trop directs, trop palpables, pour échapper à l'observation populaire; et malgré tous les efforts de Napoléon pour élever une nouvelle noblesse, et tout le zèle des Bourbons pour rétablir l'ancienne, le mépris des distinctions factices dans la société devient chaque jour plus profond. Toutes les tentatives pour rétablir de nouvelles *maisons*, par la création des majorats, n'ont produit aucun changement dans l'opinion publique; et il est remarquable que les fils aînés des familles ont montré autant de fermeté dans l'opposition à ce principe, que si son adoption les eût déshérités, au lieu de les favoriser d'une manière si positive.

C'est en effet dans le seul acte de diviser le territoire français que se concentrent tous les bienfaits pratiques de la révolution; et c'est en même temps la principale garantie du futur développement du gouvernement constitutionnel. La diffusion des richesses et de l'industrie est un puissant moyen d'étendre les lumières, de créer un esprit public : et le souvenir traditionnel de ce qu'était le paysan avant la révolution, comparé à l'état actuel des petits propriétaires, fournit un argument pour la liberté qu'aucun sophisme ne peut réfuter, qu'aucun pouvoir ne peut réduire au silence.

Dans tous les pays où le droit d'aînesse est reconnu, les cadets des grands propriétaires, dépourvus d'héritage, tombent à la charge du peuple. Il en était ainsi autrefois en France; il en est ainsi actuellement en Angleterre. Les cadets des familles, élevés avec leurs chefs futurs, doivent nécessairement adopter leurs habitudes et leurs préjugés, leur goût pour la dépense et l'oisiveté, leur mépris orgueilleux pour l'industrie commerciale. Pour les pourvoir d'une manière analogue à leur éducation, l'armée, la marine, l'église, les emplois civils doivent être mis à la disposition des chefs de leur famille; et, pour obtenir cette influence, il faut que les derniers exercent dans l'état une puissance évidemment ennemie de la liberté réelle, de l'égale distribution de la prospérité. La vigueur de ce corps privilégié ne peut se maintenir que par des lois qui favorisent à un degré nuisible l'accumulation des biens dans les mains d'un petit nombre, en sorte que la population se divise en deux groupes, l'extrême richesse et l'extrême pauvreté; c'est-à-dire qu'elle arrive à l'état le plus malheureux dans lequel une société civilisée puisse se trouver.

En Angleterre, l'énergie des citoyens et leur succès dans les entreprises manufacturières et commerciales ont arrêté ou détourné cet enchaînement d'événemens. De grandes fortunes industrielles élèvent la condition du peuple au niveau de l'aristocratie territoriale; et comme cette sorte de propriété est plus susceptible de se diviser, elle reporte une grande masse de biens sur les classes moyennes et inférieures; cependant le mal existe toujours, et ses progrès tendent à la misère publique. Il se montre dans toute sa difformité par la dette, les impôts, la taxe des pauvres et l'état abject des ouvriers. Mais c'est en Irlande que l'inégale distribution des richesses produit ses mauvaises conséquences dans toute leur intensité. Là, point de classe moyenne au delà des murs de la capitale et d'une ou deux grandes villes. On ne voit dans tout le pays que châteaux magnifiques dominant les plus misérables chaumières. On ne trouve là que le gentilhomme ou le paysan : la tête est d'une proportion monstrueuse pour le corps de la nation. La stagnation du commerce diminue les capitaux; et la mendicité, comme une plaie rongeante, s'étend même parmi les propriétaires [1]. Outre les causes habituelles de cet état de choses (l'inégalité dans les lois et dans les droits), les fréquentes confiscations qui ont eu lieu en Irlande dans les anciens temps, ont encore augmenté le mal. Il résulte évidemment de tout cela que chacun est soit au dessus de la nécessité, soit au dessous de la possibilité d'accumuler des capitaux. Toutes les classes sont plus ou moins imprévoyantes et gaspilleuses, en sorte que chaque génération voit augmenter la population et la misère en ce pays. Mille plans divers ont été proposés pour remédier à la détresse nationale; l'émigration, les colonies domestiques, les lois sur la mendicité, la culture obligée, l'intervention du gouvernement, tous sont également faibles et insuffisans. Il faut attaquer ce mal gigantesque dans ses causes; car aussi long-temps qu'elles subsisteront, elles annuleront l'effet de toute amélioration subordonnée. L'établissement, ou plutôt le rétablissement de l'ancienne coutume d'Irlande à l'égard du partage des pro-

---

[1] Il existe peu de terres des seigneurs résidans qui ne soient grevées; et la difficulté de recueillir les rentes dues par des tenanciers à la mendicité, est un surcroît d'embarras pour les propriétaires.

priétés, en les divisant davantage, diminuerait *l'absentisme*, favoriserait les bonnes mœurs et l'instruction du peuple, ainsi que l'industrie et l'économie. Le commerce, les manufactures ravivés fourniraient du travail aux pauvres, et entraîneraient la réduction de toutes les taxes maintenant levées au profit de la seule aristocratie.

La richesse scandaleusement énorme du clergé ne serait pas non plus tolérée un instant dans un pays où les propriétés laïques ne seraient pas aussi grandes que les propriétés ecclésiastiques; et le bien qui résulterait d'une division plus chrétienne de cette dernière sorte de propriétés aurait sur la prospérité de l'Irlande une influence inconcevable.

Mais l'égalité dans le partage des terres en Irlande, malgré le bien qu'il produirait sur l'aisance, la moralité de sept millions d'âmes, est, dans l'état présent de l'opinion, tout-à-fait impossible. Cela porterait un coup mortel à la suprématie de l'aristocratie, à laquelle on tient encore si fortement; ce serait une révolution (c'est-à-dire une réforme), une insulte à la religion (c'est-à-dire une purification de l'église); cela choquerait les préjugés du peuple lui-même, aussi infatué que ses maîtres des distinctions féodales. Le seul remède qui puisse atteindre à la racine de la misère nationale sera donc le dernier que l'on adoptera; et une longue suite de palliatifs, de recettes de charlatan, seront probablement employés avant qu'un mode curatif plus scientifique soit tenté.

En Angleterre aussi les préjugés aristocratiques seront de longue durée, entretenus comme ils le sont par mille sophismes. Les principales sources de ces sophismes sont d'abord la nécessité supposée des grandes maisons pour balancer le pouvoir royal et servir d'intermédiaire entre lui et le peuple; ensuite, l'avantage prétendu de maintenir les grandes propriétés, afin d'assurer la bonne culture de la terre. Sur l'un et l'autre de ces points l'état actuel de la France peut jeter beaucoup de clarté.

La première de ces propositions est maintenant assez généralement et assez justement appréciée par le peuple anglais. L'office de médiateur entre le peuple et ses supérieurs, soit politiques, soit théologiques, consiste, comme on le sait fort bien, à piller le premier pour son plus grand bien; et l'absurdité de la balance des pouvoirs dans un état est tout-à-fait démontrée. Il est à présent reconnu par expérience que l'aristocratie dans les gouvernemens constitutionnels doit concentrer en elle toute la puissance de l'état, ou bien se contenter de marcher à la suite du peuple. La première de ces positions est celle de l'aristocratie anglaise de nos jours; la seconde est celle qu'elle occupait sous la république de Cromwell. Sous un pur despotisme, les nobles ne sont que les premiers esclaves du monarque et les instrumens de sa tyrannie.

Pour réfuter le second grand sophisme, l'avantage supérieur des grandes exploitations rurales, il n'est pas nécessaire de demander si une nation de petits propriétaires est plus ou moins heureuse et puissante qu'une nation de laboureurs journaliers et de gros fermiers. Il suffit de savoir que la culture d'un pays est toujours rigoureusement proportionnée à la quantité de ses capitaux, et que la grandeur des fermes est déterminée par une loi nécessaire dans laquelle les droits de primogéniture n'entrent pour rien. En France, la culture varie suivant la richesse des provinces. Dans le sud, où la population est pauvre, les fermes sont petites; tandis que dans le nord, comparativement riche, l'agriculture est conduite sur une plus vaste échelle [1]. En Ir-

---

[1] En Beauce, où les fermes sont habituellement grandes, les petits propriétaires louent leurs terres aux grands, qui ont plus de moyen de les bien cultiver. La même chose a lieu dans d'autres provinces.

lande, où les propriétés sont très-vastes, les fermes sont très-petites, par la seule raison que les cultivateurs du sol ne sont pas capitalistes.

A l'égard du bonheur individuel, l'exemple de la France est concluant en faveur de l'égalité de partage dans les héritages. Depuis que cette loi a été adoptée, l'énergie et la fortune du peuple se sont accrues avec une merveilleuse rapidité. Ses habitudes morales se sont améliorées en même temps que son bien-être a augmenté; et une noble simplicité, une indépendance honorable ont succédé à la servilité de ce qu'on appelait la canaille de la vieille France. Si une nation était destinée à se suffire à elle-même, à subsister de ses propres ressources, on pourrait concevoir un cas dans lequel de grandes cultures seraient nécessaires pour secourir une population surabondante. Le petit fermier consomme plus de produits du sol que le grand; par conséquent il en laisse moins pour les manufacturiers et les oisifs [1]. Mais c'est dans cette

---

[1] Ce faux argument est victorieusement avancé en Angleterre. Mais cette surabondance de population ne saurait exister dans un pays tolérablement gouverné. En Pologne, en Irlande, la population pauvre, en effet trop grande pour les circonstances présentes, est encore très au dessous du produit annuel que la terre pourrait fournir si elle était

augmentation de consommation que gît l'avantage du petit propriétaire. Il consomme plus, donc il est plus heureux, et ses mœurs doivent s'améliorer en proportion; et si l'importation des denrées de première nécessité n'est pas empêchée, le pays, en général, n'aura pas à souffrir de cet état de choses.

En France, la puissance productive du sol est plus que suffisante pour la subsistance du peuple. La France pourrait exporter des blés comme elle exporte du vin, si son énergie était bien dirigée [1]. Comme elle l'est maintenant, les vivres y sont comparativement bon marché; et

également distribuée. Les populations, trop grandes pour le sol, sont exclusivement le résultat du commerce; et le commerce aura toujours le moyen de pourvoir à leur subsistance s'il n'est pas entravé.

[1] Plusieurs circonstances concourent à rendre la situation du paysan français moins également et moins généralement bonne qu'elle pourrait l'être. Dans le sud, l'influence de la révolution a été moindre. Le peuple de ces provinces est pauvre, ignorant, superstitieux, comparé à celui des autres parties de la France. Les restrictions fiscales sur le commerce intérieur ont aussi l'effet de paralyser l'agriculture. Les erreurs, les préjugés entretenus au sujet du commerce extérieur ont les mêmes funestes conséquences. Malgré la marche de l'esprit humain, les Européens ne sont cependant encore que demi-civilisés.

toutes les classes de laboureurs sont en masse dans une prospérité fort au dessus de celle du paysan anglais. La division des terres n'a donc pas produit jusqu'à ce jour le mauvais effet d'augmenter le nombre des mendians ou d'empêcher l'accumulation suffisante des capitaux[1].

Rien n'est plus agréable aux yeux du philosophe et du philanthrope que le spectacle des petites terres qui produisent de si abondantes récoltes dans les environs de Paris. Chaque morceau de terrain est soumis à une culture différente qui annonce en général un propriétaire différent; et la contenance, le costume, l'apparence extérieure des villageois, prouvent l'aisance et l'intelligence. Dans les grandes villes, les demandes régulières d'une population composée de petites fortunes, activent une plus grande partie du commerce intérieur que ne pourraient le faire les demandes d'un petit nombre de grands propriétaires. En même temps, les personnes médiocrement ou peu fortunées sont

---

[1] Sir Francis Burdett, dont les idées aristocratiques sur ce point sont connues, demandait au général Lafayette ce qu'on ferait en France quand elle serait toute divisée en propriétés de quelques pieds carrés. Celui-ci répliqua : « Que ferez-vous en Angleterre quand elle sera partagée entre trois ou quatre propriétaires? »

moins humiliées par la prépondérance des grandes richesses. Des habitudes plus modestes empêchent que l'étalage d'un luxe extravagant ne soit un passe-port nécessaire pour être admis dans la bonne compagnie. La corruption est moins sollicitée par l'impérieuse voix du besoin ou la soif inextinguible de passions mal satisfaites. L'opinion publique est donc là plus puissante, la moralité naturelle plus saine; et l'on voit dominer un vrai patriotisme, inconnu au membre vénal de nos bourgs pouris ou au serf avili des despotes de nos comtés[1]. Tant que cet esprit régnera, et que les institutions qui l'ont développé seront en vigueur, les arrangemens politiques du pouvoir seront de peu d'importance. Quand les lois seraient assez imparfaites pour laisser la personne des citoyens à la merci de l'arbitraire, la liberté finira par

---

[1] Rien ne prouve mieux la tendance libérale du partage égal des héritages que les dernières élections en France. La franchise électorale est réduite à son minimum d'étendue. Les quatre-vingt mille habitans les plus riches exercent seuls le droit; cependant les résultats sont en général bons, selon l'intérêt bien entendu du pays. Comme le cœur saigne à la scène opposée de fraude, d'égoïsme, de parjure, si fréquemment offerte par les élections de l'aristocratique Angleterre!

triompher : car un peuple de petits propriétaires ne peut être subjugué; il ne peut être bafoué, trompé. En face d'un tel peuple, la ruse d'un jésuite est une folie, le caprice d'un despote une sottise. Même dans les circonstances actuelles, la France avec ses douanes et toutes ses entraves, après avoir subi deux occupations étrangères et trente ans de révolutions et de guerres, est encore le pays le plus prospère de l'Europe : et cela simplement parce qu'une distribution des biens favorable à l'industrie l'a débarrassée de la tyrannie d'une caste dévastatrice, et a donné à la masse du peuple le moyen d'exercer au plus grand avantage possible ses talens et son énergie.

GALERIE D'ORLÉANS.

Rien ne dérange plus mon système des tempéramens et de l'organisation héréditaires que la famille actuelle d'Orléans. On ne trouve pas une qualité, pas une disposition dans la génération présente, qui rappelle le caractère de l'imbécile et méchant frère de Louis XIV, dont la folie désordonnée fut la cause de plus d'un crime; on ne trouve rien chez eux du régent, si ce n'est sa douceur d'âme, son amour pour les arts et les lettres; ni d'Egalité, si ce n'est sa *bonhomie*, ses manières populaires. Ou la race a été heureusement croisée, ou les circonstances ont agi bien favorablement sur elle. La grande école du malheur, dans laquelle le duc actuel a été nourri, dans laquelle il a lutté pour sa pure subsistance, devait être en effet plus profitable à la vertu, à l'intelligence, que celle de *Belle-Chasse*, gouvernée par la Minerve du Palais-Royal. Le résultat de ces rudes mais salutaires enseignemens a induit probablement le duc d'Orléans à envoyer son fils et son héritier étudier dans un collége public, où il se trouve en contact avec ses concitoyens, reçoit le coup de rabot et les férules de l'égalité, acquiert ces notions pratiques de la vie et de la société, que les écoles publiques peuvent seules enseigner. Entre l'éducation européenne et l'esprit bien développé du duc de Chartres, et l'éducation rétrécie de son cousin le duc de Bordeaux (cette jeune plante qui croît dans la serre chaude de la vieille *nourricerie royale*), il y a une formidable différence.

Au bal de lady Stuart, je remarquai un jeune homme qui passait rapidement à travers un groupe de militaires de son âge, adressant un signe de tête à l'un, quelques mots à l'autre, et conduisant sa danseuse à la première place vacante dans les quadrilles : on aurait pu le prendre pour un sous-lieutenant ou un simple *attaché* à quelque ambassade (excepté qu'en cette occasion les *attachés* étaient tous en brillans costumes de masques), tant il s'attirait peu, et semblait exiger peu d'attention. Ce jeune homme était le duc de Chartres. Mais, bon Dieu! combien il était différent du duc de Chartres, du fameux menuet de Lorraine! Aucune place spéciale n'était réservée au successeur possible de Louis XIV sur le trône de France! aucun hommage rendu à monseigneur! personne ne l'appela *grand prince*. Esprit de Dangeau, si tu pouvais voir ce qui se passe ici-bas des antichambres de tes limbes de courtisans et de valets, que dirais-tu à cela?

Quand nous arrivâmes à Paris, on ne recevait plus au Palais-Royal; le duc et la duchesse, avec leur famille, étaient retirés dans leur maison de campagne, et le duc de Chartres était parti, immédiatement après le bal de l'ambassadeur, pour l'Angleterre et l'Irlande. Quelqu'un nous proposa de voir la galerie d'Orléans. Nous étions en ce moment à parcourir cette galerie des galeries, le Musée; et nous allâmes tout droit, de la travée des maîtres italiens (à laquelle nous nous sommes toujours hâtés d'arriver, après notre première visite), à l'école moderne du Palais-Royal, passage dangereux pour des imaginations fatiguées d'admiration.

Une remarque cynique, mais juste, c'est que les hommes souffrent plus par leur bon naturel que par leur égoïsme; car la bonté, de même que la charité, étant exercée en faveur de l'infortuné (mot trop souvent synonyme d'imprévoyant) ou du vicieux, doit, une fois sur dix, être une source de chagrins et de désappointemens. Cela est spécialement vrai à propos des arts; l'excellence chez eux n'a pas besoin de protection et ne donne aucun lieu à l'exercice de la bonté; tandis que la médiocrité, quoi que l'on puisse faire en sa faveur, finit toujours par reprendre son niveau. J'ai trouvé du moins qu'il en arrivait toujours ainsi d'après les observations que j'ai faites, dans ma petite sphère. Ceux que j'ai tâché de servir, comme l'on dit, en les *poussant* (quand leur propre mérite n'avait pu les mettre hors de la dépendance des autres), m'ont rarement pardonné le non-succès de mes bienveillans, mais peu judicieux efforts [1].

[1] Ceci pourrait avoir un air de présomption, de préten-

GALERIE D'ORLÉANS.

Le patriotisme du duc d'Orléans l'a engagé à employer des sommes considérables pour les ouvrages des jeunes artistes français. Souvent cet argent a été judicieusement employé, mais quelquefois peut-être indiscrètement; et dans les deux cas, les artistes restent exactement où les avaient mis l'opinion publique. Parmi les *rebus* des amateurs des arts, il n'en est point de plus erroné que cette complainte continuelle sur l'oubli dans lequel on laisse la nouvelle école. Acheter un ancien tableau à un prix énorme, seulement parce qu'il est ancien, est un acte provenant d'un goût emprunté, ridicule comme toutes les affectations [1]. Mais négliger de s'assurer la pos-

---

tion au patronage ; mais quand on éprouve de la sympathie pour ceux qui ont à lutter contre les obstacles semés sur la route des artistes, quand on a le cœur trop bon pour laisser échapper la moindre occasion de les aider, de leur être utile, on peut faire beaucoup sans avoir ni le rang ni la fortune nécessaires pour acquérir le titre de protecteur.

[1] Si les plaintes sur le manque d'encouragement, si communes dans la bouche des artistes et des connaisseurs anglais, sont fondées à quelque degré, on doit attribuer ce fait à une médiocrité surabondante qui encombre les marchés. Les impôts énormes, le luxe croissant, le goût des plaisirs positifs, et surtout l'ambition universelle de tenir, comme on dit, une place honorable dans la société, contribuent aussi à l'indifférence des Anglais pour les productions des

session d'un bon tableau, dans le but de donner la préférence à l'art contemporain, est un acte non moins absurde. Il n'y a qu'une seule raison légitime pour acheter les ouvrages d'art; elle doit être fondée sur leur mérite; et c'est à l'artiste à faire des tableaux qui puissent forcer à les acheter. S'il ne peut le faire, il n'a rien à réclamer de la protection publique, et il vaudrait mieux pour lui et pour la société qu'il s'occupât de quelque autre branche d'industrie plus utile. En France, il existe sur ce point une assez forte dose de préjugé national, et la révolution n'a pas aboli les vieilles coutumes de patronage et d'encouragemens. En conséquence, la galerie d'Orléans contient plusieurs ouvrages inférieurs; mais un nombre suffisant de belles compositions des grands maîtres modernes, rachète la médiocrité du reste.

Je n'ai pu me procurer le catalogue de la ga-

---

arts. Les étroites dimensions de l'architecture domestique s'opposent d'autre part à la formation des galeries particulières ; cependant les peintres d'un vrai mérite trouvent peu ou point de difficulté à vendre leurs ouvrages : et je ne vois pas plus de raison d'acheter un mauvais tableau qu'aucune autre marchandise défectueuse. La fécondité des artistes médiocres surpasse tout ce qui pourrait être demandé dans la société la plus engouée de peinture.

lerie d'Orléans pour l'emporter chez moi ; mais, autant que je puis m'en souvenir, les plus beaux échantillons qu'elle contient de la nouvelle école sont les batailles et les marines des admirables Vernet, cette race distinguée d'artistes héréditaires, d'autant plus excellens que leur talent porte l'empreinte de leur caractère respectif. Il n'y a rien de vague, rien de faux dans leurs nobles peintures. Les faits, la nature, sont leur étude ; leur chevalet est devant leur sujet comme devant une chambre obscure ; et les lignes, les teintes lumineuses, les ombres, se placent d'elles-mêmes sur la toile, et restent là, permanentes et fidèles copies de leurs grands modèles. Que l'ambitieuse médiocrité, avec ses yeux tournés vers le ciel, sa tête dans les nues, apprenne de ces artistes que la seule inspiration du génie est la vérité. Passez des batailles d'Horace Vernet (celle de Jemmapes, par exemple) à l'école ossianique des masses noires et blanches, au sublime grotesque d'une composition fantasque, avec ses terribles profondeurs d'ombres et ses proportions gigantesques ; regardez celles-ci, regardez ensuite celles-là, et, si vous avez des yeux : « Vou
» drez vous mener vos troupeaux paître sur cette
» belle montagne, se vautrer dans ce marais ? »

Plusieurs des tableaux de Vernet sont des histoires délicieuses à lire, ainsi contées avec tout le brillant du coloris de la nature. Tel est le tableau où le duc d'Orléans est représenté cherchant un asile à l'hospice du Saint-Gothard, événement qui se passa en 1793, quand ce prince était le jeune et infortuné duc de Chartres. A pied, avec peu d'argent, suivi d'un seul domestique, il se présente à la porte du couvent. Il sonne; un capucin paraît à la fenêtre, et demande en italien ce qu'on veut. — Un peu de nourriture pour mon compagnon et pour moi, répond le voyageur. — Nous ne recevons pas des gens de votre sorte, des gens qui voyagent à pied, reprit le moine. — Mais, révérend père, nous paierons ce que vous demanderez, dit le duc. — Non, non; l'auberge vis-à-vis est assez bonne pour vous. Et il désignait un misérable cabaret où les muletiers s'arrêtaient pour se rafraîchir. Il ferma la fenêtre, et disparut. La scène du mont Saint-Gothard, rendue par le pinceau de Vernet avec des figures aussi intéressantes que celle du capucin à la fenêtre, du jeune prince et de son fidèle serviteur au dessous, forment l'un des sujets les plus attachans que l'on puisse imaginer. Le *Combat d'avant-poste* et le *Grenadier blessé*, du même artiste, ont été célébrés en vers par le comte Anatole de

Montesquiou; mais la *Bataille de Jemmapes* est, je crois, son chef-d'œuvre.

Parmi les portraits modernes de la galerie d'Orléans, on remarque la tête du général Foy et un beau portrait de madame de Staël, par Gérard. Tous deux sont vivans et parlans. Et quelle foule de divins portraits du temps des Ninon, des Sévigné, du délicieux *siècle des Mémoires*, dans lesquels nous cherchons encore notre pâture, tous tant que nous sommes! Temps de vice et de folie, temps de la torture, de la roue, des empoisonnemens et des *lettres de cachet*, pourquoi étiez-vous si amusans? On voit là des portraits de ministres et de maîtresses, des Maintenon, des père Lachaise, un très-beau portrait du cardinal Mazarin (par Philippe de Champagne), qui n'a point du tout cet *aria di frate* (cet air monacal) auquel on pouvait s'attendre dans un prêtre italien, et une tête magnifique du cardinal de Richelieu, par le même peintre; des portraits de Lavallière[1], de madame de Montespan, de Charlotte de Bavière, duchesse

[1] Ce portrait de madame de Lavallière est peint (d'après une miniature originale appartenant à feu la duchesse d'Orléans) par une charmante artiste moderne, mademoiselle Sophie Alland. Le portrait de Cromwell et celui de Turenne, par Mignard, m'ont aussi particulièrement frappée.

d'Orléans, et de plusieurs autres femmes de la cour de France, célèbres par leur beauté ou leur rang, dans lesquels on reconnaît la touche de Nanteuil, de Mignard, de Rigaud et de Coypel [1].

Une suite de tableaux historiques, peints par des artistes nationaux et modernes, intéresse extrêmement. Ils représentent de la manière la plus piquante les scènes diverses qui se sont passées au Palais-Royal. Chacun sait l'histoire de cet édifice, qui fut bâti par le cardinal de Richelieu et légué par lui à sa royale victime comme digne d'être la résidence des rois. Là était sa chapelle, dans laquelle il célébrait la messe, dans une pompe digne de Léon X; et son théâtre, où il prêtait une oreille attentive à ses propres compositions froides et pédantesques, où sa vanité

---

[1] Parmi ceux des anciens maîtres est le portrait de François Ier du Titien. Parmi les ouvrages des modernes qui ont été ajoutés récemment aux belles collections d'Eu et du Palais-Royal, ceux du duc de Montpensier, l'intéressant et bien-aimé frère du duc d'Orléans, méritent d'être remarqués. Les portraits de Henriette de France, femme de Charles Ier et de Henri IV, qu'il a copiés d'après les originaux de Porbus, existant dans le cabinet du roi d'Angleterre, sont très au dessus des productions d'amateurs ordinaires.

reçut une leçon si cruelle par les hommages involontaires rendus au modeste et pauvre Corneille, tandis qu'on les refusait à sa muse toute-puissante, mais toute insignifiante. Là, de plus, est le cabinet de son astucieux successeur dans le double ministère de l'église et de l'état, du Mazarin; ce cabinet où la faible et dévote Anne d'Autriche fut entraînée à prendre les mesures qui firent sentir au peuple sa dégradation, et faillirent coûter la couronne à son fils. Louis XIV fut bercé et *dressé*, mais non élevé dans le Palais-Royal. On négligea même de lui apprendre à lire et à écrire; et il paraît avoir saisi çà et là quelque peu de ces arts élémentaires par accident. J'ai eu dernièrement entre mes mains une lettre de ce monarque, c'était un vrai prodige d'ignorance royale, sous le rapport de l'écriture et de l'orthographe. Cette incapacité des souverains était un dogme essentiel du système machiavélique du temps. Les rois ne voulaient pas instruire leurs enfans, parce qu'ils étaient jaloux de leur réputation future. Les ministres ne voulaient pas éclairer ceux qu'ils avaient l'intention de gouverner. La société, jusqu'au commencement du dernier siècle, était une caverne de brigands où chaque voleur craignait son camarade, et se tenait en garde contre sa fourberie.

Les scènes les plus dramatiques de la fronde furent jouées sur le théâtre du Palais-Royal; et ces scènes donnent la mesure complète des temps où elles arrivèrent. Tant que la résistance des frondeurs à la plus scandaleuse oppression resta dans les mains du *tiers-état,* elle fut bien dirigée; mais quand les princes du sang vinrent avec leurs vices, leur folie, leur ambition personnelle et leur inconstance, entraver les efforts légitimes des citoyens, la cause du pays fut désespérée. Pour eux, les vieilles amitiés, les liens de la plus proche parenté, ne comptaient pour rien. Les princes de Condé et de Conti, les ducs d'Orléans, de Longueville, de Beaufort, se vendaient, se ruinaient, se trahissaient l'un l'autre; tandis que le brave et spirituel La Rochefoucault, l'ingénieux et libertin de Retz, tournaient comme des *girouettes* d'un parti à l'autre, et combattaient pour le prince ou pour le peuple, suivant l'intérêt actuel de leurs passions ou de leurs caprices. Ainsi fut suspendu le progrès du perfectionnement; ainsi furent trompées les espérances de la nation, et un siècle de bigoterie et de tyrannie se prépara, et fut terminé par une révolution dont les descendans de ces chefs versatiles déplorent maintenant les effets.

Depuis cette époque, l'histoire du Palais-Royal

devient celle de la maison d'Orléans. Là Gaston, le frère (mais, comme on le croit assez généralement aujourd'hui, non l'unique frère) de Louis XIV, reçut la main de la belle Henriette d'Angleterre, qui, comme femme et comme politique, prouva que la cour de Londres n'avait pas plus de prétentions à la vertu sévère que celle de France.

Dans le salon de cette infortunée duchesse commencèrent et (du moins en ce qui concerne la meilleure partie d'un sentiment) finirent les immortelles amours de Louis XIV et de madame de Lavallière. Sur les scènes qui suivirent, sous le régent, il faut, pour l'honneur de la morale et de l'humanité, jeter un voile. Vinrent ensuite ces coteries d'amour et de sciences où les muses et les grâces se mêlaient aux intrigues galantes et politiques du temps; où la *prima donna* de la troupe figurait comme mère de l'église et amie de *l'Egalité*.

Des tableaux de ces époques remarquables, et d'autres également intéressans [1], en général

---

[1] Parmi ceux-ci, madame de Thémines et madame de Lavallière au couvent de la Visitation, par Ducis, est particulièrement intéressant pour les lecteurs de Mémoires français. L'habit de sœur Louise et la brillante toilette de la dame de cour forment un contraste pittoresque, poétique-

admirablement composés et passablement exécutés, ornent les murs de la grande galerie. Quelques-uns de ces ouvrages promettent des talens. Comme les sujets sont pris dans l'histoire moderne, ils appartiennent à l'école romantique. J'ai remarqué, parmi ceux qui représentent des sujets de l'histoire du Palais-Royal, Anne d'Autriche montrant le jeune roi endormi aux frondeurs. Le contraste du paisible sommeil de l'enfant avec les figures passionnées et dures des frondeurs, et les regards craintifs, inquiets, de la reine-mère, est extrêmement beau. On voit aussi le cardinal de Richelieu célébrant la messe dans sa magnifique chapelle, et le cardinal de Retz, à la tête des frondeurs, arrivant au palais pour demander la liberté des magistrats. Dans la peinture de l'entrée de Philippe, duc

ment décrit par mademoiselle Delphine Gay dans ses vers sur ce tableau.

> Sous le bandeau sacré des sœurs du repentir
> La première a caché sa blonde chevelure;
> L'autre, que l'élégance a pris soin de vêtir,
> Des fêtes de la cour a gardé la parure.
> Le vent qui rafraîchit la brûlante saison
>   Fait frissonner ses vêtemens de soie,
>   Et sur le funèbre gazon
> De son riche manteau la pourpre se déploie.

d'Orléans, au Palais-Royal, avec sa belle épouse Henriette d'Angleterre, l'étonnante stupidité de la physionomie du prince est frappante. Les têtes doivent être historiques, et Henriette est une véritable Stuart. Le docteur Franklin, reçu par le dernier duc d'Orléans au milieu de sa famille, est encore un tableau intéressant. La dame en satin bleu que l'on voit dans un des coins de ce tableau est madame de Genlis.

Pendant que la mémoire et l'imagination trouvent à s'occuper agréablement dans ces heureuses réalisations des scènes et des personnes depuis long-temps l'objet de leurs associations, le cœur se repose doucement dans les appartemens privés de l'illustre famille existante. Le petit salon et le boudoir qui en dépend pourraient appartenir à quelque dame anglaise instruite, raisonnable, élégante; et l'on ne peut faire un éloge plus complet d'un appartement particulier. Qu'une famille qui touche à la royauté vive réunie, comme si les liens ordinaires de l'humanité avaient toute leur force chez elle; que chaque membre de cette famille ne soit pas séparé dans des pavillons différens et placé sous la garde des dames d'honneur (maîtresses en titre ou en expectative du chef de la famille), c'est une nouveauté dans les arrangemens domestiques de la maison de Bourbon! Tout, dans ces appartemens, annonce l'aisance, la simplicité commode, *l'habitabilité;* en un mot, un changement dans les habitudes et les mœurs royales qui remplace les exclusions orgueilleuses, les exhibitions publiques de la vie des princes du dernier siècle, par ces relations raisonnables, sociables, domestiques et humaines, que l'on observe dans tous les rangs sous l'influence des institutions perfectionnées du temps présent [1].

[1] Quand on se rappelle que le duc d'Orléans a racheté ses propres galeries d'Eu et du Palais-Royal, qui faisaient partie de son héritage, mais qu'on avait vendues pendant la révolution, la protection libérale qu'il accorde aux artistes modernes est encore plus remarquable. Outre qu'il a recueilli les ouvrages de Gérard, de Gros, de Vernet, d'Hersent, de Picot, de Granet, de Michallon, d'Isabey et d'autres peintres français, il a encouragé l'école de la nature, en ajoutant à ses collections les productions admirables des peintres hollandais et flamands Drolling, Omegang, Watelet, Verbœckhoven, Vander Burch, Steuben, Swebach, etc. Un des plus exquis *tableaux de genre* de la galerie d'Orléans est l'intérieur de l'appartement qu'occupait feu Drolling, rue du Bac. Drolling, mort à Paris en 1817, était un des excellens peintres de son temps et de son école. Il ne devait qu'à lui-même son talent, et ses succès ont été un bel exemple de la puissance du génie. Sa *Maison à vendre*, son *petit Commissionnaire* et sa *Marchande d'oranges* ont

toute la fraîcheur et la vérité de l'école flamande dans ses meilleurs temps.

Pendant que mon ouvrage était sous presse, j'ai reçu, par l'entremise d'un ami aussi respectable que respecté, le comte de Canclaux, consul de France à Dublin, la *Notice historique sur les tableaux de la galerie d'Orléans*, par J. Vatout, secrétaire particulier du duc. Cet ouvrage, également instructif et amusant, n'a été fait que pour offrir un *catalogue raisonné*; mais il présente une nouvelle manière d'écrire l'histoire sous la forme la plus instructive et la plus tangible.

M. Vatout est auteur de plusieurs autres ouvrages agréables, parmi lesquels on cite *la Fille d'un Roi*, roman politique.

LES DOCTRINAIRES.

Je viens de recevoir la visite d'un de ces Français que la nature a faits spirituels, et que l'ambition égare dans des efforts pour être *imaginatifs*. Tant que de tels hommes s'attachent aux faits de la vie, que leurs talens brillans savent si bien embellir dans la narration, ils sont délicieux; mais du moment qu'ils s'écartent vers les régions de l'imagination, de l'abstraction, ils deviennent diffus et froids. Je tremble quand un littérateur français commence à parler d'Ossian et de Childe-Harold, et je ne me sens à l'aise que quand il revient aux événemens du jour.

L'esprit français est sur son véritable terrain quand il traite des réalités de la politique, de la société, des mœurs, de la morale, de la littérature. Mais s'il quitte la terre pour s'élever aux régions idéales, de même qu'Anthée, il cesse d'être invincible. Le sublime n'est pas le genre dans lequel les Français excellent : et comme ils ont déployé toutes les autres qualités du génie, ils peuvent bien se dispenser d'ambitionner le moins utile et le moins amusant des attributs de l'esprit. Qui n'aimerait mieux être touchés que ravi, égayé qu'inspiré? Un coup d'œil jeté sur les Alpes est magnifique, excitant; mais, comme séjour habituel, le pavillon d'Orsay aux Champs-Elisées est préférable (à mon avis) au couvent du Mont-S.-Bernard. Je suppose donc que je préfèrerais mon spirituel ami M. de*** à Milton lui-même pour causer au coin de mon feu.

A propos de quelques observations que j'avais faites sur la politique du moment, M.*** me dit :

—Je vois que vous allez devenir une *dame du canapé*.

— Du canapé! Que veut dire cela?

— Cela veut dire que vous êtes une *doctrinaire*. Sans doute, l'esprit de cette secte vous a été inoculé par***, avec lequel je vous ai vue à l'Opéra, et qui est un des plus invétérés doctrinaires de la vieille école même.

— A quel temps bornez-vous cette épithète de *vieille ?* En France tout change avec une rapidité qui confond toutes les idées ordinaires du temps et de ses modes.

— L'école à laquelle je fais allusion date du règne de M. Decazes, que vous avez laissé au sommet de sa puissance quand vous partîtes pour l'Italie en 1818. Elle est tombée avec le *système de bascule* inventé par son patron.

— Système de bascule! Il faudrait réellement avoir un dictionnaire des phrases politiques et des sobriquets du temps.

— *Le système de bascule* est un système qui se tient en balance entre les royalistes et les libéraux; qui bat les uns par les autres; qui repousse les premiers sous prétexte qu'ils veulent la contre-révolution, et les seconds sous prétexte qu'ils cherchent à ramener la république de 1793. Le ministère de Decazes est celui auquel la France peut adresser les plus amers reproches. Il avait personnellement la confiance entière du roi; et comme il n'a point effectué les améliorations qu'il était en son pouvoir d'effectuer, il a fait reculer son pays d'un quart de siècle dans la carrière de la liberté.

— Vous autres jeunes gens, vous attribuez toujours plus d'influence aux personnes qu'aux choses. Il est probable que Decazes était l'homme de son époque, une conséquence nécessaire des circonstances existantes. Songez aux hommes qu'il remplaçait : les Vaublanc! les Blacas! Arrivant après leur incapacité, leur dévouement au despotisme, des demi-mesures étaient des amendemens; elles étaient peut-être tout ce que l'esprit de la cour pouvait supporter.

—Decazes était cependant, selon moi, plus dangereux que des hommes dont la nullité politique était palpable. Decazes, plus adroit, avec l'apparence de libéralité, montra pour la première fois la possibilité de violer impunément la Charte; et, ce qui est pis, nous lui devons la loi aristocratique des élections, par laquelle les grands colléges électoraux furent établis, et qui conduisit directement à celle de la septennalité de la chambre. Ce fut encore lui qui avilit la chambre des pairs, en créant soixante-quatre pairs d'une seule fournée; qui imposa des lois sévères à la presse, et rétablit la censure, dont elle était depuis peu délivrée. Dans ce ministère figuraient Molé, Pasquier et Laisné, que quelques libéraux citent maintenant parmi les grands défenseurs de la liberté; et leur retour au pouvoir est même espéré, desiré, comme avantageux au pays, par des hommes d'un libéralisme décidé.

— En politique comme en amour, dis-je, les retours sont en général difficiles. Pour un ministre qui aura été renversé par un parti on en trouve dix qui l'auront été comme ne convenant plus au moment. Un ministre qui marche avec son temps et son pays conservera sa place, en dépit des factions, aussi long-temps que l'opinion publique aura quelque poids. Et même si le « je le veux » du monarque l'exile du ministère, il continue à régner sur l'opinion, après avoir cessé de gouverner dans le sens de l'opinion. S'il ne revient par au pouvoir en personne, ses principes y reviennent. C'est ce qui arriva à M. Canning; c'est ce qui fût arrivé au duc de Wellington, s'il eût perdu sa place à propos de l'émancipation catholique. Mais, pour revenir à vos doctrinaires, qui sont-ils? que veut dire ce mot?

— Mais, *doctrinaire* est le nom donné par Decazes à son parti ou du moins accepté par lui. Ce mot signifie une sorte de *libéralisme de boudoir*, qui vise plutôt à la prédominance d'une coterie qu'au triomphe d'un principe. C'est quelque chose comme le libéralisme des *premiers frondeurs*, du temps de Mazarin, ou plutôt comme celui de vos whigs aristocratiques; un libéralisme à la mode, tel qu'un homme de qualité le puisse adopter sans déroger, sans courir le risque d'être confondu avec les radicaux, les démocrates et autres castes vulgaires.

— Ah! je vois; c'est un libéralisme en robe de cour, en paniers, ce n'est point

> « La fraîche et belle déesse, la nymphe des montagnes aux pieds agiles. »

Mais enfin ces doctrinaires étaient-ils contre-révolutionnaires?

— Ils étaient loin de nier les bienfaits de la révolution; mais ils voulaient en arrêter les progrès; ils voulaient du moins diriger par l'intrigue ce qui devait être abandonné à l'impulsion donnée par les nouvelles institutions. Au lieu de la franchise qui convient au hommes d'état du dix-neuvième siècle, ils font usage d'un mysticisme politique et philosophique qui pouvait convenir au libéralisme douteux du régime impérial, mais qui est maintenant tout-à-fait proscrit. Un seul dogme de ce système paraissait clair et explicite; c'était que le parti agirait indépendamment du royalisme et du libéralisme. Ils voulaient gouverner le pays en maîtres d'école, non en hommes d'état.

— Pourquoi, encore un coup, ce nom de

doctrinaire a-t-il été appliqué à ce parti? Quelle est sa signification précise?

— Ce nom a été appliqué au parti en question parce que ses adhérens, surtout ceux qui tenaient à la littérature, se faisaient remarquer par une manière de développer leurs opinions un peu pédantesque, par des efforts pour rattacher leur politique à certaines propositions métaphysiques. Leurs principaux argumens roulaient sur des points généraux et abstraits, et ils tâchaient de donner à tous leurs discours la forme d'une démonstration scolastique. Or, pour un ministère qui ne veut pas adopter une marche franche, la tournure d'esprit favorable aux abstractions, aux subtilités verbales, est d'une valeur inappréciable.

Au milieu de ces distinctions, de ces définitions, la simple vérité se trouve assez déguisée pour qu'on ne puisse en apercevoir les traits naturels. D'autre part, les personnes timorées, qui n'osent pousser les vérités fondamentales jusqu'à leurs dernières conséquences, devaient se rallier à un ministère dont les vues incertaines avaient l'apparence de la modération. Il se trouve donc que les principaux soutiens de cette secte sont kentistes en philosophie et mystiques en religion, sont des hommes d'une imagination forte et d'un jugement faible.

— Mais quelles sont les personnes remarquables de ce parti?

— Le grand prêtre de la secte est Royer-Collard, professeur de philosophie, mystique, métaphysicien, d'ailleurs *honnête homme*. Viennent ensuite Guizot, homme loyal et capable; Villemain, que vous devez connaître comme un élégant et éminent littérateur; et M. de Barante, qui a rempli aussi une place sous M. Decazes. On dit qu'on avait créé un emploi tout exprès pour le duc de Broglie, dans le vain espoir de le détacher des libéraux, auxquels cependant il est encore fermement uni. Parmi les chefs doctrinaires on peut encore citer les comtes Germain et Beugnot, ancien préfets de l'empire; et M. de Keratry, franc libéral, habile écrivain et honnête homme. On ne conçoit guère comment ce dernier est venu prendre place sur le fameux *canapé doctrinaire*.

— De tout ce que vous m'avez dit je dois, ce me semble, conclure que les doctrinaires sont une secte plutôt qu'un parti; un mélange d'individus de toutes les nuances d'opinions entre le libéralisme et le royalisme purs, dont les idées politiques sont aussi fantastiques, aussi sentimentales, que leurs notions religieuses.

— *C'est à peu près cela, madame.* A la chute de Decazes, ils furent jetés par la violence de

Villèle à l'arrière-garde du parti libéral, auquel ils sont cependant unis plutôt qu'incorporés. Toutefois on peut apercevoir dans les colonnes du *Globe* (organe spécial du parti) que leurs sentimens sont plus francs, leurs opinions infiniment plus libérales, qu'ils ne l'étaient il y a dix ans [1]; en sorte qu'il leur reste bien peu de l'ancien doctrinaire (au moins dans ce journal), sauf le *ton doctoral*.

— En dépit de ce ton, répliquai-je, le *Globe* est une publication digne d'écrivains honnêtes et éclairés. Mais ce vice de style, si tant est qu'il existe, si naturel d'ailleurs dans les jeunes auteurs, passera avec toutes les autres choses qui ne conviennent pas au siècle. On doit maintenant parler à la société comme les vaisseaux se hèlent en mer, brièvement et sans sortir du fait. Le style marin convient seul au siècle où le vent de l'opinion pousse le vaisseau de l'intelligence avec une rapidité sans égale. Les jours des parleurs sans fin, qui s'accrochent aux boutons de l'habit, sont passés; et la concision est devenue aussi nécessaire à la sagesse qu'à l'es-

---

[1] Le jeu de la partie aristocratique de notre constitution, mieux connu en France depuis la paix, a puissamment contribué à guérir les meilleurs des *doctrinaires* de leur admiration aveugle pour les théories politiques anglaises.

prit. Les globistes commencent déjà à comprendre cette nécessité. Ils sont riches en loyauté, en zèle, en talent; ils ont trop de mérite pour se vouer à jamais à une secte, à une manière, soit en politique, soit en littérature. Jusqu'à present peut-être ont-ils vécu trop exclusivement entre eux. Mais les exigences des affaires les mettront forcément en contact avec le monde, et ils apprendront à cette école combien l'esprit de secte est borné, incompatible avec la vérité. En dirigeant leur énergie dans le sens de l'époque à laquelle ils appartiennent, ils rempliront leur honorable et utile mission, jusqu'à ce que le temps et les événemens demandent d'autres agens : car

> The great globe itself
> Yea, all which it inherits, shall dissolve,
> And like this unsubstantial pageant, faded
> Leave not a rack behind [1]...

— Traduisez-moi cela, me demanda mon aimable interlocuteur.

— Non, non; cela vaut la peine d'apprendre l'anglais pour le lire dans l'original.

[1] « Le grand globe lui-même, comme ce vain et fragile jouet, se dissoudra, disparaîtra sans laisser un seul débris après lui. »

— Vous me donnez un motif de plus de l'étudier, reprit-il; et quand nous nous reverrons le printemps prochain, j'espère que vous me trouverez plus instruit *du fond de la langue* que Figaro lui-même.

NOUVEAUX ROMANS.

On est si obligeant en France! Les livres qui pleuvaient chez moi de tous côtés me promettaient des amusemens sans fin pour les soirées orageuses de mon hiver d'Irlande. Il m'en arrivait par les auteurs, par les éditeurs et par les gens de lettres de mes amis. Dans le nombre de ces volumes il en est un qui portait un titre si bizarre que je fus tentée d'anticiper sur ma provision future, et de le parcourir au milieu de l'agitation de Paris, qui laisse à peine le temps de lire les noms de chaque ouvrage. Celui-ci était intitulé : *L'Ane mort et la Femme guillo-*

tinée ; et son objet était de tourner en ridicule les absurdités mélancoliques des romantiques exagérés, qui trop souvent ont cherché à émouvoir par l'étalage cynique des plus dégoûtantes infirmités, des vices les plus dégradans de notre nature. Remplaçant le pathétique par l'atroce, le sublime par l'horrible, le simple par le vulgaire, ils outragent la nature qu'ils veulent peindre, et révoltent l'imagination qu'ils prétendent éveiller. L'auteur, en exposant par une parodie exagérée les principaux péchés contre le goût et le bon sens de la littérature ultra-romantique, peut-être aussi quelques-unes des erreurs les plus évidentes de la société actuelle, a tracé d'une manière franche et ferme des scènes de la vie réelle, des crimes, des vices qui, ainsi que la dissection d'un cadavre, peuvent être utiles à exposer dans l'intérêt de la science, mais ne doivent pas être montrés à toutes sortes de spectateurs. L'innocence, la jeunesse, doivent être préservées de la connaissance prématurée de ces iniquités ; c'est le seul exemple dans lequel l'ignorance est un bien, et la sagesse pire que la folie. Les horreurs et les misères ainsi rassemblées, ont encore le désavantage d'obliger l'auteur à prendre un ton sérieux et sensible, qui détruit l'effet de la parodie, et laisse douter s'il a l'intention d'imiter ou de corriger. L'ouvrage toutefois annonce une puissance de talent, une habileté qui font espérer un bon romancier de plus.

Je m'enfonçai aussi dans le *Cinq-Mars*, d'Alfred de Vigny, production charmante. Ce roman, fondé sur un fait historique, est plein d'intérêt, d'effet dramatique, d'imagination; les caractères, les mœurs y sont peints avec une fidélité qui les fait revivre ; et il présente avec une intrigue attachante le tableau le plus instructif de la politique du temps. On y voit Richelieu et Louis XIII dans toute la plénitude de leurs passions perverses et de ce pouvoir illimité sous lequel

La torture interroge et la douleur répond.

Il montre leurs victimes, Urbain Grandier, de Thou, Cinq-Mars, et la longue et déplorable liste d'innocens, de vertueux, qu'ils ont immolés sous un faux semblant de justice! Avec de telles peintures entre les mains de la jeunesse de France, ce pays ne pourra rétrograder. Quelle différence de ces romans à ceux du temps de Louis XV, quand les Marivaux, les Crébillon, les Laclos, écrivaient dans le but positif de corrompre la société, dont les vices leur fournissaient des modèles. Des hommes n'oseraient pas maintenant nommer, en présence des femmes honnêtes, les livres que l'on voyait autrefois dans les mains de toute femme de qualité capable de lire quelque chose en France; des livres tels que les romans de Richardson, dont les principaux traits étaient la séduction de l'innocence, le libertinage spirituel et la perfidie triomphante. Une villageoise bien naïve, une danseuse d'Opéra bien intrigante, un débauché de qualité, calqué sur Richelieu, et un valet de chambre, double des Scapin, étaient les personnages dramatiques les mieux adaptés à la morale de l'histoire. Certes, quand une littérature de ce genre était en vogue, il fallait un miracle pour qu'il restât dans le pays assez d'honnêtes gens pour faire la révolution qui purifia son atmosphère pestilentielle.

Pour revenir aux admirables volumes d'Alfred de Vigny, ils renferment des scènes qui surpassent, pour la vigueur et la vérité, tout ce que nous représentent nos romans historiques anglais et écossais. Le procès et l'exécution du curé de Loudun et de l'abbesse des Ursulines, toutes les scènes dans lesquelles Richelieu joue un rôle, sont des plus dramatiques par le sujet, des plus pittoresques par l'arrangement. Le camp et le siége de Perpignan sont admirablement décrits. L'assemblée chez Marion de Lorme; la première représentation de la comédie pastorale du cardinal, la peinture des gardes, des spectateurs, l'apparition de Corneille dans le parterre; les scènes du cabinet de De Thou et de la chambre à coucher d'Anne d'Autriche; l'exécution de Cinq-Mars et de son noble ami, la partie d'échecs jouée par le roi et le cardinal en présence de la cour, quand l'exécution du favori est annoncée; tout cela est décrit dans le meilleur style de narration pittoresque. Admirable comme production de génie, ce roman est encore plus admirable par la candeur qui l'a dicté. Aucune vue personnelle d'agrandissement, aucun espoir de places à la cour, n'a conduit le jeune et noble auteur à falsifier, décolorer, montrer sous un jour favorable les vices de la royauté; à trouver des excuses pour des faiblesses qui causèrent la misère des peuples. Il dit la vérité, et rien que la vérité; et s'il n'obtient ni places, ni pension, ni titres, il a la satisfaction de sentir qu'il s'est acquis l'estime publique.

A la seule exception près de madame de Genlis, je ne crois pas qu'il existe aujourd'hui un seul écrivain de marque dont les ouvrages ne soient pas dictés par cet esprit généreux et national, bien au dessus de l'esprit de flatterie qui déshonore les écrits de Malherbe[1], de Mézerai[2], de Racine et de Boileau[3], qui dépare même les pages philosophiques de Voltaire[4].

Dans la composition de Cinq-Mars, on ne trouve aucune exagération, aucune pédanterie, soit romantique, soit classique. Il est fort à désirer qu'au lieu de combattre sur les règles et les écoles, les Horaces et les Curiaces des deux

---

[1] Malherbe, qui flattait de son mieux ses soi-disans patrons Charles IX, Henri IV et Louis XIII, en fut si mal récompensé qu'il ne pouvait meubler sa chambre; et il avait coutume de dire, quand le nombre de ses visiteurs excédait celui de ses chaises : « Attendez que mes siéges soient vides. » Ses odes adulatrices à Louis XIII et à Marie de Médicis lui valurent enfin une petite pension.

[2] Mézerai, que l'on regarde comme l'un des historiens de France les plus impartiaux, proposa à Colbert de passer l'éponge sur tous les faits qu'il lui indiquerait.

[3] Les muses historiques de ces deux historiographes célèbres étaient mesdames de Montespan et de Maintenon.

[4] On voit dans les lettres de Voltaire au prince de Prusse et à d'Alembert sous l'influence de quelles circonstances il écrivit son Siècle de Louis XIV. Dans l'une des premières il dit : « Votre Altesse Royale sait ce que c'est que le pouvoir despotique, et elle n'en abusera jamais. Mais elle voit quel est l'état d'un homme qu'un seul mot peut perdre. C'est continuellement ma situation. »

partis, suspendent leurs armes dans le temple du Génie, et empruntent à ses autels un peu plus de ce feu qui anime les pages du roman de M. de Vigny.

THÉATRES.

Sans être guidés par les romantiques ou par les classiques, nous visitâmes les petits théâtres, en nous abandonnant à la fortune pour les pièces que nous verrions jouer, et tâchant d'aller aussi souvent que possible à l'un de ces théâtres, avant de nous rendre aux assemblées indiquées pour des heures plus tardives. Nous commençâmes par la *Gaîté*, où nous trouvâmes la même sorte de spectateurs que nous y avions vue dix ans auparavant. Les *bourgeois* formaient la masse; le reste se composait de quelques personnes du grand monde en *loges grillées*. « *La grande pièce*, nous dit la jolie ouvreuse de loges en arrangeant nos tabourets, est romantique, et intitulée *Charles-le-Téméraire*. »

Charles-le-Téméraire est un excellent sujet de mélodrame, et en effet parfaitement romantique. Il était traité avec toute l'exagération comique et du genre et de l'école; et quant au jeu des acteurs, la déclamation pompeuse, les inflexions de voix de pratique, passant du chant aux tons les plus familiers, et le mouvement particulier des bras, tout y était traditionnel et de la *vieille roche* : c'était des restes de la manière des Lekain et des Clairon, telle que la décrivait Walpole il y a cinquante ans, conservée sur les boulevards, justement comme la sagesse de nos pères se retrouve parmi les vieilles femmes de quelque village écarté. La contexture et le style de la pièce étaient néanmoins dans le véritable esprit du temps, et s'adressaient évidemment aux opinions, aux principes actuels du peuple, qui écoutait avec ravissement, et applaudissait à toutes les sentences populaires avec un enthousiasme bien différent de celui que montrait le même public, en 1816, à la représentation des misérables *pièces de circonstance* alors données, sous la direction de la police, en faveur de la restauration. Le héros du mélodrame n'était point le puissant duc de Bourgogne, mais son libéral et savant secrétaire, le célèbre historien Philippe de Comines, dont les discours étaient en général des épigrammes contre l'ambition et le despotisme des rois. C'était dans le fait la révolution personnifiée; et les reproches amers que Philippe adressait à son maître et disciple étaient accueillis avec les plus bruyans applaudissemens.

Charles-le-Téméraire a été le Napoléon de son siècle, guerrier et despote, mais possédant des qualités héroïques; et la moralité de la pièce était qu'un sage tel que Comines valait cent héros tels que Charles. Dans les complimens offerts *en passant* aux *rois paisibles*, il n'y avait rien de cette flatterie dégoûtante que l'on adresse en Angleterre au royalisme des galeries supérieures, et qui, en France, était naguère dosée pour l'*ultracisme* des loges. Tous les accessoires étaient fidèlement historiques; et l'on ne pouvait imaginer un meilleur moyen de répandre dans le peuple quelque connaissance de l'histoire sous la forme d'un divertissement.

Le lendemain nous allâmes à la *Porte-Saint-Martin*, théâtre maintenant consacré aux pièces du genre de l'ancienne *comédie larmoyante* des Allemands. Celle que l'on jouait ce soir-là était *Rochester*, drame dans lequel Jacques Bonhomme croit voir une peinture fidèle des mœurs anglaises, tout juste comme John Bull prend le siége de Calais pour la copie exacte des mœurs françaises. Il est étrange que, malgré les fréquentes communications qui subsistent depuis assez long-temps entre les deux pays, leurs théâtres respectifs ne soient pas encore arrivés à mieux connaître les traits caractéristiques nationaux qu'ils prétendent décrire. Tom Butler était le secrétaire-confident de Rochester; Molly, la jolie confidente de mistriss Wilkes, l'héroïne. Mais le rôle qui produisait le plus d'effet était celui du watchman, habillé comme un alguazil, avec une crescelle d'enfant à la main. Quand il parut, un murmure général de plaisir se fit entendre : *Ah! c'est le watchman.* — Regarde donc, ma fille, criait une dame, dans la loge voisine, à sa petite fille : *C'est le watchman; ton papa t'a bien souvent parlé du watchman.* — *Ah! c'est le watchman, maman.* — *Oui, c'est le watchman.*

Le punch et le thé paraissaient à chaque instant sur la scène. Rochester offrait du thé à ses joyeux compagnons; Tom Butler moralisait sur le thé, et M. Wilkes empoisonnait sa femme dans une taste de thé. *Dieu! que c'est anglais!* s'écria ma belle voisine en s'essuyant les yeux; *toujours le thé et la jalousie à Londres.* Rien de plus lugubre que la pièce d'un bout à l'autre, et rien de plus exemplaire que la patience avec laquelle elle fut écoutée. Il faut avouer néanmoins que l'assemblée n'était ni fort brillante ni fort nombreuse.

Beaucoup de motifs peuvent attirer aux *Variétés*, et nous en avions, de plus, qui nous étaient propres; car la loge d'une aimable famille de nos amis était à notre service, et nous avions la chance de la rencontrer à ce théâtre, l'un des plus élégans et des plus commodes parmi ceux de son genre. Ce joli petit édifice, avec ses décorations fraîches et de bon goût, forme un curieux contraste avec les espèces de granges où les Sévigné, les Longueville allaient se réunir aux gens du *bel air*[1]; où les Champmêlé, foulées, coudoyées par les spectateurs encombrant la scène, chargeaient l'expression des passions, et outrageaient la nature. Le jeu des acteurs des

---

[1] Madame de Sévigné décrit ainsi la première représentation d'une pièce de Racine : « M. le Duc était derrière ; Pomenars au dessus, avec les laquais, le nez dans son manteau, parce que le comte de Créancé le veut faire prendre, quelque résistance qu'il y fasse. Tout le bel air était sur le théâtre. Le marquis de Villeroi avait un habit de bal; le comte de Guiche ceinturé comme son esprit; tout le reste en bandits. » *Lettres*, t. II, p. 68.

Variétés est excellent ; et les pièces y sont reçues d'après le mérite, non d'après l'école. Nous avons vu là quelques-unes des petites comédies franchement comiques de l'ancien répertoire ; et la plus drôle de toutes les parodies que le drame populaire de Henri III a produites, dans laquelle le roi de France et sa cour sont travestis en un boulanger et ses mitrons. A ce théâtre la gaieté et la naïve imitation des mœurs tient encore tête contre l'envahissement des idées noires qui vous renvoient souper, « plein d'horreur et d'effroi, » et vous coucher avec l'imagination montée au ton du cauchemar. Là nous avons encore ri de bon cœur, dans *l'École de natation* de la plaisante caricature des gestes et de l'accent des acteurs anglais dernièrement venus à Paris.

Toutefois le *Vaudeville* est le parodiste *par excellence*. Une de ses satires, sous le titre de *Marino Faliero*, attirait également et faisait mourir de rire les classiques et les romantiques, dont les opinions et les disputes étaient rendues avec autant de gaieté que de vérité. La pièce finit par une harangue à la statue de Voltaire, qui, dans sa double capacité de romantique, comme auteur d'*Adelaïde Duguesclin*, et de classique, comme auteur de *Catilina*, lance une enfilade d'épigrammes piquantes contre les deux partis, qu'il finit par réconcilier et réunir. La taille et le visage de Voltaire faisaient une complète illusion. C'était sa statue des Français vivante et en action.

L'ancien *Gymnase*, sous son nouveau titre de *Théâtre de Madame*, est, sans nul doute, le plus suivi des petits théâtres. Il doit sa vogue en partie au bon choix de ses drames, en partie au talent délicieux de Mlle Léontine Fay, sa *prima donna*. Cette actrice, jeune, belle, et vraiment distinguée par la noble décence de son maintien, réussit dans un genre presque nouveau en France, et que Molière et ses successeurs immédiats ont complètement ignoré. Ses imitations de la vie réelle et même ordinaire, quand elles sont placées dans des situations profondément pathétiques, mais où sont jetés, comme dans la vie, des « fils diversement colorés, du bien et du mal entremêlés » avec des touches d'exquise plaisanterie et de vive gaieté, sont parfaitement conformes à la nature et pénètrent facilement le cœur. Là peu ou point de formes de convention, peu de travail d'acteur. C'est par l'exactitude avec laquelle cette artiste dessine précisément ce qu'une Française ferait en telle ou telle situation, qu'elle produit un si grand effet, et donne à la scène une réalité dont l'imagination est la dupe volontaire. La charmante comédie du *Mariage d'inclination* fournit un heureux exemple de cette espèce de drame.

La simplicité des élémens sur lesquels son effet est fondé rappelle le secret de la musique de Paësiello qui excite (comme dans la *Nina pazza*) la sensibilité de l'auditeur au plus haut degré par les moyens les moins artificiels; par des mélodies coulant de source, faciles, simples; une instrumentation peu travaillée; un contrepoint jamais savant, jamais *recherché*. Non, aucune tragédie classique n'a pu faire verser des larmes aussi abondantes, aussi involontaires, que cette pièce en a excité le soir où nous la vîmes jouer. Cependant rien de plus ordinaire que les conséquences d'un mariage dans lequel on a sacrifié à la satisfaction d'une passion du moment, la raison et les convenances. Nous sommes tous les jours témoins de choses semblables, et elles fournissent le fond principal des causeries de nos thés. L'effet est tel cependant qu'il semble miraculeux que de tels matériaux soient restés si long-temps sans être mis en œuvre. Le jeu de Mlle Fay dans le rôle principal est parfait. Il rappelle la vie, la vérité de notre admirable et originale miss Kelly, et contraste heureusement avec la déclamation lourde du théâtre Français, où l'on prononce des discours aussi longs que des sermons, des discours qui pourraient figurer avec avantage dans des livres de maximes ou d'aphorismes de critique littéraire [1].

Mais de tous les changemens qui ont eu lieu sur les théâtres de Paris depuis mon dernier voyage en France, celui qui s'est fait dans la personne de Potier est le plus extraordinaire. L'imagination encore frappée de son *ci-devant jeune homme*, nous allâmes un soir au nouveau théâtre en face de la Bourse, pour le voir jouer dans une des pièces auxquelles *le Mariage d'inclination* a donné lieu. De cette comédie dérive très-naturellement *le Mariage de raison*, qui fit naître à son tour *Les Suites d'un mariage de raison*, que l'on devait représenter le soir en question. Il était facile de concevoir que rien ne pouvait être plus déraisonnable que les conséquences probables d'un mariage très-raisonnablement *mal assorti;* et que les effets d'une semblable union pourraient paraître du ridicule le plus amusant, et, dans les mains d'un acteur tel que Potier, faire pâmer de rire tout l'auditoire.

Nous étions donc préparés à rire à gorge dé-

---

[1] Voyez la *Critique de l'École des Femmes*. Scène VI.

ployée. Cependant le drame prend un autre tour ; dans la pièce dont il est la suite, le héros, passionnément amoureux d'une personne d'un rang inférieur au sien, triomphe de son amour, et se résigne à épouser une de ses égales par le commandement de son père, tandis qu'un militaire, dépendant du vieux gentilhomme, se marie à l'amante *délaissée*, dont le cœur est occupé par un autre attachement. De cette position, la jalousie et l'inquiétude de l'ancien sergent et la tristesse invincible de sa jeune femme dérivent naturellement. La seconde pièce commence en montrant l'état intérieur de ce ménage malheureux. L'amant marié éprouve de son côté des chagrins de la part de celle pour qui il abandonna Suzette, l'héroïne, et vient s'en consoler près de son père et de son ancienne amante. Le vieux militaire, déjà rempli de soupçons par la froideur de sa femme, surprend le fils de son maître et de son bienfaiteur dans un tête-à-tête avec elle (que le hasard seul avait amené), le défie, et le tue raide sur la place d'un coup de pistolet, détruisant pour toujours, par cette seule action, la paix de tous les personnages rassemblés sur la scène. Rien de plus tragique que cette combinaison, rien de plus fertile en développemens de sentimens opposés et déchirans. L'agonie de soupçons jaloux, et des soupçons qui portent sur un ami, la nécessité de sacrifier la vie de cet ami à l'honneur outragé, la pitié pour l'affliction qu'on va causer à un bienfaiteur, la confiance trahie, les affections blessées, des retours sur les souvenirs d'un ancien attachement, sur la jeunesse du coupable; et tout cela se passant dans le cœur d'un enfant de la nature, tiré des plus humbles rangs de la vie; tout cela fut représenté par le père de l'enjouement, le comique Potier, avec une vérité, une force qu'on ne peut attendre que des talens supérieurs.

Il est donc vrai que Potier est un acteur tragique du premier mérite : non pas un tragédien de pratique, mais un profond observateur, un peintre énergique et fidèle des jeux des passions sur l'humanité, sur l'humanité réelle, vivante. Cet acteur offre peut-être le plus puissant effort de l'art dramatique, dans la représentation d'un homme arrivé à l'âge de la décrépitude, de l'indifférence et de l'oubli, qui retrouve une énergie momentanée par un appel à la passion dominante de sa longue vie. Dans le dernier acte de cette curieuse et populaire trilogie, où les différentes époques de la révolution sont dépeintes, et qu'on a tirées de *Avant, Pendant et*

Après, des Soirées de Neuilly; les gestes, la démarche de Potier n'annoncent pas seulement la débilité physique, ils trahissent dans chaque mouvement l'affaiblissement de la force de volonté; ensuite, le réveil soudain et passager de l'intelligence, quand une corde de sensibilité *latente* est touchée, et qu'une association profondément gravée par le temps, rappelle le souvenir de ceux pour lesquels le vieillard avait autrefois agi et senti avec tant d'énergie. Dire que c'était la nature même serait dire trop peu; c'était le fruit d'une observation exacte, d'une profonde analyse des phénomènes; c'était une démonstration anatomique et psychologique de cette terrible phase de l'humanité; et son effet sur les spectateurs allait au delà de toute expression. La situation dramatique qui se rapproche le plus de celle-là est celle du roi Léar, infirme, âgé, insensé; et très-certainement les acteurs qui ont le mieux réussi à la rendre de nos jours ont été loin de produire rien de semblable à l'effrayante vérité du jeu de Potier. En exploitant cette nouvelle veine de talent, il n'a peut-être fait autre chose que suivre la direction du goût public, qui devient tous les jours plus enclin aux fortes émotions, aux graves intérêts. Mais il est heureux pour sa réputation que les circonstances l'aient conduit à développer des facultés qui, sans elles, seraient restées inconnues et cachées, et ne lui auraient permis d'acquérir que la moitié de la renommée qu'il a justement conquise. On peut, je crois, soupçonner tout acteur réellement comique d'avoir en lui le germe d'un talent tragique; toutefois bien peu ont cultivé avec succès et Melpomène et Thalie [1].

Nous n'allâmes point aux *Français* : la dernière fois que nous y avions été, c'était pour voir Talma, à sa propre requête. Il vint nous voir en se rendant au théâtre, et nous trouva à dîner. Il venait nous proposer d'assister à la représentation du soir, et nous offrir sa loge, parce qu'il désirait que nous le vissions jouer *Britannicus* encore une fois; nous acceptâmes, et ce fut la dernière fois que nous le vîmes, soit en public, soit en particulier. Il était alors dans toute la force de son talent, plein de grandes conceptions, et désireux des réformes pour lesquelles il avait sagement attendu le temps et les circonstances convenables. Il avait déjà fait

[1] Sur notre théâtre, Garrick, Emery et Dowton peuvent être cités comme ayant réussi dans cette double épreuve. Kemble l'a aussi tentée, mais sans succès.

des innovations dans la déclamation traditionnelle du théâtre, et avait attiré sur lui la censure des critiques, pour avoir réduit, comme ils disaient, le rhythme de la tragédie à la simple prose : accusation que Voltaire avait portée également contre des comédiens de son temps[1]. Talma a prédit la chute des Français, long-temps avant les conquêtes de la Porte-Saint-Martin. Mais, comme tous les grands génies qui ont été en avant de leur siècle, il a été retenu en arrière à certains égards, par d'anciennes associations de la jeunesse, et par le respect pour l'opinion de personnes de poids. Les conseils et les reproches de son ami Duval; l'hommage rendu même à ses fautes par madame de Staël, dont les remarques sur son talent, dans les lettres qu'elle lui adresse, ont l'air passionné d'une déclaration d'amour[2]; ont amorti, restreint ses brillantes

---

[1] « On s'est piqué de réciter des vers comme de la prose. On n'a pas considéré qu'un langage au dessus du langage ordinaire doit être débité d'un ton au dessus du ton familier. Et si quelques acteurs ne s'étaient heureusement corrigés de ces défauts, la tragédie ne serait bientôt parmi nous qu'une suite de conversations galantes froidement récitées. » (VOLTAIRE, *Dissertation sur la Tragédie.*)

[2] « Votre sublime talent a fait naître dans mon âme l'émotion la plus vraie; et maintenant que je ne suis plus sous le

inspirations, qui pouvaient en faire le fondateur d'une nouvelle école dramatique et lier son nom à la nouvelle époque littéraire. Tel qu'il était, il fut le premier de sa profession dans son pays; et les caprices momentanés du public, les attaques de l'envie ou la malice de parti n'ont jamais porté d'atteintes graves à sa renommée. Avoir eu le bonheur de le connaître, était une faveur de la fortune, l'avoir perdu avant que le temps eût épuisé ses facultés, ou refroidi ses sentimens bienveillans, sociaux, était un malheur qui excitait tous nos regrets. Depuis sa mort, la tragédie ne fait plus que languir, si elle n'est pas totalement disgraciée du public. Aucun acteur d'un génie éminent ne s'est élevé pour remplir sa place; et la médiocrité sur la scène, l'indifférence au parterre, agissant et réagissant l'une sur l'autre, finiront peut-être par chasser Racine

charme de vos accens, je me justifie tout-à-fait à moi-même l'attachement sérieux que j'aurai toute ma vie pour vous. N'allez pas trouver que je vous loue trop : c'est ma manière de vous dire que je vous aime. Comment louer même l'empereur, si l'on n'était pas inspiré par un sentiment ? Je pense à vos accens dans *Hamlet*, à ce regard qui créait lui seul une apparition merveilleuse ; et je m'afflige du sort qui me sépare de vous. J'étais née pour vous admirer plus que personne. »

du théâtre, et par effacer graduellement jusqu'à la mémoire de la manière dont ses tragédies étaient déclamées, dans la bonne vieille école du bon vieux temps.

La mort de Talma, l'absence de mademoiselle Mars dont le retour était attendu sous peu, et, avec ce retour, la *reprise* de la seule pièce qui attirât du monde à ce théâtre, le *Henri III* de Dumas, nous engagèrent à différer notre visite jusqu'au moment où nous pourrions la faire dans des circonstances plus favorables à nos goûts romantiques et aux talens de Firmin, Joanny, Michelot, Samson (écrivain dramatique heureux) et mademoiselle Levert. Tous ces acteurs sont, à ce qu'on assure, excellens dans le nouveau genre de jeu exigé par le dialogue en prose du drame historique, pour lequel la vérité, la nature et la vie réelle sont les seuls modèles admissibles. Que mademoiselle Mars puisse être aussi touchante, aussi vraie dans le rôle pathétique de la duchesse de Guise, que dans Hortense de l'*École des Vieillards*, et que ses succès aient excité le ravissement de l'auteur[1] et.

---

[1] Mon second devoir est de rendre justice aux comédiens...; à mademoiselle Mars d'abord, si admirable que toute expression manque, non pour la louer, mais pour lui rendre

l'étonnement du public, c'est ce qu'on avait lieu d'attendre d'un esprit tel que le sien. L'expression de la passion vraie est toujours la même; et l'actrice qui aurait peut-être manqué les rôles surnaturels et forcés de *Phèdre* et de *Sémiramis*, qu'il fallait déclamer en chantant, à la manière des Clairon et des Dumesnil, était sûre de réussir quand il s'agissait d'exprimer des sentimens naturels dans des situations de la vie ordinaire, telles que celles où la victime de Médicis et du *balafré* se trouve placée.

Voltaire, en se moquant de la faiblesse de Boileau, qui, pour plaire à Racine, regarde l'amour comme la source la plus riche du pathétique, observe que « la route de la nature est toujours » la plus sûre; » et le drame, particulier à l'âge présent de la littérature, et si universellement désiré, a été prévu par son génie. En avouant que son *Catilina* était la plus purement classique de ses tragédies, celle dans laquelle les règles de l'art étaient le plus strictement suivies, il ajoute qu'elle était « plus propre à être lue par des ama-

justice; à mademoiselle Mars, en qui j'avais deviné des qualités tragiques contestées jusqu'aujourd'hui, et qui n'avaient besoin, pour se développer dans tout leur éclat, que de rencontrer une tragédie moderne, etc. (Dumas, *Préface de Henri III.*)

teurs de l'antiquité qu'à être représentée¹; car, dit-il, l'admiration pour les anciens Romains sera bientôt épuisée. » Par cet aveu, il prépara les voies pour sa *propre espèce de tragédie*, comme il appelle sa *Sémiramis*. Tout le passage qui contient cette prophétie de la moderne école romantique mérite d'être cité.

« La représentation de *Sémiramis* était une entreprise hardie; il y avait tout lieu de craindre que le spectacle ne révoltât le goût du public. En effet, la majeure partie des habitués du théâtre, accoutumés à n'entendre que des élégies amoureuses, forma d'abord une ligue contre cette *espèce de tragédie*. On dit que, dans l'ancienne Grèce, des prix étaient offerts pour l'invention de nouveaux plaisirs; mais ici c'est tout le contraire. On a dit et écrit de tous côtés que l'on ne croyait plus aux revenans, et que leur apparition ne pouvait être que puérile aux yeux d'une nation éclairée; mais si l'antiquité a cru à l'existence de ces êtres surnaturels, ne nous est-il pas permis de suivre l'antiquité? si notre religion a consacré de telles interventions de la Providence, est-il ridicule de les reproduire sur la scène?

[1] On a dit la même chose du *Caton* d'Addison, et par la même raison.

L'abandon du grand théâtre national de Corneille et de Racine, et l'affluence des spectateurs aux petits théâtres, quand on y représente les pièces de Scribe ou les drames historiques, justifient du moins les assertions que j'ai faites dans ma *France*, ces assertions pour lesquelles on m'a si durement attaquée, si elles ne justifient pas le goût des Parisiens. Mais ce goût s'est formé par degrés pendant près d'un siècle. Comme toute autre innovation, il a été craint, évité même par les talens les plus éminens; et Voltaire, qui coquettait avec le drame à *la dérobée*, de même qu'un amant fait sa cour à une maîtresse qu'il adore, mais dont il est honteux [1],

[1] La vie dramatique de Voltaire offre une lutte perpétuelle entre l'instinct naturel de son génie et la timide soumission aux règles. « En effet, dit-il, quelle place pour la galanterie que le parricide et l'inceste qui désolent une famille et la contagion qui ravage un pays! Et quel exemple plus frappant du ridicule de notre théâtre et du pouvoir de l'habitude que Corneille, d'un côté, qui fait dire à Thésée :

Quelque ravage affreux que cause ici la peste,
L'absence aux vrais amis est encor plus funeste;

et moi qui, soixante ans après lui, viens faire parler une vieille Jocaste d'un vieil amour! et tout cela pour complaire au goût le plus fade, le plus faux qui ait jamais corrompu la littérature. » (*Épître à la duchesse du Maine, servant de préface à l'*Oreste.)

composa son *Adélaïde Duguesclin* dans le printemps de sa vie et de son talent. C'était précisément le drame actuel, monté à la vérité sur les échasses de la tragédie déclamatoire, mais tiré des mêmes sources, et présentant les mêmes personnages, maintenant exploités. Les chroniques de Bretagne avaient fourni le sujet, et les noms de Vendôme, de Couci, de Nemours, semblaient si étranges au théâtre en ce temps, que la pièce fut sifflée et bannie de la scène au milieu des brocards[1]. C'est ainsi que le génie, en dépit des jugemens de son siècle, qu'il devance, marche vers les applaudissemens de la postérité, tandis que les esprits ordinaires, aisément satisfaits, tournent dans leur cercle étroit, et s'arrêtent où il s'arrête. A l'époque où Molière écrivit le *Tartufe*, qui aurait osé supposer que l'hypocrisie religieuse pouvait être jouée?

La pièce d'*Adélaïde*, remise au théâtre sous le titre du *Duc de Foix*, et présentant au public des noms qui lui étaient plus familiers, reçut un

---

[1] Quand le duc de Vendôme dit à la fin de la pièce : « Es-tu content, Couci? » les mauvais plaisans du parterre crièrent : *Couci, Couci*. Une pareille épigramme était seule capable de tuer Racine lui-même devant un auditoire français.

accueil favorable. Dans *l'Orphelin de la Chine*, Voltaire agrandit encore le cercle du romantisme. En parlant cependant de *l'Orphelin de Tchao*, à qui Métastase et lui avaient emprunté leur sujet, il dit que « l'action du drame chinois comprend vingt-cinq ans, de même que les monstrueuses farces de Shakespeare et de Lope de Vega, auxquelles on donne le nom de tragédies. » Mais il n'en continua pas moins ses tentatives d'innovations contre les règles dont il sentait la funeste influence, quoiqu'il ne rejetât pas entièrement leur autorité. Sans s'en douter peut-être, il commençait une révolution dans la littérature dramatique presque aussi étendue que celle qui se préparait dans la religion et la politique.

Les progrès de cette question des unités ne sont jusqu'à présent nullement à l'avantage des ressorts rouillés de notre pauvre esprit humain; et ceux qui se sont attachés à Aristote et ceux qui l'ont combattu ont mis également la raison hors de cause dans leurs débats. A l'égard de l'unité de lieu, Horace a depuis long-temps décidé la question contre les classiques, puisqu'il proclame la puissance sur l'imagination comme le triomphe de la poésie. Toutefois, les écrivains français ont toujours pensé qu'il y avait du mérite à sacrifier toute réalité, même toute possibilité, à l'avantage de faire exécuter toute l'action de la pièce dans le même lieu. Des conspirations furent ourdies dans les vestibules ouverts du palais d'un tyran ; des complots se tramèrent, en sens contraire, par des personnages qui n'entraient sur la scène que pour mettre le public dans la confidence de leurs projets, et n'en sortaient que dans le but précis de laisser le champ libre à leurs adversaires. La restriction de la durée de l'action à un nombre d'heures arbitraire et convenu, en excluant quantité de sujets, et forçant à un développement hâté et imparfait de la plupart, diminue encore plus évidemment les moyens d'exciter l'intérêt, qui est la fin principale de toutes les règles dans les arts. Par une erreur semblable, plusieurs écrivains romantiques croient au contraire qu'il y a positivement du mérite à changer fréquemment le lieu de la scène, et à donner à leurs compositions une durée presque infinie. Il est étrange que, parmi tant d'hommes de génie qui ont traité ce sujet, aucun n'ait clairement établi que le grand objet de la composition dramatique est de plaire au public, n'importe par quels moyens, et que tous les arrangemens possibles de temps et de lieu peuvent servir à cette fin. Les différentes fables exigeraient différens degrés de latitude sous ces rapports, et les combinaisons qui donneraient à la fable son plus heureux développement seraient toujours les meilleures. Cependant, l'unité d'intérêt (en elle-même capable de donner du plaisir) exige naturellement des limites, quoiqu'elles soient difficiles à déterminer précisément pour le temps et le lieu. De fréquentes coupures dans une histoire font un mauvais effet; et bien que, dans les drames historiques de Shakespeare, l'unité d'intérêt ne naisse point de l'action, mais du développement d'un caractère, à travers une suite d'événemens importans, on y remarque de trop fréquens et de trop violens appels à l'imagination du spectateur, par les intervalles dans la continuité du temps et du lieu [1]. La même tache peut néanmoins être produite sans aucun rapport au temps et au lieu. Dans *Macbeth*, par exemple, l'intérêt est suspendu à la mort de Duncan, et ne se réveille qu'à l'approche de celle du tyran. En ce cas, le temps n'est pas plus interrompu que dans les pièces du même genre; il n'est pas non plus précisément déterminé; mais des épisodes remplissent les troisième et

---

[1] Tel est l'épisode de Florizel et Perdita, dans le *Conte d'hiver*.

quatrième actes, et, quoiqu'ils aient de grandes beautés comme scènes isolées, ils n'ont aucune relation essentielle avec la catastrophe, et n'intéressent le spectateur que lorsqu'ils sont excellemment joués.

Maintenant, il est évident que, plus le temps de l'action est prolongé, plus il est inévitable de le diviser en parties détachées et subordonnées, et plus il devient nécessaire de soutenir l'unité morale, de compenser par le mérite de la composition le défaut de continuité chronologique.

C'est dans ce fait que l'on trouve la raison pour laquelle les pièces renfermées dans d'étroites limites de temps et de lieu intéressent plus facilement les spectateurs. La règle est fondée sur ce motif; elle ne peut donc être établie abstractivement sur l'espace et la durée, et se renfermer dans un nombre défini d'années ou de localités. Toutefois, malgré l'évidence de cette suite de raisonnemens, ils ont été également passés sous silence par les opposans et les adhérens aux vieux canons de la critique : triste exemple de l'influence de l'autorité et de l'esprit de parti sur les jugemens des esprits les plus éclairés.

Les innovations introduites par Voltaire dans la partie mécanique du drame, dans les costumes, les décorations, comptent parmi les causes directes des derniers changemens qui ont eu lieu dans sa contexture. Ces accessoires étaient moins importans pour les dialogues déclamatoires de l'école faussement nommée grecque; et les nouvelles sources de plaisir qu'ils ouvraient donnaient au poëte disposé à étendre ses plans une immense facilité. Voltaire, dans l'*Épître dédicatoire* de son *Tancrède*, dit que « cette pièce fut d'abord jouée sur son théâtre particulier ; » et il ajoute : « Quoique ce théâtre fût petit, les acteurs n'étant point gênés par les spectateurs, tout fut exécuté avec facilité. Les boucliers, les devises, les armes suspendues dans les lices, produisirent un effet qui doubla l'intérêt, parce que cette décoration en action formait une partie de l'intrigue. » Il est remarquable que, dans cette tragédie si brillamment décorée, l'auteur risqua une autre innovation : elle est écrite en *rimes croisées;* circonstance qui rompt l'uniformité fatigante de la cadence, si destructive de toute illusion. Cependant, il considère cette innovation comme un dangereux écueil; et, réunissant les deux nouveautés, il dit : « Ces grandes peintures qui formaient une partie essentielle de l'ancienne tragédie, dégraderaient le théâtre français, en le réduisant à une vaine décoration ; et cette versification que j'ai employée dans *Tancrède* se rapproche peut-être trop de la prose. » Tant sa timidité était grande pour entreprendre ce qu'il sentait cependant d'une urgente nécessité !

Voltaire décrit la salle du Théâtre Français de son temps comme une sorte de jeu de paume, où quelques décorations d'un goût barbare, placées au fond de la scène, formaient le *local* permanent de tous les actes; et les spectateurs, pressés dans le parterre et sur la scène même, se heurtant, se coudoyant, se battant, offraient l'image d'une insurrection populaire. Que dirait-il, s'il pouvait revoir maintenant le théâtre, où chaque mise en scène est une étude historique; où l'architecture, les meubles, les costumes, jusque dans les plus petits détails, sont d'exactes copies de ce qui existait dans le temps de l'action dramatique, pour lesquelles les trésors de la plus riche bibliothèque du monde sont consultés par de savans antiquaires, afin que rien ne puisse violer la chronologie et détruire l'illusion? Clytemnestre en paniers et César en perruque à la Louis XIV nous sembleraient maintenant à peine plus ridicules qu'une Clotilde, du cinquième siècle, habillée comme Marie Stuart, ou une Catherine de Médicis dans le costume d'Anne d'Autriche.

Mais la cause principale des changemens dans le drame moderne consiste dans l'altération de l'état social, et les nouvelles exigences de ceux qui fréquentent les théâtres. Profondément occupés des scènes de la vie réelle, les Français de nos jours n'ont pas le temps d'apporter une attention sérieuse et suivie aux représentations dramatiques. Les grands intérêts de la politique, de la philosophie, de la morale offrent des sujets de méditations plus intéressans que les infortunes des Atrides, le parricide d'OEdipe et l'adultère de Phèdre. Le théâtre est maintenant ce qu'il doit être, l'amusement, non l'occupation du public: et même dans les heures passagères qu'il lui consacre en les dérobant aux affaires et aux plaisirs de la soirée, il veut retrouver sur la scène quelque reflet des objets qui l'agitent dans le monde. Indépendamment de l'intérêt dramatique de l'intrigue, il veut y trouver quelques associations qui le rattachent à ce qui occupe l'esprit dans le moment; il veut y trouver l'occasion de déployer ses propres sentimens, et devenir ainsi l'un des personnages de la pièce [1].

[1] Ce nouveau besoin se manifesta dans le commencement de la révolution, quand le *Charles IX* fut défendu par ordre de la cour. Le parterre demanda un jour cette pièce, et l'on

Cette préoccupation du public est encore une des causes de son désir ardent, insatiable, de nouveauté, et de rapidité dans la conduite des drames. La variété des travaux de l'esprit fait aspirer à des délassemens qui ne fatiguent point l'attention et ne durent par trop long-temps : on veut qu'une pièce puisse être vue en passant, avant de se rendre à une soirée politique, un bal ou une *conversation*. Si l'on endure quelque chose au delà des deux actes des comédies de Scribe, si une comédie en cinq actes arrive à un nombre honnête de représentations, si un drame devient populaire, c'est en raison de quelque relation à des événemens actuels ou de quelque allusion aux objets du ressentiment public. C'est ainsi que *Marino Faliero*, *Henri III* et une centaine d'ouvrages moins méritans remplissent les salles de

---

donna pour excuse de ne la point jouer les indispositions demes demoiselles Raucourt et Contat. Cependant Talma s'avança sur le devant du théâtre (1791), et fit entendre au public qu'une absence de patriotisme, et non de santé, était la cause de leur désappointement. La municipalité ordonna bientôt la reprise de cette tragédie ; et les actrices royalistes ayant persisté dans leur refus, on fit fermer le théâtre. Le lendemain *Charles IX* fut joué par ordre de la municipalité, mais les dames réfractaires donnèrent leur *démission*.

spectacle jusqu'à la suffocation; tandis qu'*Alzire* et *Britannicus* sont joués devant des banquettes vides : c'est ainsi que *Tartufe* et *Figaro* sont toujours reçus avec transport, plutôt comme des satires des abus existans que comme deux des meilleures comédies de l'ancien *répertoire*. J'ai souvent entendu dire à des gens de lettres, ou de profession exigeant un travail de tête continu, que l'exercice de la critique les fatiguait, et qu'ils ne s'amusaient au spectacle que quand il s'adressait plus à leurs sens qu'à leur jugement. Ceci explique non-seulement le triomphe de l'opéra parmi nous, mais les succès des mélodrames de mauvais goût, des pantomimes et des légers intermèdes empruntés au Théâtre Français. Cette profonde et sérieuse attention, que des spectateurs qui ont passé la matinée dans l'oisiveté peuvent accorder à une tragédie d'une poésie élevée, deviendrait infiniment pénible pour un marchand ou un logiste, dont le reste de la journée a été consacré aux affaires. Le théâtre ne sera donc plus ce qu'il a été dans un temps plus tranquille, dans lequel les moyens de subsistance journalière étaient plus assurés. Des nouveautés de peu d'importance, se succédant rapidement, font la fortune d'un théâtre; et le système d'expérience sur le public s'oppose à ce qu'on s'attache à aucunes règles de critique, à aucune autorité d'Aristarques incorporés, quand ils auraient de l'esprit *comme quarante* ou *comme quatre*.[1]

Mais quels que soient les changemens arrivés sur la scène, ceux qui ont eu lieu dans les *coulisses* sont encore plus frappans. Les acteurs seuls ont maintenant le droit d'y pénétrer; et le théâtre n'est plus l'asile du vice et du désordre, où le libertinage trouvait un refuge pour se soustraire à l'autorité paternelle[2]. Pendant que nous admirions les beaux yeux et le jeu exquis

---

[1] « Voici une vérité accablante, dit un journal très-populaire, une vérité qui va foudroyer les deux écoles et montrer l'inutilité de leurs débats; c'est que (à commencer par le Théâtre-Français) il n'y a plus de spectacle possible que celui qui attirerait tout le monde, en surprenant la curiosité de chacun. Mettez donc, pour voir, dans la balance mademoiselle Mars et mademoiselle Djelk, et regardez qui l'emportera : l'une au premier théâtre national, avec sa voix, ses yeux encore charmans, n'attire plus cinquante spectateurs; l'autre a rempli, comblé, pendant trois mois, le Cirque-Olympique. » (*Le Voleur*.)

[2] « Une fois reçue à l'Opéra, une fille ne pouvait être réclamée par ses père et mère. Louis XIV avait ordonné que le théâtre serait pour les filles débauchées un asile contre les poursuites de leurs parens. Elles pouvaient impunément s'y livrer au libertinage. » (Dulaure.)

d'une actrice favorite du théâtre de Madame, je dis quelque chose du changement opéré dans les habitudes théâtrales à un amateur distingué dont nous occupions la loge.

— Oui, dit-il, sur la scène et derrière la scène tout est changé. L'amélioration des mœurs des comédiens est un trait remarquable des temps modernes. Cette ingénieuse actrice que vous admirez tant est *la sagesse même : elle veut se marier*. Comme c'est une idée prédominante parmi les jeunes actrices, leur conduite offre une décence qui aurait scandalisé les duchesses de la vieille cour, comme quelque chose de tout-à-fait *roturier*. La vie de Léontine Fay comparée à celle des Clairon, des Sophie Arnoult, même à celle d'une comtesse de Bouflers, d'une maréchale de Luxembourg, laisse un grand poids en faveur de la femme de théâtre.

Je répondis que le théâtre avait été depuis long-temps chez nous le chemin de la *pairie*.

— Ici, reprit-il, c'est beaucoup mieux. Un mariage honnête dans leur état ou dans la bourgeoisie est le *nec plus ultrà* de l'ambition de nos jeunes actrices. Il y a encore quelques défauts dans les mœurs d'un pays où la jeunesse des plus hautes classes d'une société aristocratique cherche des liaisons intimes parmi des personnes avec lesquelles les habitudes de dissipation et d'oisiveté peuvent seules les mettre en rapport. Mais, pour revenir à notre moralité théâtrale, les rôles de femmes ont en général une teinte morale, non la morale sentimentale et guindée de l'ancienne comédie, mais celle de tous les jours de la vie réelle. Clairon-*Phèdre* n'empruntait aucune leçon de vertu à l'horrible rôle qu'elle jouait, et les caractères de Molière ne se dessinent que par un dialogue spirituel.

On peut dire, à la louange de nos drames domestiques, qu'en dépeignant les mœurs du temps ils les épurent [1]. Non que cette comédie moderne n'ait aussi ses lieux communs de morale, qui servent de signal pour les claquemens de mains, en faisant écho aux sentimens régnans.

— C'est, dis-je, comme nos *Wooden walls of old England* (les Murailles de bois de la vieille

---

[1] Un bel exemple de ce genre de drame est *le Protecteur et le Mari* de Casimir Bonjour, très-agréable écrivain dramatique, je ne sais de quelle école. Quand mademoiselle Saint-Ives sollicite pour la liberté de son amant, elle l'obtient à un prix qui lui coûte la vie ; car elle ne peut survivre à son honneur. Les *solliciteuses* du temps actuel, dit la critique du *Protecteur*, obtiennent ce qu'elles désirent à moindres frais, et n'exercent pas l'influence de leurs yeux aux dépens de leur vertu.

Angleterre) et *Britain's best bulwarks*) les meilleurs Boulevards de l'Anglais).

—Précisément. Vos comédies sont pleines de *tartuferies* de mœurs. Nous avions aussi sous l'empire *la franchise militaire*, les *lauriers* et le jour de *la victoire*, qui étaient sûrs d'exciter une salve d'applaudissemens. Maintenant c'est *la classe industrielle*, et le bon père qui est fier d'enrichir sa patrie par son travail...

ARCHIVES DE FRANCE.

Il existe un petit défaut dans la manière dont les voyageurs anglais visitent la France et sa capitale; c'est qu'ils vivent à Paris comme à Londres, au milieu de leurs compatriotes. Après avoir vu les spectacles, les musées, les Gobelins, parcouru le Jardin du Roi et le cimetière du père Lachaise, vu les eaux de Versailles, et le roi à la messe des Tuileries, ils croient connaître parfaitement tout ce qui mérite d'être connu. Quand, pour ajouter à ces promenades obligées, ils ont fait leur tour de restaurans, vidé à moitié les boutiques du Palais-Royal et le Petit-Dunkerque, et commandé autant d'habits qu'ils croient pouvoir en passer en contrebande, ils reviennent chez eux, persuadés que Paris, au bout de quelques semaines, est un ennuyeux séjour, où rien ne peut attirer l'attention d'un étranger, une fois qu'il a strictement suivi les indications de son *Guide du voyageur* ou de son valet de place.

Paris est cependant un vaste cabinet historique, rempli de monumens du moyen âge et des derniers siècles; même après une révolution destructive qui rappelait les démolitions barbares des réformateurs et des fanatiques partisans de Cromwell, il contient encore plus de trésors pour un antiquaire qu'aucune autre ville, Rome et Florence à peine exceptées. Dans ses établissemens publics, les plus magnifiques et les plus libéralement tenus de l'Europe, dans ses collections particulières, les plus riches, les plus nombreuses que l'on puisse trouver, sont accumulés des *specimen* des arts, des sciences, des mœurs des temps féodaux, qui laissent à désirer bien peu de choses pour en compléter tous les détails.

En causant un jour sur ce sujet chez notre obligeant ami le commandeur de Gazzera, un monsieur qui se trouvait à côté de moi, M. de

Villenave, me montra une tabatière dont le couvercle était orné d'une jolie miniature originale de Voltaire. « Ceci, dit-il, est une sorte d'enseigne d'une petite collection que j'aurais grand plaisir à vous montrer, et dans laquelle vous pourrez voir quelques lettres autographes de votre favorite, madame de Sévigné, un de ses rares portraits (le dernier qu'on a fait d'elle), et d'autres reliques des siècles de Louis XIV et de Louis XV, qui sans doute vous intéresseront. »

Je pris son jour et son heure, et ils furent fixés à la semaine suivante. Comme je parlais de cet engagement dans un cercle d'amis, et de mon désir de faire un *cours d'antiquailles*, chacun m'offrit ses services à cet égard. On proposa de commencer par le commencement; mais où était le commencement? M. J*** me parla de la chambre à coucher de François Ier, dans la collection de M. de Sommerard [1], qui désirait beaucoup me recevoir dans ses appartemens du moyen âge. Quelqu'un parla du fauteuil de Dagobert à la Bibliothèque du Roi. M. Lenoble [2] vota pour

---

[1] Conseiller maître des comptes, rue Menars, n° 8.

[2] Alexandre Lenoble, avocat à la cour royale de Paris, membre de la section historique des archives du royaume, etc., auteur de l'*Histoire des sacres des rois de France* et d'autres ouvrages.

la *Charte de Childebert* dans les *Archives de France;* et M. Ugone proposa le Musée Charles X, où nous verrions un siége de quelques mille ans plus ancien que celui de Dagobert, et que l'on avait tiré, dans un état de conservation parfaite, d'un tombeau égyptien.

Comme nos explorations ne devaient pas s'étendre au delà des *bassi tempi*, nous résolûmes de commencer par Childebert, et conséquemment par les Archives de France. Mais il ne suffit pas, *pour aller à Corinthe*, d'avoir envie d'y aller. Voir ce que tout le monde ne peut voir est le privilége de ceux dont le premier objet, en visitant la France, est de faire connaissance avec les Français. Quand cet objet désirable est accompli, on a toutes les facilités, tous les renseignemens dont on peut avoir besoin. Tout ce que la science et la politesse peuvent accorder vient au devant des demandes de l'étranger, et le met à portée de recherches que son inexpérience ne lui aurait pas permises.

Ce fut ainsi du moins que nous trouvâmes la société disposée envers nous. L'esprit de parti, les préjugés, la *morgue officielle*, ne mirent pas une seule fois obstacle à notre dessein d'instruction sur aucun sujet, à notre admission dans aucun établissement. La vulgaire crainte d'être mis dans un livre, la sordide cupidité des gardiens des institutions publiques en Angleterre, la misérable jalousie qui règne entre leurs chefs respectifs, sont inconnus en France; et, quoique mon ouvrage précédent sur ce pays ne fût pas entièrement propre à me concilier les employés des établissemens royaux, jamais un refus sec ou malveillant ne m'a fait sentir les conséquences de ma franchise.

Nous avons l'obligation à M. Alexandre Lenoble, savant archéologue, qui venait de remporter un prix académique [1], de l'instruction et

---

[1] « Ce jeune antiquaire, que des succès honorables et des travaux scientifiques ont depuis long-temps fait connaître avantageusement dans le monde savant, a soumis, dit-on, cette année au jugement de la docte Académie (des Incriptions) un travail très-remarquable sur le *Hortus deliciarum* (Jardin des délices), encyclopédie in-folio composée au douzième siècle par Herrade de Landsberg, abbesse du monastère de Hohenburg (Sainte-Odille), en Alsace. Personne n'était plus à même que M. Alexandre Lenoble de faire bien connaître cet admirable et antique monument littéraire, que possède aujourd'hui la bibliothèque de la ville de Strasbourg, et dans lequel on trouve un tableau fidèle de l'état des connaissances humaines au temps de Philippe-Auguste et de Frédéric Barberousse. Cette seule indication suffit pour donner une idée de l'extrême importance de l'ouvrage de M. Alexandre Lenoble, qui se décidera sans doute à pu-

du plaisir que nous a procurés la première journée de notre tournée d'antiquités. Sa position, comme attaché au noble établissement des Archives du royaume, lui donnait les moyens les plus étendus de nous être utile dans nos recherches, et son obligeance, sa bonté en cette occasion, comme en toute autre, ont été sans bornes. Nous nous rendîmes à sa demeure, au Marais, de très-bonne heure, et nous y trouvâmes une société fort agréable, assemblée pour se joindre à notre pèlerinage. Plusieurs objets d'art fort intéressans retardèrent notre départ. C'étaient des ouvrages d'artistes modernes de mérite, des portraits par madame Victoire Henri, des paysages de Boisselier, et quelques beaux bronzes d'après l'antique de Chardigny, jeune sculpteur de beaucoup de talent. Ces objets, un peu de bonne musique et un excellent déjeuner, nous firent oublier pendant quelque temps la principale fin de notre visite.

De la maison de M. Lenoble à l'hôtel de Soubise, maintenant le Palais des archives, *il n'y a qu'un pas*; et nous nous y rendîmes à pied, suivis de nos voitures. Shakespeare a dit : « Rien

blier son beau travail, maintenant que la palme académique lui a imposé le stygmate d'un succès brillant. » (*Moniteur*, juin 1829.)

n'est que ce que nous croyons *être*. » En effet, nous estimons rarement les choses par leur valeur intrinsèque ; mais nous sommes influencés à leur sujet par nos associations, nos goûts, nos premières impressions. Le Marais, ce quartier aussi peu connu des *attachés* à la diplomatie fashionable et aux élus des Tuileries [1], que Bloomburry l'est au bon ton de Saint-James-Street, a pour moi un charme indéfinissable ; son nom seul me plaît ; et, dans mes châteaux en Espagne, une année de séjour dans le quartier des Ninon et des Coulanges, avec le loisir de rechercher leurs traces dans ces anciens et délicieux hôtels, est un des plus flatteurs pour mon imagination.

[1] Un dialogue qui eut lieu entre une personne de cette caste et moi, prouve que Paris était pour nous deux un lieu différent. Quand ce gentilhomme se leva pour sortir de chez moi il me dit : « J'espère que nous vous verrons demain au déjeuner de madame d'Appony. — Moi aller chez l'ambassadeur d'Autriche ! Cela serait aussi bien placé qu'il le serait à lui de m'inviter. En outre, je dois aller demain aux antipodes du faubourg Saint-Honoré, au Marais. — Où est le Marais ? Est-ce une campagne ? — Non ; c'est le quartier classique de Paris. — Et qui allez-vous voir là ? — Madame de Sévigné. — Qui est cette dame ? — Qui est madame de Sévigné ! — Ah ! je sais : c'est la dame qui écrit des lettres. — Non, c'est la dame qui a écrit des lettres. »

Le Marais était l'extrémité orientale de la ville dans le temps de Louis XIV, et le quartier à la mode, parce qu'il était le plus moderne [1]. Henri IV l'avait projeté, et il voulait donner à sa place principale le nom de Place de France; mais ce ne fut que sous Louis XIV qu'il devint une des parties de Paris les mieux bâties.

La place Royale était le *Saint-James's Square* d'une des cours les plus fastueuses que le monde ait jamais vues. Les hôtels de Soubise, de Carnavalet, de Rohan, de Beauvilliers, et quantité d'autres dont le nom est également historique, attestent la grandeur, sinon l'aisance, dans laquelle vivaient les grands seigneurs français au dix-septième siècle.

En jetant les yeux à notre arrivée sur le noble hôtel de Soubise, une tour à demi ruinée, dans laquelle loge le concierge, et qui flanque l'entrée de la cour principale, me frappa comme devant être antérieure de deux ou trois siècles au reste des bâtimens. On l'appelle la Tour de Guise; et elle faisait partie d'un ancien hôtel appartenant à cette famille [2].

[1] On n'inscrivit aux coins des rues de Paris leurs noms respectifs qu'en 1728.

[2] La résidence du Balafré et de sa belle et intrigante sœur de Montpensier était rue Saint-Antoine, en face de la Bastille.

L'hôtel de Soubise [1], quand il ne contiendrait que ses plafonds peints par Restaut, Nicolo et Natoire [2], ses corniches sculptées et richement dorées par Adam le jeune et Boffrand, ses tableaux (enchâssés dans les panneaux et au dessus des portes), par Boucher, Parrocel, Lemoine et Vanloo, et ses souvenirs historiques, serait un objet bien digne d'être vu. Les vastes appartemens, avec les restes encore somptueux, mais fanés, de leur ancienne magnificence, sont en eux-mêmes des monumens. Le sombre et le grandiose forment leurs traits caractéristiques prédominans.

[1] *L'hôtel de Soubise*, construit sur les dessins de Lemaire, a son entrée principale sur la rue de Paradis. Il est orné de colonnes corinthiennes, de trophées, des armes de Rohan et de Soubise, et de sculptures par Coustou le jeune. La façade porte un emblème sculpté par le Lorrain; le vestibule et l'escalier sont peints à l'huile par Brunetti; et l'antichambre de la petite chapelle est décorée de douze portraits de la maison de Soubise.

[2] Ces artistes, maintenant si peu connus, ont été de leur temps en grande vogue; ils ont acquis des fortunes considérables en servant les goûts somptueux que la noblesse de France déploya dans ses hôtels, à Paris, depuis le règne de François Ier, époque où la passion italienne des beaux-arts fut introduite, où les artistes italiens reçurent des honneurs royaux.

La pièce qui contient les plus précieux souvenirs de tant d'époques ténébreuses, doit, à en juger d'après sa grandeur, avoir servi aux réceptions publiques. Elle est maintenant entourée de cases remplies par des piles de papiers. Au milieu est une sorte de bureau avec tout ce qu'il faut pour écrire. A l'extrémité, et séparée du reste, se trouve la fameuse *armoire de fer*, hermétiquement fermée avec une clef énorme et d'un travail compliqué, imposante, comme celle de la *chambre bleue*. Ce mystérieux réceptacle renferme ce qu'il y a de plus précieux, de plus sacré, de plus antique dans le *grand dépôt;* des vérités que l'histoire tremble de conter; des secrets de la monarchie que ses chroniqueurs n'ont jamais connus, et des peintures des excès de la barbarie féodale, plus à craindre que des volumes de libelles pour les défenseurs du bon vieux temps.

Les archives de France ont été d'abord déposées à l'ancien couvent des Capucins; elles furent transportées aux Tuileries en 1793. La convention, dans le but d'arranger convenablement ces précieux documens, mit à la tête de cette direction le savant et honnête Camus[1], ri-

---

[1] Camus faisait partie de la députation envoyée pour ob-

gide observateur de l'ordre, devant lequel tous les abus disparaissaient. Camus sépara la masse des papiers en deux classes, les *archives judiciaires* et les *archives domaniales*. Les premières furent envoyées au Palais-de-Justice, les dernières demeurèrent aux Tuileries jusqu'à ce que Bonaparte les fit transporter au palais Bourbon en 1798, d'où elles furent encore transférées, en 1810, à l'hôtel de Soubise, où elles sont maintenant.

La collection des archives avait été considérablement augmentée par des documens tirés d'autres pays, et que Napoléon, dans ses conquêtes, avait enlevés, avec une cruelle sévérité, pour lui servir de trophées; mais ils furent tous rendus à la paix, et les Archives de France n'ont

---

server la conduite de Dumouriez, qui le fit arrêter, et le livra avec ses collègues au gouvernement autrichien. Il fut conduit prisonnier en Bohême, et n'en sortit que quand le directoire l'échangea contre la duchesse d'Angoulême. Revenu à ses chères antiquités, il publia en 1797 son curieux rapport sur l'état des archives. Quand Bonaparte fut nommé consul il fit signifier à Camus l'ordre despotique de déménager ses papiers et de les emporter hors des Tuileries. Camus lui dit qu'il lui fallait d'autres ordres que les siens pour l'obliger à transférer les archives. Bonaparte n'en estima pas moins l'archéologue, pour avoir résisté à un commandement illégal.

plus les registres des crimes et des horreurs des nations étrangères, pour servir d'excuses à ce qu'elles renferment de semblable.

Les *Archives du royaume*, proprement dites, se composent de l'ancien *Trésor des chartes*; de quatre-vingts volumes manuscrits, contenant les actes des différens règnes depuis Philippe Auguste; d'une infinité de documens tirés de diverses sources dans les provinces; d'un *Depôt topographique*; des *Archives domaniales*; avec une excellente bibliothèque; des reliques, des souvenirs, des curiosités de tous les âges, qui ne servent pas moins que les monumens écrits eux-mêmes à montrer les progrès de la civilisation nationale.

Parmi les objets de pure curiosité, était une généalogie du monde, depuis la création jusqu'au quatorzième siècle, où elle fut exécutée. Elle est tracée sur un rouleau de parchemin qui paraît avoir quelque vingt pieds de long; et commence par Adam et Ève, avec le serpent sous l'arbre de science, en miniatures enluminées. De semblables ornemens sont semés par intervalles dans le cours du temps. Je me hâtai de passer de la catastrophe si bien connue à la fondation de l'empire britanique, ainsi exposée: *Comment Brute conquiste Albion, et nome laine*

Bretagne. Il fist laine Londres. Le fils d'un roy d'Afrique gasta tout ce païs de Bretaine. Il conquist toute la terre et puis la donna aux Saxons[1]. Nous eûmes assez de cet échantillon de la sagesse historique de nos pères. Cette généalogie avait été néanmoins autrefois une grande autorité, qui suffisait pour imposer silence à tous les scrupules de l'incrédulité. Elle était l'ouvrage des bénédictins de Saint-Germain-des-Prés, et fut trouvée dans leur abbaye.

La Charte de Childebert, premier objet de notre visite, est datée de 558, et n'est pas parfaitement conservée. Nous pûmes cependant lire quelques lignes du préambule ainsi conçu : *Ego, Childebertus, rex unà cum consensu et voluntate Francorum et Neustrasiorum*, etc.[2]. Ce qui refute pleinement les prétentions des absolutistes quand ils soutiennent que la monar-

---

[1] Quel est ce roi d'Afrique? C'est ce qu'on ne dit point. Peut-être était-il un des ancêtres du dey d'Alger. Ce qui justifierait (si une justification était nécessaire) les représailles de lord Exmouth contre cette ville et la connivence du duc de Wellington pour l'expédition française. Il est toujours bon que les nations soient punies pour les crimes de leurs ancêtres les plus éloignés, Juifs, Turcs ou Sarrasins.

[2] Moi, Childebert, roi par le consentement et la volonté des Francs et des Neustriens.....

chie française a été originairement despotique.

Un traité, parfaitement écrit sur parchemin, entre François Ier et Henri VIII, paraît aussi frais que s'il venait de passer de leurs mains royales à l'hôtel de Soubise. Le sceau est d'or et large comme une tabatière. D'autres traités, par lesquels les rois disposaient des peuples comme les marchands de bestiaux modernes disposent de leur marchandise, étaient diversement intéressans.

Dans l'armoire de fer on conserve les types des poids et des mesures de France en platine, le mètre et le kilo. Là de plus est déposé le fameux *Livre rouge*, « le seul livre, dit le spirituel Mercier, qui ne contienne que des vérités; » mais quelles effrayantes vérités! Combien il semble extraordinaire qu'on ait laissé subsister un tel monument des vices et de l'extravagance de la famille royale! Les sommes prodiguées à des courtisans corrompus, sans mérite, à des parasites, à des maîtresses, aux ministres des plus honteux plaisirs; ces sommes, arrachées à un peuple famélique, peuvent être considérées comme les premières causes de la révolution, cette révolte d'un peuple réduit au désespoir. Les signatures de Louis XV font trembler. Nous remarquâmes au dessous de sa dernière le premier signe manuel de son infortuné successeur, qui se vit avec crainte et regret appelé à prendre les rênes de l'état.

Un autre singulier monument est le journal privé de Louis XVI, commencé en 1784. J'en ai copié quelques articles pris au hasard. Ils se ressemblent tous, et décrivent les occupations de chaque jour successif. Les voici :

« 1784.

» Tué, de six mois, quatorze cent quatorze pièces.

» Vendredi, 15 Juillet. — Rien.

» Samedi, 16. — Chasse aux cerfs; tué deux. — Déjeuner; souper. — Rambouillet. — Douze sous pour un verre de montre payé à un commissionnaire.

» Dimanche, 17. — Vêpres. — Salut.

» Lundi, 18. — Chasse au chevreuil. — Pris un, et tué quarante-deux pièces.

» Mardi, 19. — Rien. — Bain.

» Mercredi, 27. — La pluie m'a fait revenir du rendez-vous du chevreuil, etc. »

A la fin, pour rompre l'ennui de cette triste et monotone existence, arrive l'accouchement de la reine. Il est impossible d'imaginer, et je n'ai pas eu la patience de copier tous les détails de cet événement. Aucune *sage-femme* n'aurait pu les narrer avec un commérage aussi important que le malheureux mari. Du reste, ce singulier document est peut-être la meilleure apologie pour la faiblesse, les incertitudes, la fausseté, manifestées dans les dernières années de celui qui l'a écrit. Avec de telles preuves de la nullité absolue de son éducation, de la pauvreté de ses idées et de son entière incapacité, on doit s'étonner qu'il ait pu seulement régner : et l'on se confond d'étonnement en songeant à la fermeté avec laquelle il subit son horrible destinée. Ce dernier fait prouve une force d'âme et une étendue d'esprit que sans doute une mauvaise éducation, de faux principes et une société corrompue, dont il fut la victime, avaient affaiblies et comprimées.

Le testament de ce royal martyr d'une reine égoïste et d'une cour infatuée était un autre contenu intéressant et triste du *coffre de fer*. Là aussi ont été déposées, par un étrange rapprochement, les clefs de la Bastille, avec celles de Gand et d'autres villes qui, à diverses époques, ont été conquises par les armées françaises, et qui sont les seuls restes existans de leurs conquêtes anciennes et modernes.

Les clefs de la Bastille sont un grand monument national, un trophée que le peuple français devrait priser plus qu'aucun autre témoignage de sa gloire; plus même que la colonne superbe de la place Vendôme, monument des victoires impériales sur le continent subjugué. De toutes ces victoires, achetées par le sang de milliers d'hommes, que reste-t-il à l'avantage du pays? Quels sont les souvenirs qu'un pareil témoignage rappelle? Ceux d'un rêve brillant, enivrant, mais fondé sur la folie. Mais les clefs de la Bastille! ces grossiers morceaux de fer, qui ne sont ni précieux par la matière, ni propres à exciter l'imagination par les prestiges de l'art, provoquent une émotion plus vive, plus profonde, comme emblème visible de la liberté d'un peuple, témoignage palpable du renversement de la plus gigantesque tyrannie qui ait pesé sur les hommes, par le pouvoir uni de l'église et de l'état. Les droits reconnus, la propriété assurée, la conscience émancipée, le triomphe de l'égalité sur le privilége, et du mérite sur les prétentions héréditaires, sont les fruits glorieux de cette victoire dont le souvenir seul serait encore un legs impérissable pour la postérité, si jamais ses conséquences directes pouvaient être annulées ou détruites. La clef de la Bastille devrait être appendue à la Charte de France, comme les armes d'un peuple régénéré, et la preuve que les vertus nationales sont les seules garanties des droits proclamés par l'acte constitutif.

Il faudrait des volumes pour énumérer tous les objets (curieux, soit sous le rapport de l'art et de ses progrès, soit sous le rapport de l'intérêt historique) contenus dans cette collection. Le principal appartement de l'hôtel, son élégant salon, sa chambre à coucher [1], sont remplis de

---

[1] Dans la chambre à coucher sont deux tableaux de Boucher ; dans la pièce suivante Tremollière a peint les Grâces qui président à l'éducation de l'*Amour*, et Minerve qui enseigne à une nymphe l'art de la tapisserie. Toutes ces pièces se terminent par un salon de forme ovale, au dessus de la porte duquel est le buste en marbre du prince. Natoire a peint dans les pendentifs, entre les croisées, l'histoire de Psyché, en huit tableaux. Non-seulement la corniche est dorée ; mais le plafond, fait en calotte, est couvert d'ornemens sculptés sur un fond blanc, qui se raccordent avec la rose du milieu, etc., etc. En continuant de parcourir les beautés de ces appartemens, on passe successivement par plusieurs salles qui forment une aile le long du petit jardin, etc., etc. *.
Telle est la description de l'hôtel de Soubise tel qu'il était en 1770. Les restes de toute cette magnificence contrastent avec la gravité et le silence de sa destination actuelle.

* *Voyage pittoresque de Paris.*

cases dont les tablettes sont quelquefois pleines, jusqu'à leur sommet, de papiers classés et disposés commodément pour être étudiés. En l'absence du garde-général, M. le secrétaire-général Coru-Sarthe nous fit les honneurs avec une politesse parfaite, une patience infatigable à répondre à toutes nos questions, à chercher tout ce qui pouvait nous intéresser. L'originalité et la philosophie de ses observations ne furent pas la moindre partie de l'amusement que nous offrit cette matinée, et je fus souvent embarrassée de savoir auquel j'accorderais mon attention, de l'objet examiné ou des curieux détails par lesquels le *conteur* antiquaire nous l'expliquait. Nous prîmes congé de l'aimable secrétaire avec reconnaissance et regret, et nous nous rendîmes au Palais-de-Justice, où les archives judiciaires sont déposées.

Le Palais-de-Justice est, je crois, le plus ancien site de Paris dont l'histoire fasse mention : il date de plus loin que les Césars. Ce fut la résidence du premier et de quelques-uns des rois de la troisième race, par l'un desquels il a été rebâti : la tradition attribue à saint Louis plusieurs des vastes et tristes *salles* que l'on nous fit traverser. Celle où siége la cour de cassation porte encore le nom de ce prince. Le palais a été une résidence royale juqu'en 1731, qu'il fut abandonné au parlement, par Charles VII. Le temps et le feu ont fait leurs ravages accoutumés sur ce grand et ancien édifice; et l'un et l'autre ont nécessité des réparations accidentelles qui en font un monument des progrès de l'architecture, depuis les premiers jusqu'aux derniers temps de la civilisation en France.

Les cuisines de Saint-Louis, à quelques pieds au dessous du sol, avec leur architecture sarrasine; les cachots (prisons horribles et de l'étendue la plus bornée) et la *Conciergerie*, qui servit de prison jusque dans la révolution; la salle des Procureurs ou des *Pas-Perdus*, qui règne sur l'étage inférieur, et qui fut rebâtie en 1630, sur les ruines de l'ancienne salle appelée la *Table de marbre*, et ces immenses tours rondes, coiffées de toits côniques, que l'on dit du treizième siècle, sont encore des monumens existans du bon vieux temps, curieusement, mais peu harmonieusement combinés avec de modernes embellissemens. Le béfroi, ou *tour carrée de l'horloge*, élevée en 1370 par Charles V, renfermait dans sa lanterne la célèbre et terrible cloche dite le *tocsin*, anciennement investie du privilége exclusif de sonner dans les cas d'état et d'annoncer la mort des rois : elle a pris une affreuse notoriété pour avoir été l'une des deux cloches qui donnèrent le signal du massacre de la Saint-Barthélemi, le 24 août 1572[1].

Jusqu'à l'année 1787, l'entrée du Palais a été aussi effrayante que ses usages. Elle consistait en deux petites portes assez semblables aux guichets d'une prison, qui s'ouvraient sur la ruelle étroite, sombre et tortueuse, nommée rue de la *Barillerie*, réceptacle d'immondices, de crimes, de misère[2]. A présent l'entrée de ce monument est magnifique; les bâtimens qui encombraient la rue et la place de la Barillerie ont disparu; et devant la façade, rajustée à la moderne, est une cour spacieuse fermée par une belle grille de fer ornée de piques dorées comme celles des Tuileries, et remarquable par la richesse de ses details. Au milieu de la façade, un escalier conduit à la première galerie; et les figures allégoriques banales de la justice, de la prudence, de la force, ornent, avec des colonnes doriques, *l'avant-corps* de l'édifice. Un grand et superbe escalier nous conduisit à la grande salle ou salle des procureurs, la plus vaste de France, et qui

---

[1] Le tocsin a été détruit dans la révolution.

[2] Jean Châtel, l'assassin de Henri IV, demeurait dans cette rue.

fut rebâtie, et peinte, en 1622, par Jean de Brosse. Si elle n'a plus cet intérêt d'une extrême ancienneté qu'elle avait comme *table de marbre*, c'est toujours une pièce imposante. Elle a deux cent vingt-deux pieds de long sur quatre-vingts de large, et se divise en deux nefs, par un rang de colonnes et d'arcades qui supportent la voûte, en pierres de taille. Irrégulière dans beaucoup de détails, ce défaut lui donne le mérite d'une antiquité semi-barbare dans laquelle l'imagination trouve toujours son compte, et ne l'empêche point d'être fort majestueuse. Elle est éclairée par de grandes fenêtres aux extrémités des nefs, et par des œil-de-bœuf dans la voûte. C'est le rendez-vous des dévots, des victimes et des ministres de l'esprit de litige. Quels groupes! et quelles lumières, quelles ombres jouent sur leurs visages! Quels sujets pour Rembrandt! quelles études pour Callot!

Sur les différentes portes qui conduisent aux différens tribunaux sont inscrits leurs noms respectifs. La plus considérable de ces cours de justice est la cour de cassation, qui se tient sur l'emplacement de l'ancienne salle de Saint-Louis. La statue de la Justice, placée au dessus de la porte entre deux lions maigres et affamés, est l'emblème de l'appétit dévorant de cette déesse trop vantée, qui, de même que le juge de la fable, avale l'huître, et laisse l'écaille à ses cliens bafoués. Cette pièce était une salle de cérémonie du temps de Louis XII, le seigneur conjugal de notre belle duchesse de Suffolk, sœur de Henri VIII. A propos de quelque fête publique donnée à l'occasion de son mariage mal assorti, ce prince, qui pouvait être le père de sa femme, aussi bien que de son peuple, fit réparer, décorer et richement dorer cette salle. Elle fut encore repeinte et redorée par Louis XIV, dont une flatteuse représentation, sculptée en bas-relief sur la cheminée, le plaçait entre la Justice et la Vérité, deux de ses maîtresses les plus négligées. Cet ouvrage, ainsi que le beau crucifiement d'Albert Durer, qui décorait le siége du tribunal, ont disparu. La salle des enquêtes, le tribunal de police correctionnelle, la cour d'assises ou de justice criminelle, n'ont rien qui les distingue des autres tribunaux ; la rareté de l'air, l'abondance de la poussière, l'obscurité et les tristes associations, sont les attributs communs à tous.

Nous apercevions çà et là, en parcourant les coins et recoins de cette enceinte, quelque pâle et maigre nourrisson des lois, griffonnant sur un haut pupitre, près de la fenêtre poudreuse d'un enfoncement creusé dans l'épaisseur du mur; les ustensiles de son *ménage* temporaire mêlés à des piles de parchemins et à de vieux in-folios.

Après notre visite aux cours de justice, si peu connues et si dignes de l'être des étrangers, nous entrâmes au dépôt des *archives judiciaires*. La partie de l'immense bâtiment destinée à cet usage se compose de trois longues galeries ou attiques, immédiatement sous le toit et au dessus de la *grand'-salle*. L'on arrivait à ces pièces par un escalier de pierre tournant, mystérieux, presque effrayant, et leur aspect n'était pas propre à dissiper les impressions tristes que leur approche faisait éprouver. La grandeur, le silence de ce dépôt, où les témoignages des crimes et des malheurs sont conservés; l'air épais et d'une chaleur accablante que l'on respirait dans un lieu très-fermé et placé près des gouttières du curieux toit de *terra cotta*, joints aux formidables étiquettes qui pendaient à chacun des rouleaux de parchemin entassés sur les tablettes, se combinaient pour donner à la scène un sombre et terrible caractère. Ces archives sont une immense collection de registres, classés et arrangés dans un ordre admirable, qui prouve le temps que l'on a dû employer à ce travail dans ce terrible lieu, si semblable aux *plombs* des prisons d'état de Venise.

Dans ce monde de papiers accumulés d'âge en âge, une partie des secrets de l'histoire, encore ignorée de la postérité, se trouve renfermée. Et si une seconde révolution avait lieu en France, ces témoignages précieux en faveur de la première seraient sans doute respectés; car les changemens qui pourront être opérés par un peuple éclairé et libre, n'auront point le caractère de ceux qui furent obtenus violemment par les efforts désespérés d'esclaves brisant leurs chaînes : l'esprit de ceux-ci était la destruction; les autres tendront au contraire à la conservation. Je regrettai infiniment que la fatigue et la chaleur ne me permissent pas de consacrer plus de temps au contenu de ce dépôt. De toutes parts, on voyait les registres de la tyrannie, du meurtre, de la superstition, du fanatisme, de l'injustice. Le premier papier que j'examinai était intitulé *Copie du jugement de Jean Châtel*, 1594. C'était le jeune assassin du meilleur des Bourbons, que les jésuites avaient poussé à cet acte sanguinaire. « Un jeune garçon, dit Henri IV
» dans une de ses lettres si naïves, nommé Jean
» Châtel, fort petit et âgé de dix-huit à dix-neuf
» ans, s'étant glissé avec la troupe dans la cham-

» bre, s'avança sans être quasi aperçu, et pen-
» sant nous donner dans le corps du couteau
» qu'il avait; le coup ne nous a porté que dans
» la lèvre supérieure du côté droit, et nous a en-
» tamé et coupé une dent. Il y a, Dieu merci, si
» peu de mal que, pour cela, nous ne nous met-
» trons pas au lit de meilleure heure. »

Le petit garçon de dix-huit ans avait été instruit, par ses parens et ses instituteurs religieux, à croire que l'hérésie était un crime irrémissible, et que, le roi n'étant pas réconcilié avec l'église véritable, il pourrait, lui Châtel, expier tous ses péchés (les péchés de dix-huit ans), en détruisant le royal hérétique. Il paraît que son tempérament ardent et mélancolique avait été encore excité par une retraite que les jésuites lui firent faire au collége de Clermont. Enfermé là, dans la *chambre de méditation*, les images épouvantables de l'enfer peintes sur les murailles, et qu'une lumière douteuse et sépulcrale rendait plus effrayantes, achevèrent d'exalter cet esprit faible et passionné. Henri en fut quitte pour la perte d'une dent; mais la victime fanatisée de la fraude monacale fut écartelée, ses parens bannis, et son précepteur pendu et brûlé. La maison où naquit ce malheureux, en face du Palais-de-Justice, et dans laquelle sans doute il avait joui de la gaîté insouciante de l'enfance, fut rasée; et enfin l'on chassa les jésuites du royaume par arrêt du parlement, et ce fut le seul résultat avantageux, soit du crime, soit du châtiment.

La mort horrible de ce pauvre enfant fait un étrange contraste avec l'impunité des nobles et des gentilshommes de la cour de Henri (qui s'étaient rendus si souvent coupables de meurtre), et les propres attaques de ce roi sur la vie, les propriétés, la paix des citoyens, qu'il avait coutume d'assaillir, dans ses folies de jeunesse, avec son cousin Henri III et d'autres *raffinés d'honneur* et nobles spadassins, faisant profession *d'assassiner pour leur compte et pour celui des autres*.

Dans ces salles se trouvaient aussi les procès de Ravaillac et de Damiens. Mêmes crimes, mêmes résultats. Les noms seuls de ces documens navraient le cœur et glaçaient le sang dans les veines. Comment se fait-il que dans ces bons vieux temps, où le préjugé en faveur des rois leur attribuait une origine divine, on ait si souvent attenté à leur vie? Les premiers rois de France sont rarement morts naturellement. Et les plus adulés de ses souverains modernes périssaient violemment, ou n'échappaient qu'avec peine aux poignards des assassins!

Près des pièces du procès de Damiens est une

vieille boîte contenant son habit, l'habit qu'il portait quand on l'arracha de son cachot pour être... Mais il ne faut pas s'arrêter sur de tels sujets. Dans la même boîte était la corde avec laquelle le comte de... (j'ai oublié son nom) échappa de la Bastille. Quelles singulières reliques!

Le procès de l'innocent et infortuné Calas et de sa famille, ces victimes du fanatisme, est également conservé dans ces archives. Leurs souffrances et la réhabilitation subséquente de leur honnête renommée sont des monumens de la bienveillance, du courage moral, de la charité chrétienne de Voltaire, que les calomnies des prêtres et des parlementaires, tels que ceux qui contribuèrent à l'exécution de Calas sur la roue, ne détruiront jamais. Avec de tels documens entre les mains, Voltaire pouvait bien répéter dans tous ses ouvrages et crier des bords de sa tombe: *Écrasez l'infâme superstition.* En France elle est écrasée, et pour toujours. La vraie religion, la religion de paix, de bonne volonté, triomphe sur ses débris; car avec elle sont abolis les roues, les tortures, les images de l'enfer, les supplices cruels, opprobre d'une société civilisée, fléaux de l'humanité.

Les *instructions contre Cartouche*, et quelques atroces ordonnances du facétieux héros de nos romans modernes, Louis XI, attirèrent aussi notre attention ; mais, lasse de corps et d'esprit, je désirai terminer notre examen. On nous proposa alors de monter, du lieu étouffé et triste où nous étions, sur le comble du Palais, d'où l'on découvre un panorama très-étendu, qui, pour l'intérêt moral et matériel, a bien peu de rivaux. Les vieux toits côniques du bâtiment lui-même, les antiques clochers des églises voisines, la tour du *tocsin*, celle de Saint-Jacques-de-la-Boucherie [1], la place de Grève et le marché aux Fleurs,

---

[1] Tout ce qui reste d'une église autrefois célèbre est cette belle et ancienne tour, maintenant propriété particulière. L'église de Saint-Jacques avait été enrichie par la dévotion de Nicolas Flamel. Ce Flamel, après avoir passé sa vie comme un honnête et laborieux écrivain, se trouva ensuite avoir été l'ami du diable Asmodée, avec lequel, depuis sa mort supposée, il parcourut l'Égypte, non comme les Salt et les Champollion pour découvrir et expliquer des monumens ; ni comme Bonaparte pour y fonder un Institut et en faire une station sur la route de l'Inde ; mais simplement pour chercher la pierre philosophale, au moyen de laquelle il enrichit l'église de Saint-Jacques d'ornemens précieux, et des portraits de lui-même et de sa femme, sculptés en plusieurs endroits de l'édifice. La vieille maison de Flamel, au coin de la rue des Écrivains, a été souvent fouillée pour y chercher les fourneaux, les vases et autres ustensiles de son atelier. En 1756, un homme de distinction obtint la permission

s'apercevaient autour de nous : c'étaient des monumens de siècles passés, de même que ceux qui précédèrent le déluge; théâtres aujourd'hui des plus terribles souffrances et des plaisirs les plus simples et les plus doux! La vue des anciennes parties de Paris, prise de ce point élevé, donne la plus juste idée de ce qu'il était au moyen âge. La domination ecclésiastique se montrait partout : les tours superbes, les clochers s'élevant sur des labyrinthes de ruelles sombres et fangeuses, étaient les images fidèles du pouvoir et de la splendeur du clergé, de la dégradation et de la misère du peuple.

De cette région de lumière, nous descendîmes par des escaliers de tourelles escarpés et tortueux, et des passages coupés dans les murs, et nous nous trouvâmes enfin, à notre grande surprise, dans la plus ancienne et la plus intéressante partie du bâtiment, la *Sainte-Chapelle*; monument historiquement curieux, et l'un des plus beaux restes de l'art, tel qu'il était au treizième siècle.

de faire réparer cette maison sous prétexte de rendre hommage à la mémoire de Flamel, et il fit enlever plusieurs inscriptions qui étaient gravées sur les murs des caveaux : après cela il acheva les réparations, et disparut sans avoir payé les ouvriers.

A l'époque florissante de la féodalité, chaque petit baron avait, dans l'enceinte de son château, une chapelle décorée de l'épithète de *sainte*. En 1242, Louis IX, dans sa piété et sa munificence, résolut de faire bâtir au centre de son palais une nouvelle *Sainte-Chapelle*, digne des reliques sacrées qu'il avait achetées la même année de l'empereur Baudouin, au prix énorme de 100,000 fr. Il existe un catalogue de ces reliques. La plus précieuse de toutes était la couronne d'épines portée par notre Seigneur dans sa passion. Quand elles arrivèrent en France, en 1239, le roi, le comte d'Artois et un *cortége* royal, les conduisirent nu-pieds et processionnellement à Paris. Quand elles eurent été déposées dans leur châsse, on les plaça dans une *station* ou chapelle temporaire à l'abbaye Saint-Antoine. Un édit du saint roi commanda au clergé des différentes églises, monastères, etc., de porter leurs reliques, pour rendre hommage à la sainte couronne. L'ordre fut exécuté, et les prélats, les abbés, les prêtres, dans leurs plus magnifiques vêtemens, se présentèrent avec leurs châsses devant le grand autel de la station. L'abbé et les moines de Saint-Denis furent les seuls qui n'apportèrent rien, et ils en donnèrent pour raison qu'ils possédaient eux-mêmes la sainte couronne. Dépouillé de ses habits royaux, les pieds nus, et n'ayant qu'une simple tunique de laine entre l'air extérieur et sa noblesse, saint Louis porta ensuite la couronne au palais royal, et la déposa dans l'ancienne chapelle de Saint-Nicolas, sur l'emplacement où la nouvelle Chapelle existe encore. La partie supérieure de l'édifice, qui portait le nom de Chapelle de la Sainte-Couronne, était réservée exclusivement au roi et à sa cour. La partie inférieure, dédiée à la Vierge, était destinée aux habitans ou serviteurs du palais; car, dans ces temps pieux, mais aristocratiques, les rois, les barons, les abbés, auraient cru déroger à leurs dignités de droit divin, s'ils avaient prié Dieu sur le même sol et au même autel que les vilains. Long-temps après, un noble abbé s'adressa en chaire à son auditoire rural, en lui donnant le nom de *canaille chrétienne*, réservant l'exorde de *chrétiens, mes frères*, pour de plus dignes assemblées [1].

Pierre de Montreuil, le plus grand architecte du treizième siècle, a laissé dans la Sainte-Chapelle le meilleur de ses ouvrages, un monument de génie, qui contraste extrêmement avec

---

[1] A Notre-Dame et à Saint-Germain-des-Prés il y avait anciennement une chapelle des seigneurs et une chapelle des vilains.

la faiblesse et la superstition du fondateur. Les ecclésiastiques voués au service de cette chapelle étaient de haut rang et comblés des biens de l'église; par la suite des temps, le *maître chapelain* reçut le titre d'*archichapelain* avec la mitre, l'anneau et la puissance de bénédiction des évêques, à quoi le peuple ajouta la dénomination encore plus pompeuse de *pape* de la *Sainte-Chapelle*[1].

Au seizième siècle, le vol d'un morceau de la vraie croix dans cette chapelle mit tout Paris en rumeur. Il se trouva que le larron était le roi (Henri III), qui avait engagé cette relique aux Vénitiens pour une somme d'argent considérable, et l'affaire en resta là. Au dix-septième siècle, une autre commotion, d'un intérêt bien plus grand pour la postérité, eut lieu dans le même local. Et quand saint Louis et l'impérial marchand de reliques Baudouin seront oubliés; quand il ne restera plus aucuns vestiges des tours coiffées de nuages des somptueux bâtimens appartenant à la Sainte-Chapelle, l'événement réel ou fabuleux qui donna naissance au

---

[1] Sans sortir de leurs lits, plus doux que leurs hermines,
Ces pieux fainéans faisaient chanter matines,
Veillaient à bien dîner, et laissaient, en leur lieu,
A des chantres gagés le soin de louer Dieu. (Boileau.)

Lutrin conservera le souvenir de cet édifice, et fera de son site un pèlerinage pour les admirateurs du génie et les vrais enfans de la lyre. Une pierre, sur laquelle est gravée une croix, indique encore la place du fameux lutrin [1], qui fut l'objet du plus heureux et du plus original des ouvrages de Boileau. Le pupitre lui-même a été transporté à Saint-Denis.

Assez récemment, un homme très-âgé et de la plus misérable apparence vint visiter la Sainte-Chapelle, et se rendit à Saint-Denis. L'émotion qu'il montrait engagea à en rechercher la cause, et il se trouva que cet individu était tout ce qui restait des *chantres* de la Sainte-Chapelle. Cela supposait qu'il avait près de cent ans. Il se rappelait la dernière cérémonie du samedi saint exécutée en cette église [2], quand deux possédés firent les plus horribles contorsions, poussèrent les cris les plus discordans, jusqu'à l'apparition du *grand-chantre*. Armé du bois de la vraie croix, le chantre accomplit le miracle subit de calmer ces esprits troublés, et la plus parfaite

---

[1] Vers cet endroit du chœur où le chantre orgueilleux
Montre, assis à ta gauche, un front si sourcilleux ;
Sur ce rang d'ais serrés qui forment la clôture,
Fut jadis un *lutrin* d'inégale structure.

[2] Sous Louis XV, en 1770.

tranquillité succéda aux mouvemens convulsifs, à la rage furieuse des démoniaques. La maladie et le miracle ont disparu ensemble, peu de temps avant la révolution, ce grand miracle qui efface tous les autres. Un autre esprit hante maintenant les alentours de la Sainte-Chapelle; un esprit qu'aucun prêtre ne pourrait exorciser, aucune relique enchaîner, l'esprit public : agent puissant, mais peu connu, dans la démonologie du bon vieux temps.

La Chapelle est maintenant consacrée non à des charlataneries ecclésiastiques, mais au service public. Elle contient une grande partie des archives judiciaires, qui occupent la place des chapelles votives, autrefois étincelantes d'or et de diamans, offerts par la puissante bigoterie, aux dépens du peuple ignorant et apauvri. Tout ce que l'art et la nature ont produit de plus précieux, de plus rare, se trouvait au trésor de la Sainte-Chapelle. On y voyait l'autel en émaux de Léonard de Limoges, d'après les desseins du Primatice, où figuraient, au milieu des effrayans détails de la passion, deux beaux portraits de Henri II et de Diane de Poitiers sa maîtresse. Là se voyaient encore un modèle de la Chapelle, en vermeil et en pierres précieuses, contenant des reliques de saint Louis; une immense croix du même métal, dans laquelle était incrusté un morceau de la vraie croix, donné par Henri III, le bâton du *præcentor*, orné d'une superbe agathe dans laquelle était gravée une tête de Titus qui a passé pendant des siècles pour celle de saint Louis; et surtout ce miracle de l'art et de la science, si précieux pour les artistes, les naturalistes, les antiquaires (qui viennent encore en foule l'admirer à la bibliothèque royale), le camée dit l'agathe-onyx, que l'on croit le plus grand qui existe. Ce superbe ouvrage représente l'empereur Auguste, et fut donné par Charles-le-Sage, qui, dans sa sagesse, crut découvrir dans l'apothéose du prince païen, la canonisation d'un saint chrétien, et la fit entourer d'un cadre contenant de nombreuses reliques et soutenu par les quatre évangélistes.

La Chapelle telle qu'elle est maintenant, dépouillée de tous ses ornemens, est un des plus beaux et des plus nobles édifices que j'aie jamais vus. La voûte, les fenêtres peintes, les sculptures en bois de chêne, la légèreté, l'élégance de ses formes, d'un véritable style arabe, paraissent une étrange anomalie pour le temps où elle a été construite.

Pendant que nous portions nos regards de tous côtés avec une curiosité insatiable et une admiration continue, quelqu'un de la compagnie ouvrit une porte pratiquée dans la muraille, qui conduisait à une niche destinée à servir de refuge dans les momens de danger. Un descendant de saint Louis en a fait usage; car le comte d'Artois s'y est caché pendant l'un des tumultes révolutionnaires[1], et il échappa ainsi à la fureur du peuple, au risque d'être étouffé. Je me plaçai une demi-minute dans cette cachette, et j'en sortis presque suffoquée.

La famille royale actuelle a visité une seule fois les archives de l'hôtel de Soubise. Il ne paraît pas que cette visite ait été étendue jusqu'à celles du palais; et, à vrai dire, cela n'est pas très-surprenant. Jean Châtel, Ravaillac, Damiens et cette petite niche de la Sainte-Chapelle ne

[1] Le parlement de Paris en 1787 avait refusé d'enregistrer un édit ordonnant la levée d'un impôt de timbre, et un autre concernant l'impôt territorial ; il déclara alors pour la première fois que le droit d'imposer de nouvelles taxes n'appartenait qu'aux états-généraux. Le roi tint un lit de justice pour faire enregistrer ses édits ; et son frère, alors comte d'Artois, actuellement Charles X, fut chargé de les faire enregistrer à la cour des aides : à cet effet il s'y rendit le 17 août: mais le peuple indigné contre cet acte de despotisme se rassembla tumultueusement dans la cour du Palais; et sans la garde nombreuse qui accompagnait le prince, on peut croire qu'il eût été sacrifié à la fureur populaire.

sont pas des souvenirs fort gracieux pour des souverains. Moi-même, quoique je n'aie aucune association personnelle avec ces objets, leur examen m'avait inspiré une tristesse assez évidente pour qu'un de nos aimables compagnons nous proposât de courir bien vite voir la maison de Ninon de Lenclos, au Marais, où quelques échantillons de l'art de la mosaïque, renouvelé, méritaient d'être vus, et nous promettaient un sujet d'observations moins lugubre.

HOTEL DE NINON DE LENCLOS,

AU MARAIS.

Le chevalier Michel-Ange Barberi [1], l'un des plus habiles artistes en mosaïque de notre temps,

[1] La notice suivante sur *il cavaliere Michel-Angelo Barberi*, est extraite des *Notizie del Giorno* (journal publié à Rome), 17 juin 1828. Il cavaliere Michel-Angelo Barberi, duquel nous avons souvent fait une mention honorable, est arrivé la semaine dernière de Paris en cette ville, après avoir donné à plusieurs souverains de l'Europe des preuves de son goût dans les beaux-arts, et reçu de leurs mains des présens de grand prix. Une maladie dangereuse l'a obligé à quitter Moscou, au moment où il voyait une vaste carrière ouverte à son talent. Le gouvernement russe l'avait chargé de res-

avait été l'un de nos compagnons dans notre visite aux archives; et ce fut en causant des mosaïques de Saint-Pierre de Rome et des artistes italiens qui se distinguent en ce genre, avec une personne douée de cette finesse d'organes particulière à l'Italie et qui conduit aux succès dans tous les arts, que nous arrivâmes, rue des Tournelles, devant un joli petit hôtel entre *cour et jardin*.

L'édifice portait l'empreinte du goût architectural de la brillante époque du Marais, quand de Lisle, Moreau et Mansart florissaient, et que Mignard, Lebrun, Vouet, Volterra et Vander-Voost, contribuaient à orner l'intérieur des hôtels et des palais. Celui dans lequel nous allions entrer était la résidence actuelle *del signore Barberi*, et avait été pendant soixante ans celle de Ninon.

On regarde l'intervalle d'un siècle comme nécessaire pour la canonisation d'un saint; et plus d'un siècle a passé sur les faiblesses de cette char-

---

taurer la partie du Kremlin qu'avait habitée le czar Alexandre Michelowitz dans le dix-septième siècle; et avant son départ il a envoyé des dessins et des notes pour la conduite des ouvrages, desquels l'empereur Nicolas a été parfaitement satisfait.

mante pécheresse. Le temps a jeté son voile d'indulgence sur les erreurs qu'il n'a pu faire oublier; la philosophie les a vues à travers le médium de l'âge auquel elles appartenaient; la charité a pardonné ce qu'elle ne pouvait excuser, et, rappelant les vertus qui les accompagnaient, elle a dit:« Que ceux qui sont sans péché lui jettent la première pierre. » Ninon de Lenclos a été une femme extraordinaire. Sa fragilité était commune à beaucoup de femmes de haut rang de son temps et de son pays; ses vertus sont à elle seule. L'une et les autres se combinaient pour offrir le modèle du portrait enchanteur, quoique imparfait, que Saint-Evremont a laissé d'elle, et que tous les événemens de sa vie font paraître si fidèle.

> L'indulgente et sage nature
> A formé l'âme de Ninon
> De la volupté d'Épicure
> Et de la vertu de Caton.

Un esprit supérieur, des talens ravissans [1], une

---

[1] Elle était savante dans les langues, narrait d'une manière charmante, et dansait et chantait à ravir. Elle n'avait qu'une affectation, c'était de se faire prier très-long-temps avant de consentir à chanter ou à jouer du luth. En parlant de ces sortes d'avantages, elle disait : « Une liaison de cœur est de toutes les pièces celle où les entr'actes sont le plus

probité au delà de tout exemple, une sprit d'indépendance que ni l'amour ni l'amitié ne purent jamais subjuguer; une sobriété qui, chose étrange à dire! était rare parmi ses royales ou nobles contemporaines; un amour de la vérité, de l'ordre, de l'économie; un courage moral auquel tous les grands écrivains de son temps ont rendu témoignage, et qui n'attendait pas les circonstances les plus favorables pour servir l'opprimé, défendre le calomnié [1] ; et un désintéressement qui lui fit rejeter toutes les offres d'une brillante dépendance, même de la puissance royale et de l'amitié dévouée [2].

longs et les actes le plus courts. De quoi remplir ces intermèdes, sinon par les talens ? »

[1] La disgrâce et l'exil du philosophe Saint-Evremont, son ami, provoqua l'active générosité de son caractère. Elle l'aida de sa bourse pendant qu'elle travaillait vainement avec ses amis du ministère pour obtenir son rappel : quand à la fin il lui fut accordé, Saint-Evremont avait formé en Angleterre de nouveaux liens qui le retinrent en ce pays.

[2] Madame de Maintenon, reine de France *de fait*, et Christine, reine de Suède *de droit*, firent toutes deux, à plusieurs reprises, l'offre de pourvoir libéralement à l'existence de Ninon; mais celle-ci le refusa toujours. Christine voulut l'aller voir chez elle sur le récit que le maréchal d'Albret et d'autres beaux esprits du temps lui avaient fait du charme de sa conversation ; elle la trouva très au dessus de ce

Telles étaient les qualités qui justifiaient ce dire, que « Ninon était le plus accompli, le plus galant homme du monde. » Il est nécessaire de rappeler ces rares et nobles qualités pour excuser le vif plaisir que j'éprouvai en passant le seuil de cette moderne Aspasie, en montant l'escalier que l'amour et le génie, dans leur plus aimable personnification, avaient traversé d'un pied léger, animé par la gaîté d'une florissante jeunesse. Une semblable excuse m'est sans doute nécessaire, auprès de ceux qui « se contentent d'être toujours convenables, » et ne connaissent point les généreuses pensées, pour avoir vu avec plus d'enthousiasme la demeure de la légère mais noble Ninon, que le somptueux ermitage où, dans le dernier acte de sa vie extraordinaire, cette grande comédienne, sa fausse amie et son hypocrite rivale, madame de Maintenon, la sainte Françoise de Saint-Cyr, chercha encore à produire quelque effet théâtral sur le czar [1].

---

qu'elle attendait. Cette reine ne pouvant se résoudre à la quitter, offrit à l'*illustre Ninon* (comme elle l'appelle toujours) de l'emmener à Rome, et de lui donner un appartement dans son palais; mais Ninon préféra son petit logis de la rue des Tournelles, et déclina l'invitation.

[1] Dans la plus grande chaleur de leur amitié intime, madame de Maintenon enleva à Ninon son amant Villarceaux,

Ninon de Lenclos était fille unique d'un gentilhomme tourangeau. Brave officier des armées de Louis XIII, et disciple avoué de l'école d'Épicure, il éleva sa fille dans les mêmes principes dont il avait fait la règle de sa propre conduite. Les derniers mots qu'il lui adressa furent : « Soyez plus scrupuleuse sur le choix que sur le nombre de vos plaisirs. » L'exemple n'influa que trop sur ce qu'il y eut de moins louable dans sa vie. Laissée orpheline dans tout l'éclat de la jeunesse et de la beauté, avec un revenu de huit ou dix mille livres de rente, elle acheta cette maison, qui devint, en dépit des faiblesses de sa maîtresse, le rendez-vous des personnes les plus distinguées des deux sexes; « la seule maison, dit un auteur contemporain, où les hôtes ne craignaient pas de compter sur leurs talens et leur esprit; où des jours entiers se passaient sans jouer et sans s'ennuyer! » Là elle passa le printemps, l'été et l'hiver de ses jours; et là elle mourut à l'âge de quatre-vingt-dix ans, ayant su conserver, pendant sa longue vie, une complète indépendance par une économie rigide, qui lui permettait non-seulement de recevoir à sa table les plus grands personna-

---

de même qu'elle enleva depuis Louis XIV à sa protectrice madame de Montespan.

ges de France, mais encore de satisfaire la générosité de son cœur en assistant des amis imprévoyans et en soutenant le mérite indigent [1].

« A l'âge de soixante-et-dix ans, dit le marquis de La Fare, elle avait des amans qui l'adoraient, et les plus respectables personnes de France pour amis. Je n'ai jamais connu une femme plus estimable ou plus digne d'être regrettée. »

L'hôtel de Ninon est parfaitement conservé, petit, mais très-commodément distribué. Le fini de son architecture est tout-à-fait dans le style ornemental des édifices domestiques du temps où le Marais était le quartier à la mode. Mansart, proche voisin de Ninon, et le premier architecte de son temps, s'était construit là un petit palais [2], que les amis de Ninon, Mignard et Lebrun, avaient ornés des productions de leur pinceau; et l'hôtel de Lenclos devait probablement à ces grands hommes les dessins allégoriques dont ses appartemens sont décorés. Parmi les bas-reliefs, un portrait de Louis XIV, dans un

[1] Lorsque sa vieillesse et sa mauvaise santé eurent multiplié ses besoins, M. de La Rochefoucauld, et plusieurs autres de ses amis, lui envoyèrent des présens considérables : elle les refusa constamment.

[2] Rue des Tournelles, sixième porte cochère à gauche en entrant par la rue du Pas-de-la-Mule.

cadre ovale, sur l'escalier, est parfaitement conservé.

En parcourant ces pièces, qui avaient si souvent reçu Corneille, Molière, Scarron, Saint-Évremont, Chapelle, Desmarets, Mignard, les abbés de Chaulieu et de Châteauneuf; et Condé, plus noble et presque aussi spirituel qu'eux tous [1], et les maréchaux de Vendôme, de Villeroi, de Villars, d'Estrées, les marquis de Villarceaux, de Sévigné, les La Rochefoucault, les Choiseul, on ne pouvait que tout examiner avec une curiosité pleine d'intérêt. Madame de Sévigné, le seul écrivain du temps qui parle de Ninon avec aigreur et aversion (justifiée du reste par sa vertu sans tache et ses craintes pour son fils), rend témoignage du *bon ton* de sa société et de la considération que l'on ne pouvait refuser à ceux qui la composaient. Dans une de ses charmantes lettres à sa cousine de Coulanges, elle dit : « Cor-
» binelli me mande des merveilles de la bonne
» compagnie d'hommes qu'il trouve chez made-
» moiselle de Lenclos; ainsi, quoi que dise M. de

---

[1] Quand le grand Condé rencontrait Ninon dans les rues, il descendait de carrosse pour lui présenter ses civilités; sorte d'hommage en usage alors, mais rarement envers des personnes au dessous de la royauté.

» Coulanges, elle rassemble tout sur ses vieux
» jours, et les hommes et les femmes. »

Mais ses *vieux jours* étaient encore éloignés [1] quand elle donnait, dans son appartement favori, ses *petits soupers* aux Sévigné et à *tous les Despréaux et tous les Racine;* quand Molière lui lisait son *Tartufe*, qu'elle écoutait avec transport, et de Tourville son Démosthènes, qu'elle entendit avec un *ennui* mal déguisé. Cette imprudence changea souvent ses adorateurs les plus passionnés en ennemis acharnés; car la vanité blessée ne respecte aucun lien, et l'amour et l'amitié sont également sacrifiés à la vengeance des prétentions mortifiées : le génie seul peut pardonner les blessures faites par le goût.

Ce fut dans cet appartement (au second étage), qui consiste en une enfilade de quatre pièces donnant sur le jardin, et découvrant les hôtels de Soubise, de Lamoignon, la place de la Bastille, etc., que nous trouvâmes le plus de sou-

---

[1] Ninon avait cinquante-six ans quand elle inspira au marquis de Sévigné cette passion romanesque immortalisée par les lettres de sa mère. A soixante et dix ans elle fit la conquête du baron de Bannier, de la maison royale de Suède; et à quatre-vingts elle remporta sa victoire encore plus célèbre sur le cœur de l'abbé Gedoyn, jeune jésuite.

venirs pour motiver notre répugnance à quitter ces murs. Dans le cabinet, on a marqué, par tradition, l'endroit où Molière récita ses plus beaux ouvrages, de même que l'endroit du jardin où l'infortuné et accompli chevalier de Villiers se perça de son épée, en apprenant que l'objet de sa fatale passion était sa mère [1].

Les architraves et les corniches de cet intéressant appartement sont emblématiques et composés d'amours et de fleurs. La sculpture est riche et finement exécutée. Là, Ninon écrivit ses premières lettres à Sévigné, et ses dernières et ses meilleures à Saint-Evremont [2]. Là, elle rece-

---

[1] Cet événement tragique s'est passé suivant quelques auteurs à la maison de campagne de Ninon à Picpus, près de Paris, où elle avait fait venir son fils pour lui découvrir le secret de sa naissance, seul moyen qui lui restât de le guérir d'un malheureux attachement. Elle avait alors plus de soixante ans. « Cette aventure, dit son biographe, fit sur elle l'impression la plus profonde ; et dès lors nous pouvons dire que mademoiselle de Lenclos, estimable, solide, fidèle amie, succéda à la dissipée, l'inconstante Ninon ; et depuis ce temps jusqu'à sa mort elle ne fut connue que sous la première dénomination. »

[2] Les lettres adressées à madame de Sévigné, et attribuées à Ninon, quoique remplies de réflexions qui lui appartiennent et qui avaient passé en proverbes dans le monde, sont évidemment supposées. Il y avait aussi peu de précieux dans

vait à sa toilette les plus nobles de ses amans, en frisant ses beaux cheveux, avec la promesse de mariage et le dédit de 4,000 louis qui lui avaient été donnés la veille[1]. Là, elle rendit à Gourville le dépôt de la moitié de sa fortune, qu'il lui avait laissé en partant pour l'exil; tandis qu'il confia l'autre moitié au grand pénitencier, le miroir de l'austérité cléricale. Celui-ci affecta, au retour de l'exilé, d'avoir oublié la transaction, et fit crain-

---

son style que dans son caractère; et l'une de ses lettres à Saint-Evremont est un exemple de son *romantisme* singulièrent curieux. — « Je fais souvent de vieux contes où M. d'Elbène, M. de Charleval et le chevalier de Rivière réjouissent les modernes. Vous avez part aux beaux endroits; mais comme vous êtes moderne aussi, j'observe de ne vous pas louer devant les académiciens qui se sont déclarés pour les anciens. Il m'est revenus un prologue en musique que je voudrais bien voir sur le théâtre de Paris. La beauté qui en fait le sujet donnerait de l'envie à toutes celles qui l'entendraient, etc. »

Si la dispute entre les deux partis des anciens et des modernes n'était pas précisément celle du romantisme, l'indépendance qui contredisait et raillait ainsi l'Académie était toute romantique.

[1] « Cela doit vous faire voir, lui dit-elle, quel cas je fais des promesses de jeunes étourdis tels que vous, et combien vous vous compromettriez avec une femme capable de profiter de vos folies. »

dre à son crédule ami les conséquences les plus funestes, s'il persistait dans sa demande. Ainsi déçu par le prêtre, Gourville ne songeait même pas à s'adresser à Ninon, qu'il jugeait bien plus capable d'avoir dépensé son argent. Cependant elle lui écrivit : « J'ai de grands reproches à me » faire à votre égard; il m'est arrivé, en votre » absence, un malheur très-grave, pour lequel » je sollicite votre pardon. » Gourville pensa d'abord que ce malheur se rapportait à son dépôt; mais elle continuait ainsi : «J'ai perdu l'inclination » que j'avais pour vous; mais je n'ai pas perdu » la mémoire. Venez donc; j'ai chez moi les » 20,000 écus que vous m'avez confiés. Reprenez » la cassette qui les renferme, et vivons à l'avenir » en amis. »

Dans cette même chambre, elle reçut aussi les confidences de madame Scarron, l'hommage de la reine de Suède, le message infructueux de Richelieu, et l'ambassadeur d'Anne d'Autriche. Là finit la première époque de sa vie, et commença la seconde et la plus respectable; là, dans ses derniers jours, elle prononçait ces maximes de sentiment et de philosophie qui forment un petit code de bon sens et de bon goût, tandis que le jeune Fontenelle l'écoutait avec admiration et respect, et que Voltaire, enfant, venait contempler la merveille de ce siècle, auquel il devait par la suite ajouter tant de gloire. Enfin la vieillesse, avec ses infirmités et ses humiliations, la trouva patiente et résignée, et possédant encore pleinement tout ce qui pouvait rendre son existence honorable et faire excuser ses fautes, sa philosophie, sa bienveillance et son esprit. « Si l'on pouvait, disait-elle souvent, croire, ainsi que madame de Chevreuse, qu'en mourant on ira retrouver ses anciens amis et causer avec eux, il serait doux de mourir. » Pendant les insomnies des derniers momens de sa lutte entre la vie et la mort, elle composa les vers suivans :

> Qu'un vain espoir ne vienne point s'offrir,
> Qui puisse ébranler mon courage.
> Je suis en âge de mourir :
> Que ferais-je ici davantage ?

Il fallut enfin quitter cette chambre favorite de Ninon, et chasser les impressions qu'elle avait faites sur notre esprit, pour nous occuper du mérite des ouvrages del signore Barberi, qui ornaient les murs de la pièce voisine. Depuis les copies en miniature du Capitole, de dimensions, à être montées en bague, jusqu'au portrait de l'empereur de Russie, de grandeur naturelle, on voyait partout la puissance d'un art capable d'éterniser les plus belles productions du pinceau, et auquel Raphaël, le Dominicain et Gérard devront de parvenir à cette postérité reculée à laquelle les œuvres d'Apelles n'ont pu atteindre.

Le portrait de l'empereur est un exemple frappant de la perfection à laquelle cet art peut être porté, à l'aide de l'avancement de la chimie moderne. Cependant, le chef-d'œuvre de M. Barberi (une table d'une beauté et d'une dimension extraordinaires) est à Saint-Pétersbourg, et nous ne pûmes en juger que d'après sa description imprimée et gravée.

En visitant l'atelier du chevalier Barberi, situé sur le devant, en face de la maison, nous avons pu comprendre pourquoi Ninon avait préféré l'habitation des appartemens donnant sur les jardins et le second étage à celle du premier étage ou du rez-de-chaussée. Le devant de l'hôtel donne sur une cour bornée et triste; et l'air et la vue, de l'autre côté du bâtiment, sont au contraire purs et dégagés.

Nous prîmes congé de notre cher vieux Marais, un peu fatigués, mais enchantés de notre pèlerinage, et dans l'espoir de revenir bientôt à ce Pompeï du beau siècle de France, et de nous arrêter à l'hôtel de madame de Sévigné, en allant au pavillon de la belle Gabrielle.

ART MOSAÏQUE EN FRANCE.

Un des préjugés de l'ancien temps consistait à supposer qu'on ne pouvait s'instruire que dans la retraite du cabinet ou dans la poussière des bibliothèques, et que l'inaction physique était favorable à la réflexion. Mais depuis que l'esprit humain s'est débarrassé de ses lisières et marche à la recherche de nouvelles conquêtes, à l'exemple de tant d'autres vainqueurs, il est reconnu que le grand livre dans lequel chacun peut lire, contient plus de faits curieux, plus de sujets pour exercer la pensée, que tous les in-folio emprisonnés au Vatican ou consignés sur les tablettes de la bibliothèque Laurentine. Quelqu'un demandait à madame de Staël comment elle avait pu, vivant aussi peu retirée, composer tant d'ouvrages. Elle répondit avec vivacité : *Eh! vous ne comptez pas le temps que je passe dans ma chaise à porteurs*. Si j'osais citer mon petit exemple, je dirais que, bien que la nature m'ait douée d'un goût très-vif pour les arts, le peu que je sais de leurs domaines divins, je l'ai appris en courant le monde, en babillant avec les artistes dans les salons ou dans leurs ateliers. J'eus la bonne fortune d'assister à l'emballage des beaux portraits du pape et du cardinal secrétaire, au palais Quirinal, en causant avec leur admirable auteur, qui vient de léguer à la postérité ses ouvrages, bien propres à assurer sa gloire, mais insuffisans pour consoler ses amis de sa perte [1].

Je me glorifie aussi d'avoir visité le *studio* de Canova, pendant qu'il travaillait à son dernier et superbe ouvrage; d'avoir regardé par dessus l'épaule de Raphaël Morghen, quand il gravait sa favorite Laure; d'avoir fouillé, selon mon bon plaisir, dans les riches portefeuilles de Gérard et de Robert Lefèvre, et d'avoir tiré d'eux tous

[1] Sir Thomas Lawrence.

des idées sur les arts, qu'ils honorent, que tous les livres du monde n'auraient pu me fournir. C'est en courant Paris dans le cabriolet de Denon, en allant d'un magasin de curiosités à l'autre, que j'ai pris ce goût *d'antiquités modernes*, qui m'a procuré tant d'amusement et a remplacé des sources de distraction épuisées. Et c'est en roulant du Palais-de-Justice à la rue des Tournelles que j'ai appris sur l'art mosaïque des choses dont je ne me doutais point et auxquelles je n'aurais jamais songé. M. Barberi me dit qu'on avait tenté de remettre cet art en vigueur en France. On m'avait déjà dit que l'excellente et bienfaisante institution des Sourds-Muets avait produit quelques échantillons de mosaïque qui promettaient une charmante et profitable ressource pour ces enfans du malheur; mais j'ignorais qu'il existât une école spéciale de mosaïque, fondée, sous le règne de Napoléon, par Belloni, antérieure à celle qu'on établit à Milan, sous la protection du vice-roi Eugène, ou plutôt du vice-président de la république italienne, Melzi.

Ce qui reste des premières mosaïques romaines est de deux couleurs seulement, le noir et le blanc. Ce ne fut que sous les empereurs que des pierres artificielles de différentes couleurs furent appliquées à cette sorte d'ouvrage.

Les Grecs de Constantinople le poussèrent à un très-haut degré de beauté, en l'employant à l'ornement des églises. Il a donné ainsi le moyen de conserver des copies de tableaux grecs qui remplissent une lacune de l'histoire de la peinture. L'église de Saint-Marc à Venise offre un exemple de cette époque de l'art mosaïque. Sous le patronage des Médicis, la mosaïque fut toujours appliquée aux beaux-arts et servit à conserver les œuvres de Raphaël, du Guide, du Dominicain. Le *studio di san Pietro*, à Rome, établissement unique au monde, a mérité une éternelle gloire par les superbes copies des grands peintres italiens qui en sont sorties et ornent l'église du Vatican. Divers chimistes ont grandement contribué à l'excellence de ces ouvrages par l'invention de couleurs brillantes et variées. Parmi ces savans, Mattioli a été le plus remarquable et le plus heureux. Depuis le premier essai qui fut fait pour fabriquer des pierres artificielles de forme et de dimensions convenables pour de petites pièces, quarante ans se sont à peine écoulés. Ces pierres, que les Italiens appellent *smalti filati*, furent bientôt portées à un point de perfection qui rend les miniatures en mosaïque propres à orner les cabinets et les boudoirs élégans de l'Europe. Parmi les artistes romains qui ont travaillé en ce genre, Giacchino Barberi excelle dans la représentation des animaux; Antonio de Angeli a été fameux pour le paysage, Giacinto et Nicolo Angeletti ont réussi particulièrement à rendre la légèreté et le brillant des plumes; Depoletti est remarquable pour les figures, Peggioli et Salandri pour les fleurs, et Verdei pour les portraits en petit. Dans la partie architecturale, Castellini et Cocchi se sont distingués par l'exécution de la plus grande partie du Saint Thomas de Cammucini au Vatican. Ciuli, qui n'est point élève du *studio*, a produit deux têtes colossales dans le genre de l'antique mosaïque, en employant seulement des pierres naturelles des environs de Rome. Giacomo Raffaelli, qui fut appelé à Milan par Melzi pour y fonder son établissement mosaïque, exécuta pour Eugène Beauharnais sa fameuse Cène de Léonard de Vinci en grandes dimensions. Ce bel ouvrage, destiné à perpétuer la mémoire d'une noble peinture presque effacée, figure maintenant parmi les curiosités de Vienne. Mais l'artiste est retourné à Rome, le gouvernement autrichien ayant trouvé que l'entretien de l'école mosaïque de Milan était trop dispendieux pour entrer dans ses vues économiques.

Quoique l'établissement de Belloni à Paris ait

précédé celui de Milan, il a cependant été moins heureux que ce dernier. Aucun ouvrage considérable n'y a été entrepris; il a langui, et les seules productions dignes d'attention sont ses deux parquets du Musée des Antiques au Louvre. Il paraît que les *sourds et muets* n'ont pas fourni un seul élève de marque à l'École mosaïque de Paris.

En remontant à la première invention des *smalti filati*, Michel-Angelo Barberi, assisté de Guiseppa Mattia, a découvert une méthode pour obtenir des teintes et des gradations des couleurs les plus délicates, qui peuvent cependant résister au feu du fourneau. Par cette invention un nouveau degré de perfectionnement a été donné à l'art, surtout dans les grands ouvrages; et le chevalier Barberi doit à cette circonstance le fini et la beauté de son triomphe de l'Amour (qui est au Musée de Pétersbourg), et de sa copie du portrait de l'empereur Alexandre, par Gérard.

La culture de la partie monumentale de la mosaïque a besoin de la protection d'un gouvernement glorieux. Les ouvrages sont trop longs et trop dispendieux à exécuter pour que les artistes puissent les entreprendre sans secours étrangers. Par cette raison Paris est le lieu le plus propre à l'établissement d'une école de cet art. La même politique qui soutient la manufacture des Gobelins et encourage la peinture sur porcelaine, en s'appliquant à la mosaïque ouvrirait une nouvelle carrière au talent national, qui tournerait à l'honneur du pays et à l'avantage de la postérité, pour laquelle les chefs-d'œuvre des grands maîtres seraient perpétués. Le désir louable d'atteindre à ce but a engagé M. Barberi à se fixer dans la capitale de la France. Actif, plein de mérite et d'enthousiasme, il réussira sans doute ; mais l'incertitude des affaires politiques du pays ne permet pas d'espérer qu'il obtienne un prompt succès.

JOURNAUX FRANÇAIS.

L'état de la presse périodique est la mesure certaine de la liberté dans les temps modernes. Il n'en existe aucune, quand l'autorité peut empêcher les journaux d'exprimer franchement leur opinion. Mais si la presse est libre d'entraves, ou si on lui laisse seulement une latitude modérée, le ton et le caractère des papiers publics indiquent assez exactement les sentimens du peuple, et le degré dans lequel son gouvernement s'accorde avec ses besoins et ses vœux.

Sous le despotisme de fer de Napoléon, la

presse dans toutes ses branches, était non-seulement forcée de taire ses propres opinions, mais encore obligée de propager celles de l'autorité; et aucun fait ne pouvait être annoncé dans les journaux qu'avec les modifications qui convenaient aux vues du gouvernement, ou flattaient les préjugés de son chef. A la chute du système impérial, les Bourbons n'héritèrent point de cette partie du pouvoir qui avait eu sa base dans la force révolutionnaire, et qui résidait dans l'absolutisme d'un gouvernement dérivé du peuple, du moins accepté par lui comme une protection nécessaire, quoique peut-être temporaire, contre la violence extérieure.

Après une lutte courte et infructueuse, la dynastie restaurée se vit forcée d'abandonner la censure préalable; et la presse périodique devint une arène dans laquelle les factions diverses engendrées par la restauration pouvaient, en essayant leurs forces respectives, tirer le pronostic de leurs futures destinées.

Depuis cette époque la littérature périodique a pris une vaste étendue, soit matérielle, soit intellectuelle, qui prouve un développement proportionné de l'esprit public en France, et que le besoin d'enseignement politique, la concentration des vues, et l'énergie nécessaire pour les exprimer et les exécuter, vont tous les jours en croissant.

Au commencement de cette ère nouvelle, des partis nombreux et contendans, ne pouvant empêcher l'émission des opinions opposées aux leurs, cherchaient par la séduction ou la corruption des journaux à faire triompher les idées les plus favorables à leurs vues. A présent encore il ne manque pas d'ouvrages périodiques soldés par des particuliers et dévoués à des desseins inconnus au public. Mais chaque jour, en augmentant l'énergie et l'intelligence du peuple, diminue à un égal degré l'influence de ce système. Le public prouve de plus en plus clairement que les publicistes ne sauraient avoir de meilleur soutien que lui. Les journaux de partis sont donc obligés de prendre une couleur un peu plus nationale, ou d'abandonner l'espoir d'une circulation suffisante et spontanée : tandis que ceux qui adoptent franchement les intérêts de la nation et s'accordent avec ses sentimens sont (comme spéculation littéraire) les plus heureux et les plus profitables.

Les journaux politiques les plus répandus, sont *le Constitutionnel*, le *Journal des Débats*, le *Courrier Français* et *la Quotidienne* (1829). Après ceux-ci, viennent le *Journal du Com-*

merce, la *Gazette de France*, le *Nouveau Journal de Paris* et le *Messager des Chambres*. Tous sont dévoués soit aux principes nationaux, soit aux opinions d'un parti qui n'est pas sans un certain poids dans la société. *Le Pilote* était, dit-on, à la solde de M. Sosthènes de La Rochefoucault; *le Drapeau Blanc* est influencé par M. de Damas; l'ancien *Journal de Paris* servait M. de Peyronnet; mais, en général, tous les papiers publics qui se vendirent si honteusement au ministère Villèle peuvent être considérés comme politiquement défunts.

La presse périodique, en province, participe de la condition politique des départemens, qui ont été en général plus soumis au pouvoir que la capitale. La plupart des grandes villes et chefs-lieux de département ont leur journal spécial; mais, à l'exception de cinq ou six, ils ont peu d'intérêt, et se composent d'extraits des journaux de Paris, d'annonces judiciaires et commerciales, et des affaires de la préfecture. Le plus grand nombre, subsistant uniquement par la protection du préfet, est dans une dépendance absolue du ministère régnant, ou du moins ne manifeste aucune opinion, se bornant à la pure chronique des cérémonies, des accidens, des phénomènes atmosphériques, *que les personnes les plus âgées ne se rappellent pas avoir jamais vus*, des monstres de nature, et des aventures incroyables et merveilleuses. Lyon, Bordeaux, Marseille, Nantes, Strasbourg, Lille, Dijon et quelques autres villes ont cependant des journaux indépendans, la plupart rédigés dans des principes constitutionnels. Cet aspect général de la presse départementale a un peu varié, suivant le système adopté par les divers ministères. Après la chute de Villèle, les journaux de province secouèrent à un certain point le joug qu'ils avaient porté jusqu'alors; et l'on peut présumer, si l'on en juge par les dernières élections (1830), que la presse départementale est maintenant plus en harmonie avec l'opinion publique qu'elle ne l'était en 1829. Toutefois il serait encore difficile, sinon impossible à l'éditeur d'un journal, dans les petites villes, de soutenir une guerre politique avec les autorités locales, ou d'énoncer un sentiment libéral sans de grands ménagemens. A tout prendre, la presse périodique, hors de Paris, considérée soit comme organe de l'opinion publique, soit comme agent politique, est encore d'une déplorable insuffisance.

A Paris, deux journaux, *la Gazette* et *la Quotidienne*, sont spécialement dévoués à la propagation des doctrines absolutistes et jésuitiques.

Le *Messager du soir* était, et est peut-être encore, le journal du ministère Martignac. Le *Moniteur* a toujours été l'organe officiel du gouvernement présent. En 1815 il annonça, avec la même gravité authentique, le départ de S. M. T. C. Louis XVIII, et l'arrivée de S. M. I. et R. Napoléon. Tous les autres journaux politiques, littéraires et scientifiques, sont rédigés dans un esprit philosophique et libéral, sous peine d'être abandonnés du public, et ruinés dans leur spéculation.

On dit que *la Quotidienne* a quatre mille abonnés, et la *Gazette* le double de ce nombre. Le *Messager du soir* en compte à peine sept cents. Le *Moniteur* est distribué gratis aux préfets, aux maires, aux chefs d'administration; et ses abonnés sont peu nombreux, si tant est qu'il en ait quelques-uns. On le consulte uniquement pour les ordonnances royales, et quelquefois pour découvrir, dans ses articles politiques, la pensée du gouvernement sur un sujet momentanément intéressant. *Le Messager du soir*, le seul journal dévoué au ministère Martignac, n'était pas ouvertement reconnu comme son organe; cependant sa circulation limitée n'en prouve pas moins qu'un ministère que l'on croit, à tort ou non, temporiseur, vacillant et double, ne peut aujourd'hui obtenir aucune confiance en France. Comparée à d'autres, cette administration était bien intentionnée, et sa durée ne fut marquée par aucune explosion de mécontentement public; mais elle manquait de l'énergie, de la résolution, nécessaires pour se faire respecter et consolider le système constitutionnel. Elle a donc été abandonnée par l'opinion publique, et sa faiblesse, sous ce rapport, a encouragé la cour à la remplacer par un cabinet plus décidément porté aux mesures arbitraires et absolues.

A l'exception des six ou sept mille abonnés aux journaux ci-dessus mentionnés, toute la France soutient la presse libérale. *Le Constitutionnel* a, dit-on, vingt mille abonnés, les *Débats* seize mille, le *Courrier* cinq ou six mille, et le *Journal du Commerce* trois mille. *La Quotidienne* est l'organe spécial de la *contre-révolution*. Elle défend tous les abus du pouvoir absolu, soutient don Miguel, rabâche sans cesse révolution, anarchie, religion, ordre social; attaque les libéraux, les Grecs, les carbonari, les ministres, et même la *Gazette*. En comptant les abonnés de ce journal et ceux du *Constitutionnel*, on a la preuve sans réplique de la faiblesse du *parti prêtre* comparé au peuple; et le premier pourrait apprendre par là, s'il était capable d'apprendre quelque chose, combien ses efforts, en faveur du despotisme, sont vains, et dans quel profond danger il jette l'ancienne dynastie en l'enveloppant dans le jeu désespéré qu'il joue, pour des objets aussi méprisables qu'ils sont immoraux.

La *Gazette* est pour Villèle et les jésuites, envers et contre tous. Son système est de confondre en une même catégorie toutes les nuances du libéralisme, et de rendre les modérés responsables des torts des exagérés. Pendant la durée du dernier ministère, la *Gazette* différait de *la Quotidienne* autant que l'*extrême droite* à la chambre (avec qui *la Quotidienne* faisait cause commune) différait du ministère, tout en professant les mêmes principes. Si *la Quotidienne* était toute violence, hypocrisie, insolence, sans aucun plan, aucun principe fixes; la *Gazette* joignait à ces mêmes qualités l'aigreur et la malice contre les individus; son opposition était entièrement dirigée contre les hommes, non contre les mesures, qui en général étaient prises dans son sens. Le principal rédacteur de la *Gazette* a été chef de division au ministère de l'intérieur sous Villèle, et il est principalement connu par ses caricatures des royalistes, à l'époque de la restauration. Le directeur de ce journal s'est chargé de quelques éditions nouvelles de la *Bible*; et il reçoit un salaire et pour écrire des commentaires sur le saint livre, dans son cabinet, et pour invoquer, dans les bureaux de son journal, la potence et le carcan contre les erreurs prétendues de ses semblables. Pendant le ministère Villèle, il a été nommé *maître des requêtes.* M. Franchet, autre rédacteur de la *Gazette*, est à la tête de la police et *conseiller d'état.*

La Quotidienne a été long-temps sous la direction de M. Michaud, de l'Académie Française, auteur du *Printemps d'un proscrit*, poëme qui valut à son auteur le surnom de *proscrit de la littérature.* Il a publié de plus une *Histoire des Croisades*, et travaillé à la *Biographie universelle*, dont il est un des éditeurs. En se joignant à l'opposition contre Villèle, à propos du rétablissement de la censure, il perdit sa place de lecteur du roi, qui lui fut rendue ensuite sous la condition de se rapprocher du gouvernement. A cette occasion il vendit *la Quotidienne* à M. de Laurentie, écrivain qui donne au massacre de la Saint-Barthélemy le nom de *rigueur salutaire*, et qui par conséquent n'est pas extrêmement bien avec son siècle.

Le *Messager* est conduit par de jeunes littérateurs assez peu connus, quoique plusieurs aient été décorés par M. de Martignac de la croix d'Honneur, en récompense de leur courageuse défense de son administration. Don Miguel envoya, dit-on, pour le même motif, l'un de ses ordres aux éditeurs de *la Quotidienne*; mais ils n'ont pas obtenu de leur souverain l'autorisation nécessaire pour le porter.

Les principaux articles du *Moniteur* lui sont fournis par le gouvernement. Son administration générale est confiée à des hommes de lettres estimés.

Le *Journal des Débats*, très-anciennement fondé, a porté plusieurs noms à différentes époques de la révolution. Comme *Journal de l'Empire*, il a été le plus répandu de tous les papiers du temps ; et devait sa réputation et ses succès à ses rédacteurs Dussault, Geoffroy, Etienne, Hoffman, Auger, Féletz, etc. Etienne l'a depuis long-temps abandonné, et la mort l'a privé de la plupart des autres, en sorte qu'il a perdu une partie de la renommée littéraire que ses critiques avaient alors obtenue. Royaliste à la restauration, il a continué à soutenir successivement chaque ministère, jusqu'à la disgrâce de son patron spécial Chateaubriand. Il prit alors cette couleur anti-jésuitique et libérale qui l'a ramené sous la bannière du siècle et l'a exposé à la persécution du parti dont il s'est séparé.

Eclairé, honnête, il sert maintenant la grande cause de la liberté constitutionnelle, seul mode par lequel un journal puisse atteindre aujourd'hui à la popularité. Ferme dans ses principes de royalisme modérés, il les a soutenus avec courage, et a fait tourner contre le système Villèle un nombre considérable de royalistes mitigés et de constitutionnels timides. Depuis l'avènement du ministère Polignac, son opposition a pris un caractère plus décidé; et la véhémence de ses reproches, la vigueur, le talent, la persévérance qu'il a mis dans ses attaques, contre le parti de la cour, l'ont fait ranger parmi les ennemis les plus formidables que la presse ait élevés contre l'absolutisme.

Parmi ses éditeurs les deux frères Bertin, Villemain et Salvandy, *conseillers d'état*, firent pencher un instant le journal vers le ministère; mais Fiévée[1], qui avait quelque influence sur son administration, déclinant cet honneur, maintint dans ses colonnes la tendance à l'opposition.

Les articles de critique dramatique signés C., dans ce journal, sont de M. Duviquet. Il a succédé au fameux Geoffroy, que ses interminables querelles avec les poëtes et ses amères sa-

---

[1] Auteur de *la Dot de Suzette*.

tires contre leurs ouvrages rendirent l'effroi du Théâtre Français, comme Gifford le fut long-temps des écrivains libéraux en Angleterre. Castil-Blaze, qui signe X. X. X., fait des articles charmans sur les pièces lyriques. Il est auteur des *libretti* français de plusieurs opéras de Rossini et de Weber.

Nonobstant ses succès, le *Journal des Débats*, n'est pas le plus répandu en France. *Le Constitutionnel* a beaucoup plus d'abonnés; on le trouve dans tous les cafés, dans tous les cabinets de lecture; on le lit dans presque toutes les boutiques, même dans les échoppes et les étalages; en sorte qu'il est probable que six cent mille personnes le parcourent tous les jours. Un tel succès n'a pu manquer d'attirer les persécutions du gouvernement et d'exciter beaucoup d'envie. Cependant tous les efforts tentés pour le perdre dans l'opinion n'ont pas influé un seul moment sur sa circulation, qui n'a jamais été plus grande qu'à l'époque où ces notes ont été écrites : sans doute il se maintiendra long-temps dans cette popularité, qui promet plutôt d'augmenter que de diminuer. Ses actions, originairement de 3,000 francs, en valent maintenant 100,000. Dévoué à la propagation de la politique libérale et aux intérêts de l'industrie, il a été accusé par les uns d'exagération jacobine, par les autres de timidité. Dans le fait une prudente modération règne dans son libéralisme, et cela doit être d'après les capitaux considérables qui y sont engagés. MM. Dumoulin, Jay, Etienne, ses principaux rédacteurs, en sont aussi propriétaires; et leur intérêt privé s'opposerait à ce qu'ils exposassent 2,000,000 de propriété, quand leur tact politique ne leur apprendrait pas l'inutilité de risquer l'existence d'un journal pour une phrase ou une épithète. C'est le métier des procureurs du roi de faire des poursuites; c'est celui des journalistes de tâcher d'y échapper. Dans les cas ordinaires une condamnation est donc pire qu'un malheur, c'est une faute. Les journaux les plus influens ont toujours été ceux qui ont été le plus rarement atteints par la loi. Plusieurs ont pensé que quelques condamnations contre la presse étaient nécessaires pour réveiller l'intérêt public; mais la perte d'un procès est rarement compensée par l'accroissement des abonnés.

La France, déterminée à être libre, n'a nul besoin d'être excitée à courir les dangers de la précipitation. La théorie politique prédominante est le républicanisme des Etats-Unis; mais en pratique le peuple se contentera de toute forme de gouvernement qui lui assurera l'égalité civile, une représentation indépendante, et une administration sage et libérale. La nation connaît ses forces et ne doute point du résultat d'une volonté clairement expliquée de sa part; elle attend donc dans une tranquillité parfaite les événemens futurs. Elle oppose une résistance passive aux empiétemens de l'autorité, et ne veut tirer l'épée que lorsqu'elle y sera forcée par une évidente nécessité. Dans cet état de l'opinion, le libéralisme prudent, le style mesuré du *Constitutionnel*, sont en parfaite harmonie avec le grand nombre ; et la faveur dont il jouit en est le sûr témoignage. Dirigé d'après des principes politiques arrêtés, invariables, vers un but défini et prévu ; s'il pousse les précautions à l'égard de certaines personnes et de certaines choses un peu loin, il n'en a que plus de force pour frapper sur les points vulnérables, et il gagne en général plus qu'il ne perd par sa modération. Il se rapproche par l'unité de doctrine de notre *Morning-Chronicle*, fondé au temps du whiggisme; et, de même que ce journal, il n'a jamais perdu un seul ennemi parmi les adversaires des principes qu'il professe, ni un seul ami parmi leurs sincères partisans.

Le *Courrier français*, organe par lequel Benjamin-Constant s'adresse au public, pousse l'opposition avec plus de vigueur, et se fait remarquer par sa franchise, son audace à prendre l'initiative, soit sur les hommes, soit sur les choses. On le lit beaucoup dans Paris; mais il est moins répandu dans les provinces, puisqu'il ne compte qu'environ six mille abonnés. Cela vient probablement en partie de son exagération; mais aussi du défaut d'uniformité dans les vues et les doctrines de ses rédacteurs. L'abbé de Pradt attaque Benjamin-Constant dans ses pages, et ce dernier attaque l'abbé sur le même champ. M. Keratry [1] a de même ses opinions à part; tandis que Chatelain, le principal rédacteur, et Mignet, l'historien, donnent l'un et l'autre une couleur différente à leurs articles. Ainsi, des principes purement républicains seront avancés, à côté de doctrines monarchiques constitutionnelles, et les uns et les autres ne seront pas exempts du mélange de quelques restes de bonapartisme. A travers cet amalgame d'élémens plus ou moins discordans, un grand zèle pour la chose publique se fait cependant toujours sentir; et le ton animé du *Courrier*, s'il ne

---

[1] Député du côté gauche, loyal, courageux et très-habile publiciste.

tourne pas au profit de ses actionnaires, est assurément utile au pays; car il faut qu'une nation ait des organes de toutes les opinions qu'elle renferme dans son sein; et il existe une classe de personnes dont l'esprit ne peut être mis en activité que par le stimulant des écrits audacieux et des pensées originales.

La différence qui existe entre ces deux journaux dépend, à certain degré, du caractère public de leurs éditeurs respectifs. Ceux du *Courrier* se sont tous distingués individuellement, soit par leurs ouvrages, soit par leur conduite politique, que nul d'entre eux ne voudrait démentir ni modifier. Les éditeurs du *Constitutionnel*, ayant moins figuré dans les affaires publiques, ont peu de petits intérêts personnels à servir, et aucune place à conserver. Ils ont commencé leur carrière de publicistes dans *la Minerve*, et ils avouent et conservent encore toutes les opinions émises dans cette publication. M. Jay est bien connu comme un écrivain élégant et pur; Étienne, journaliste, auteur dramatique, orateur, est peut-être l'écrivain le plus spirituel de son temps et le meilleur rédacteur de papiers publics que l'on ait eu en France. Ceux qui contribuent accidentellement à la rédaction de ce journal sont des hommes d'état éminens et d'anciens magistrats; plusieurs jeunes gens d'un mérite distingué et d'une haute espérance sont de plus attachés à ses bureaux.

Le *Journal du Commerce,* d'une couleur aussi décidée que le *Courrier*, est répandu surtout parmi les marchands, la moitié de ses colonnes étant consacrée à des transactions commerciales. Depuis notre départ de France, un nouveau et brillant journal, *le National*, a excité un vif degré d'intérêt par sa vigueur et sa hardiesse.

Le nombre des journaux politiques publiés à Paris est assurément au dessous de ce que la population et les ressources du pays, en général, comporteraient. Plusieurs causes contribuent à ce peu d'empressement pour ce genre de publication : d'abord, les obstacles administratifs et judiciaires jetés sur le chemin des spéculations littéraires et politiques; ensuite, l'opposition déterminée d'une caste puissante et disséminée partout, à l'extension de l'instruction élémentaire. A de telles causes il faut ajouter des communications imparfaites entre la capitale et les départemens, et l'habitude long-temps prédominante (quoiqu'elle décline maintenant un peu) de penser que, en politique, Paris est tout, et les provinces rien. Toutefois, ces empêchemens apportés à l'éducation politique de la masse des

des Français seront bientôt levés. Les intérêts deviennent tous les jours plus urgens et plus évidens, et se font sentir jusque dans les parties les plus reculées du pays par les débats de la chambre, qui ont mis la capitale et les provinces en contact moral. Le désir de connaître ses propres affaires est à présent assez grand pour encourager ceux qui entreprendraient de satisfaire ce désir à braver tout ce que la malveillance ministérielle et l'autorité royale pourraient faire contre eux. Une censure directe ne pourra plus être tolérée; et les misérables *tracasseries* de la police ne paraîtront qu'un jeu, comparées au fort intérêt pécuniaire que présenteront à l'industrie et à l'activité des demandes extensives. Depuis la restauration, ces demandes se sont très-rapidement augmentées, et leur accroissement est continu. Les changemens avantageux que l'on remarque dans la forme, le nombre, l'esprit des journaux parisiens, sont des preuves incontestables de cette vérité. En dépit de l'action diabolique des jésuites et des ignorantins, pour arrêter l'essor de l'enseignement mutuel, et empoisonner les sources pures de l'instruction quand ils ne peuvent les empêcher de fluer, tous les jours le nombre de gens qui savent lire et écrire devient moins circonscrit, et l'instruction politique est le but précis de cette étude. En comparaison de l'Angleterre, et peut-être de quelques autres pays, les connaissances élémentaires sont jusqu'à présent peu répandues en France dans les classes inférieures. Avec toutes leurs parades de libéralité, les gouvernemens européens, soit anciens, soit révolutionnaires, ne paraissent pas encore bien convaincus de l'intérêt qu'ils ont à favoriser l'instruction publique, et aucun d'eux n'a fait de sérieux efforts pour la multiplication des écoles. En cela, comme dans tout le reste, les peuples doivent donc agir par eux-mêmes, et, quand ils éprouvent un besoin, employer leur énergie pour le satisfaire. On sent maintenant l'inconvénient du défaut d'instruction en France, et l'on ne souffrira pas que les moines ni les ministres mettent obstacle à sa propagation.

Toutefois, si l'on voulait juger de l'avancement de l'esprit en France d'après l'état actuel de l'éducation publique, on tomberait dans de graves erreurs. Sous ce rapport, le Français est un singulier peuple. Doué par la nature d'une intelligence vive et prompte, il acquiert les connaissances nécessaires à sa position particulière avec une facilité inconnue aux êtres moins heureusement organisés. Cette phrase ironique de Johnson, «les

Français savent tous les arts, toutes les sciences, » peut leur être appliquée, et comme éloge et comme épigramme; car, quelle que soit leur situation, ils sont rarement au dessous des difficultés qu'elle présente. Ce génie national (si l'on peut lui donner ce nom) a été avantageusement développé par la terrible éducation des événemens révolutionnaires, et les choses sont au moins d'aussi grands maîtres que les mots. La science de circonstances isolées, la science de détails peut être imparfaite dans une éducation de ce genre; et les mots techniques faussement appliqués, les fréquens anachronismes historiques des personnes à demi instruites, peuvent parfois fournir matière à rire à ceux qui sont disposés à railler leurs humbles concitoyens. Mais la masse de connaissances utiles disséminées parmi le peuple, et l'aptitude qu'il montre à conclure du particulier au général, sont au delà de ce qu'on pourrait attendre de son degré d'instruction, d'après ce qu'on voit en d'autres pays.

On ne peut estimer au juste la diffusion de l'instruction politique d'après le nombre des abonnés aux papiers publics. Il est probable que chaque numéro de journal est lu par un plus grand nombre de personnes en France qu'en

Angleterre. Les cabinets de lecture sont dispersés partout. On lit dans les rues, dans les jardins publics; et les cafés et les billards (la grande ressource des oisifs et de tous ceux qui cherchent un délassement dans les villages comme dans les villes), sont tous pourvus d'un ou de plusieurs journaux. L'habitude de discuter sur les événemens politiques de *vive voix* a été renforcée par les grands intérêts des derniers temps; et les armées françaises, en parcourant toute l'Europe, ont importé une certaine somme d'instruction, qui a pénétré jusque dans les coins les plus reculés de leur pays. La connaissance des abus et de la tyrannie pratique des différens gouvernemens, ainsi portée jusque dans les chaumières, a dû contribuer puissamment à l'avancement politique du peuple, et à éveiller ses craintes sur les conséquences certaines, quoique éloignées, de la conduite des hommes d'état. L'existence de cette intelligence politique et de ses craintes salutaires s'est manifestée par le bon esprit, le patriotisme pur des électeurs, et par les défaites signalées que le gouvernement a essuyées quand il a tenté d'imposer à la nation des députés vendus au pouvoir ou antipathiques avec elle.

Si le nombre des journaux politiques est petit, celui des publications périodiques littéraires et scientifiques est énorme. Toutefois leur circulation ne s'étend guère au delà de Paris ; et leur durée est conséquemment courte et précaire. Dans les dix ou douze dernières années, on ne compte pas moins de deux cents spéculations de ce genre qui ont été entreprises. Pendant notre dernier séjour à Paris, trois journaux littéraires furent abandonnés, et il en parut sept ou huit nouveaux, probablement destinés à subir à leur tour le sort de leurs prédécesseurs.

Dans cette classe de publications, *le Mercure* a le droit d'être cité le premier comme le plus ancien journal littéraire de France. Aux jours des La Harpe et des Marmontel, *le Mercure* était une autorité. Mais il n'est depuis long-temps que l'ombre de son ancienne grandeur. Ressuscité sous le nom de *la Minerve*, il a joui pendant un temps assez court du plus grand succès périodique que l'on ait vu avant le règne du *Constitutionnel;* mais il était alors politique. La mort du duc de Berry ayant fait revivre la censure, les éditeurs de *la Minerve*, ainsi que ceux du *Conservateur* qui était sous la direction de Chateaubriand, refusèrent de continuer leurs travaux ; et les deux journaux périrent ensemble. Les forces littéraires de *la Minerve* se réunirent alors aux rédacteurs des *Lettres Normandes*, jusqu'à ce que les censeurs eussent trouvé le moyen d'étrangler encore cette publication.

Deux ou trois ans après, *le Mercure* reparut sous le titre de *Mercure du dix-neuvième siècle*, et depuis cette époque il a été exclusivement consacré à la littérature. Ses éditeurs ont été, pendant quelque temps, MM. Aignan, Etienne, Jay, Tissot, Dumoulin (tous de l'ancienne *Minerve*); et Bert, Berville, Léon Thiessé et de Montrol des *Lettres Normandes*. A ces rédacteurs se joignirent M. Picart, le comte Lanjuinais, M. Dulaure et d'autres écrivains de marque. Cependant tous ces talens de la vieille et de la nouvelle école, ces hommes distingués comme auteurs dramatiques, historiens, critiques, savans, n'attirèrent pas plus de cinq à six cents abonnés; et ce faible succès engagea les meilleurs collaborateurs à abandonner l'entreprise, qui maintenant se traîne à deux ou trois cents exemplaires par numéro. Le goût de la littérature, ou plutôt des *belles-lettres* pures, a cédé complètement à celui de la politique.

Le Mercure paraît une fois la semaine. *Le Globe*, trois fois par semaine (1829)[1]; et comme

---

[1] Ce journal paraît maintenant tous les jours.

il réunit la littérature, la métaphysique et la politique, il est d'une bien plus grande importance. L'histoire du *Globe* se rattache à celle de l'état actuel de l'esprit à Paris; il a donc un intérêt bien au dessus de celui qu'il pourrait tirer de l'étendue de sa circulation. La Charte de Louis XVIII exclut de la chambre des députés les hommes au dessous de quarante ans; et *le Globe* peut être considéré comme une sorte de point de ralliement auquel les jeunes ambitions de la capitale se rattachent, comme moyen de se distinguer et de répandre les doctrines de la nouvelle école. Le domaine de ce journal, et de la secte qui le dirige, n'est rien moins que le cercle entier des sciences politiques et morales; et ses efforts tendent à réduire en un *corps de doctrine*, à soumettre à un petit nombre de principes élémentaires, la politique, la religion, la métaphysique et la littérature. Parmi ces rédacteurs figurent, sans aucun doute, les noms les plus célèbres de la génération naissante.

Dans la partie philosophique sont MM. Jouffroy, traducteur de Dugald Steward et de Reid; Damiron, auteur de *l'Histoire de la philosophie au dix-neuvième siècle*. Pour la politique, Dubois, qui traite aussi les questions religieuses ; Charles de Rémusat, écrivain aussi habile que loyal [1]. Pour l'économie politique, Duchatel, Duvergier de Hauranne fils, bien connu en Angleterre par ses ingénieuses lettres sur les élections anglaises et sur l'Irlande. Pour la littérature et les arts: Vitet, auteur des *Barricades*, écrit principalement sur la musique, la peinture et les théories littéraires; Dittmer et Cavé, auteurs des *Soirées de Neuilly*; Sainte-Beuve; Magnien; Ampère, maintenant occupé de *l'Histoire des Scandinaves*. Pour les articles d'histoire, Trognon, précepteur des enfans du duc d'Orléans; Carrel, auteur d'une *Histoire de Charles II*. Pour la législation, Leroux, rédacteur en chef, qui dirige le journal avec beaucoup d'habileté; Desclozeaux; Lerminier, professeur de droit; Charles Renouard, avocat. Pour les sciences, Bertrand, docteur en médecine.

Le *Globe* a été fondé en 1824. L'exposé suivant de ses principes nous a été donné par l'un de ses membres les plus influens.

« En philosophie, il attaque et la théologie ecclésiastique et le sensualisme des métaphysiciens français du temps précédent. En politique,

---

[1] M. Charles de Rémusat a épousé l'une des petites-filles du général Lafayette.

son idée dominante est que les gouvernemens doivent être successivement l'expression des opinions de la partie la plus intelligente de la nation, et c'est pour cette partie de la société qu'il écrit. Il n'appartient à aucun des anciens partis républicain ou bonapartiste; mais il croit que la liberté publique peut être greffée sur toutes les formes possibles de gouvernement, et que, cette liberté une fois établie, on doit la laisser produire son indubitable effet sans le hâter par des efforts inutiles.

» Ainsi donc, au lieu de demander la suppression instantanée de tous les abus reconnus, *le Globe* s'est attaché à établir et propager les principes d'après lesquels tout gouvernement devrait agir. Il a surtout insisté sur la nécessité de la liberté de conscience, principal point des attaques des anti-libéraux: en conséquence, pendant que *le Constitutionnel* et le *Courrier* poursuivaient les jésuites avec leur acharnement accoutumé, *le Globe* s'opposait à leur expulsion. Il a, conséquemment à ses principes, soutenu la nécessité de séparer le clergé de l'État et défendu le principe de l'égalité de toutes les sectes devant la loi.

» Dans le cours de l'année 1828, il a soutenu les ministres tant qu'il y a eu lieu d'espérer quelque chose en faveur de la liberté par leur moyen ; mais aussitôt que la nullité de leurs mesures devint évidente, il les attaqua vigoureusement. En littérature, *le Globe* est le partisan déterminé d'une liberté absolue, et l'ennemi des prétentions de l'Académie et des classiques. »

On aurait pu attendre des talens éminens employés à la rédaction du *Globe*, et de ses hautes prétentions, une plus grande popularité que celle qu'il a obtenue; car il ne compte pas plus de mille abonnés. Cette circulation bornée doit être principalement attribuée à son péché favori, le désir de fonder une secte, et d'établir, d'après ses principes théoriques, un code auquel le public ne veut pas adhérer. Sa philosophie (mélange de kantisme et des doctrines de l'école écossaise) n'est pas en faveur en France, sinon dans un cercle de jeunes hommes tout récemment sortis des classes de Cousin. En donnant pour base à la liberté politique la spiritualité présumée de l'âme, et sa conséquente exemption de la nécessité physique, ils visent trop à l'abstraction théorique pour convenir à un peuple accoutumé à raisonner l'évidence des sens, les preuves de fait. Malgré tout le savoir, l'habileté, les talens des écrivains de ce journal, ses articles sont parfois entachés de pédanterie, de dogmatisme. Tout en se proclamant novateurs et indépendans, ils sont toujours enveloppés de leurs robes doctorales, et s'adressent au public comme du haut d'une chaire. Leurs principes politiques, identiques avec ceux des doctrinaires, pêchent par l'application pratique, sinon aux besoins, du moins aux passions du temps, sans laquelle aucune doctrine ou autorité ne peut être extrêmement populaire. En toutes choses, ces écrivains ont une couleur qui appartient plus au collége qu'au grand monde, et la faveur dont ils jouissent tient plus à une *clique* ou coterie qu'à la nation et au siècle. Avec quelque peu de la présomption et beaucoup de l'ardeur de l'extrême jeunesse, ils déprisent trop leurs prédécesseurs. Auprès d'eux Voltaire est suranné; les auteurs du dix-huitième siècle ne sont bons que pour les fonds de bibliothèques publiques ou les épiciers. Imbus de ces idées, ils vivent exclusivement entre eux, évitant de frayer avec qui que ce soit hors de leur propre cercle. C'est là un vrai motif de regret; car il n'est pas douteux que, si des hommes si heureusement doués se livraient un peu plus à la société générale, ils ne secouassent bientôt d'eux-mêmes les entraves de leurs propres préjugés, et ne se rendissent d'utiles instrumens du bien public. On doit compter parmi les plus funestes conséquences de la loi qui exclut les jeunes gens de la législature leur agglomération en une secte et leur séparation du monde vivant [1].

Les fâcheuses restrictions imposées à la publication des feuilles politiques ont donné naissance à une infinité de journaux de *la Mode* et des *Théâtres*, qui n'ont pas besoin d'autorisation légale pour s'établir. Trente journaux de cette espèce ont paru dans un court espace de temps, et presque tous les théâtres ont leur gazette attitrée [2]. Les articles qu'elles contiennent sont en général bien frivoles : ce sont des essais sur ce qu'on appelle les mœurs du jour, écrits par de très-jeunes gens, et plus intéressans pour les coulisses que pour le public; de courtes notices littéraires, dans lesquelles les ouvrages nouveaux sont analysés et critiqués assez faiblement; des mystifications, des épigrammes, des nouvelles des théâtres, et quelques anecdotes des *salons*; toutes balivernes, propres à fournir la ra-

---

[1] *Le Globe* a pris un parti déterminé et indépendant contre le ministère Polignac, et sa poursuite devant les tribunaux en a été la conséquence.

[2] Le *Journal des Comédiens* est consacré à tous les artistes dramatiques : c'est une feuille amusante, pleine de caquets de coulisses, mais qui prend quelquefois un vol plus élevé.

tion de lecture d'un badaud petit-maître. On ne peut cependant nier qu'ils ne contiennent de temps à autre des traits fins ou plaisans; mais en général ils manquent d'originalité, et se ressemblent tous au point que qui en a lu un les a tous lus. Ils sont destinés à la même classe de lecteurs, principalement composée des acteurs des divers théâtres, et sont alimentés par la vanité de ces derniers. Talma lui-même était, dit-on, obligé de leur payer tribut, et d'enchaîner à prix d'argent leur malignité. Quelques exceptions honorables ont toutefois existé. *Le Miroir* et *la Pandore*, rédigés par MM. Arnault, Jouy, Dupaty, Lemercier et Cauchois-Lemaire; et *le Diable boiteux*, auquel MM. Aignan, Étienne, Jay, Ader, Bert, de Montrol, Moreau, Ymbert et Tissot ont travaillé, ont été dans leur temps distingués par l'esprit et le bon goût. Mais l'opportunité que ces publications offraient pour lancer des sarcasmes politiques était trop tentante pour y résister; et ces journaux tombèrent sous la griffe de la loi, et succombèrent sous ses coups.

En ce moment le plus remarquable de ces ouvrages périodiques est le *Figaro*, dont le titre indique assez le caractère. Gai, spirituel, malin, plein de finesse, ses pages sont le réceptacle de tous les bons mots, des anecdotes scandaleuses, des épigrammes mordantes qui circulent dans la société contre le *parti-prêtre*, les ministres, et, en général, tous les acteurs, auteurs, académiciens et autres personnages publics, qui prêtent, de quelque façon que ce soit, au ridicule. Chez un peuple tel que les Français, cette espèce de guerre n'est pas à dédaigner. Une épigramme bien appliquée a souvent mieux réussi à déconsidérer un ministère que la discussion la plus élaborée; et rien n'est perdu ou négligé par le *Figaro* de tout ce qu'il est possible de relever et de ridiculiser. Ses articles sont courts, ses colonnes rarement chargées de lest; il est rédigé par de jeunes écrivains actifs et ingénieux connus dans le monde par des vaudevilles, des chansons et autres productions légères.

Parmi les nouveautés récentes de la littérature périodique, *le Voleur* se fait remarquer. C'est, comme le comporte son nom, une compilation avouée des autres journaux. Il puise à toutes les sources, et fait paraître tous les cinq jours une feuille d'une dimension au dessus de l'ordinaire, remplie d'extraits des nouveaux ouvrages, de contes, de jeux de mots, d'anecdotes, et des nouvelles des cinq jours précédens condensées en une sorte de *catalogue raisonné* des événemens. Sans grande prétention au mérite littéraire, c'est un mélange amusant; et, ce qui est précieux pour ceux qui cherchent à tuer le temps, ses colonnes offrent une provision inépuisable pour le lecteur le plus intrépide.

Un grand nombre d'autres journaux s'impriment à Paris sur la littérature, les arts, les sciences. On a deux gazettes des tribunaux; des journaux de jurisprudence, de médecine, de science militaire, du commerce, des beaux-arts, enfin des modes et de la toilette. On a le *Journal des Cours Publics*, la *Gazette de l'Instruction publique*, le *Journal des Voyages*, et le *Bulletin des Sciences et des Arts*, dirigé par M. de Férussac.

La *Revue encyclopédique*, qui paraît tous les mois, participe de la nature des *revues* et de celle des *magasins*. Son objet principal a été d'établir une communication entre les savans et les littérateurs de tous les pays; et ses pages sont consacrées à tout ce qui intéresse le bonheur de l'homme dans tous les départemens des connaissances. La *Revue encyclopédique* a été fondée et long-temps dirigée par M. Julien de Paris, bien connu dans toutes les institutions philanthropiques et dans presque toutes les réunions d'artistes et de gens de lettres de la capitale. Sa revue au contraire est plus connue en province et dans l'étranger qu'à Paris; et plusieurs raisons existent pour qu'il en soit ainsi. C'est un ouvrage plus solide que brillant dans lequel aucun mélange de matière légère n'ayant aidé à faire passer des vérités un peu sèches, n'a pas fait une très-grande sensation à sa première apparition. Ses notices sur les livres nouveaux, intéressantes pour les étrangers et les provinciaux, sont d'après la date de leur publication des sujets surannés pour un public dont la mémoire ne va pas au delà d'une semaine à l'égard de certains objets. Mais surtout les entreprises de cette espèce n'offrent pas assez d'avantages pécuniaires pour permettre à leurs propriétaires de payer des articles d'un mérite transcendant; et l'exécution de la revue est par ce motif au dessous de son plan. Du reste elle est conduite avec beaucoup de soins et de zèle, et contient une masse de renseignemens sur la littérature et les sciences des pays étrangers, d'un très-grand prix aux yeux de ceux qui ne se piquent pas de rester enchaînés au sol sur lequel ils habitent.

Outre cette publication, on imprime à Paris, dans la même classe d'ouvrages, la *Revue trimestrielle*, la *Revue germanique* et la *Revue britannique*; cette dernière est composée d'extraits des feuilles, des magasins et des revues anglaises. La *Revue de Paris*, qui vient de paraître tout récemment, se donne pour l'organe de l'école romantique. Elle contient des articles de mœurs, d'histoire, de poésie, etc. MM. Nodier, Prosper Mérimée, Théodore Leclerc, Scribe et Casimir Lavigne, l'ont enrichie de quelques morceaux. Une ballade de ce dernier a été publiée dans un des numéros, avec la musique de Rossini. La *Revue de Paris* a de plus l'avantage (qui n'est pas à dédaigner pour un journal destiné aux lecteurs du grand monde) de se faire remarquer pour la beauté de ses caractères et de son papier.

D'après cette esquisse imparfaite et abrégée, il paraît évident que la littérature périodique n'a pas en France autant d'extension qu'en Angleterre. Les papiers-nouvelles anglais sont de beaucoup plus nombreux que les français. Plus de capitaux sont appliqués à ce genre de produit, et moralement et physiquement, ils occupent une place plus considérable. Les journaux hebdomadaires sont un trait particulier à l'Angleterre et ont une influence majeure sur la dissémination d'opinions d'une grande importance dans l'enchaînement des événemens. La critique prise dans le sens anglais du mot *reviewing*, est à peine connue à Paris, et n'a pas l'effet politique qu'elle produit en Angleterre. Les critiques des journaux français sont rarement travaillées avec soin quand elles ne portent pas sur le théâtre ou des objets, soit de littérature légère, soit d'un intérêt local et momentané. Ces critiques se composent surtout d'hostilités furieuses entre les deux écoles romantique et classique, de persiflages, d'anecdotes et de personnalités; et sont mieux calculées pour faire valoir le journal et le rédacteur que pour faire juger des livres qu'elles examinent. Les critiques théâtrales des journaux anglais ne sont pas écrites aussi élégamment ni traitées avec autant d'habileté que celles des journaux de France, parce que le public littéraire de ce dernier pays prend plus d'intérêt aux ouvrages dramatiques qu'on ne le fait chez nous. Parmi les points sur lesquels les journalistes français sont inférieurs aux nôtres, il en est un qu'ils doivent se glorifier d'avoir négligé, c'est le scandale privé et les rapports du scandale judiciaire. On ne voit rien en ce genre en France que l'on puisse comparer à l'indécente immoralité des rapports de Bow street, ou aux turpitudes de cette université du mauvais ton anglais, le *prize ring*. Il est rare de trouver dans un papier public français quelque chose d'offensant pour la modestie d'une femme. Mais il faut avouer que si l'on doit en partie attribuer cette délicatesse au goût plus sain des Parisiens, cela dépend aussi infiniment du contrôle que la police a long-temps exercé sur la presse. C'est un des rares avantages de cette grande plaie de la société en Europe, la tendance des gouvernemens à se mêler de tout. Peut-être le scandale de la presse de Londres est-il un résultat inévitable de sa liberté ; et dans ce cas il faudrait supporter le mal pour l'amour du bien. Le seul remède légitime à lui appliquer serait l'amélioration des mœurs, si elle n'était pas impossible. En effet tant que les premiers personnages du pays, ses hommes d'état, ses magistrats, ses dignitaires ecclésiastiques ne rougiront pas de laisser sur leur table, sous les yeux de leurs femmes et de leurs filles, des journaux remarquables par leur effronterie, leur mépris de toute convenance, ils n'auront pas le droit de se récrier contre les agens immédiats de la publication de semblables matières.

Un autre trait de différence entre les publications périodiques françaises et anglaises, c'est que la plupart des hommes de lettres distingués de Paris, les membres des deux chambres législatives écrivent plus ou moins habituellement pour les papiers publics. On ne connaît pas en France ce dédain superbe pour les auteurs de profession que nos petits lords affectent dans la conviction où ils sont que par la raison qu'ils sont corrompus, ils doivent avoir seuls de l'esprit et du jugement. Cette affluence de talent vers les journaux produit de temps en temps des articles d'un haut intérêt. Les dissertations politiques se trouvent ainsi portées plus près de la scène d'action. L'écrivain étant lui-même acteur dans les affaires dont il traite, connaît mieux que personne les ressorts qu'il doit faire agir pour mettre en mouvement la machine de l'état. L'opulence comparative de la presse en Angleterre peut maintenir à son service une masse de talens supérieure à celle de la partie mercantile des publicistes français; et peut-être employons-nous de plus grands moyens pécuniaires pour obtenir des informations utiles. Mais les journaux anglais sont privés de l'importance que donne la coopération d'hommes tels que Benjamin Constant, le duc de Broglie, Chateaubriand, etc., qui sont à la source des affaires et jouent eux-mêmes des rôles décisifs dans les événemens sur lesquels ils dissertent avec tant de compétence [1].

---

[1] Cela tient aussi, je pense, à la quantité relative des af-

Enfin, l'état actuel de la presse périodique en France annonce un peuple qui s'avance à grands pas vers les connaissances politiques, bien déterminé à s'assurer les bienfaits qu'il a si chèrement achetés par trente ans d'anarchie et de guerres : il annonce un heureux développement de richesses et d'instruction nationales; et tous les jours il devient plus formidable aux abus et aux partisans des plans antipatriotiques du gouvernement. Matériellement et peut-être même intellectuellement, la presse anglaise marche dans ce sens plus rapidement encore que celle de France. Cependant le nombre et le succès des journaux qui se dévouent chez nous à la cause de l'aristocratie ou de l'oligarchie, et qui sont écrits dans le but de pervertir et de tromper le peuple, est incomparablement le plus grand; et parmi les autres, l'expression de la vérité, de la vérité tout entière, n'est pas aussi claire, aussi exempte de détours, de complaisance, de suppressions politiques, qu'elle l'est

faires qui se débattent dans les chambres législatives en France et en Angleterre. Aucun membre de notre chambre des communes, qui voudrait remplir son devoir, ne pourrait aujourd'hui fournir les articles que les chefs des whigs envoyaient autrefois si fréquemment au *Morning-Chronicle*.

dans les pages des publicistes français les plus populaires [1].

[1] Il est tel sujet traité dans les journaux français qu'un publiciste anglais n'oserait pas même aborder en pensee.

MAGASINS DE CURIOSITÉS.

NAPOLÉON EN 1829.

Paris, dit un ingénieux écrivain français, Paris abonde en boutiques où l'on vend tout ce qui est inutile. Pour moi je ne connais rien de plus amusant que de parcourir ces dépôts. C'est de l'histoire tangible; chaque article est une page des annales de son temps. Le miroir de Marie de Médicis ou le cabinet de la Chine de madame de Pompadour donnent une idée des progrès de l'art, plus claire, plus frappante, que l'esprit saisit plus facilement que tout ce qu'on peut lire dans un volume de Vitruve. Je trouve dans ces délicieux magasins tout ce dont j'ai besoin, excepté l'argent qu'il faudrait pour acheter leur contenu tout entier.

Au milieu de la variété infinie de ces collections, on remarque un trait commun à toutes et qui ne pouvait manquer de me frapper. C'était une profusion de bustes, de gravures de Napoléon et de toute sa dynastie, non point cachés dans les arrière-cabinets, ou placés derrière les objets moins mystérieux et réservés à la vue des initiés; mais ouvertement étalés dans les montres, en dedans et en dehors, et vendus comme tout autre *meuble d'occasion*[1].

Ce fait annonçait un grand changement dans l'opinion publique et dans l'état général des choses en France. Le seul nom de Bonaparte sonnait, il y a quelque douze ans, comme une trahison; et le *celui*, que l'on substituait au titre impérial et à un nom maintenant immortel, était alors plus dangereux à prononcer que ne le sont à présent les allusions les plus directes au gou-

---

[1] Je dois à l'obligeance de M. le docteur Antomarchi d'avoir pu contempler le plâtre qu'il a pris de la tête de Napoléon après sa mort. Les traits m'ont paru infiniment plus beaux que tous les portraits qui ont été faits d'après 'héroïque original dans ses dernières années.

vernement de l'empereur, dont le règne, le caractère et les actes sont aussi librement discutés que ceux de Charles-le-Téméraire, de Charles-le-Simple et même de Charles X. En 1829, tout le monde peut parler et parle sur tous les sujets; rien n'est défendu à la discussion publique, excepté la *Charte* : et ce cas réservé sera soumis à son tour à l'examen populaire; car un plus heureux temps viendra, le temps où de nouvelles combinaisons, plus conformes au bonheur de la société, seront irrésistiblement demandées.

Jamais, avant cette époque, Napoléon Bonaparte n'avait été aussi justement apprécié en bien et en mal; jamais ses vastes moyens, son génie pratique, ses volontés, si analogues aux passions du siècle sur lequel elles devaient agir, n'ont été plus rigoureusement examinés; jamais il n'a été aussi universellement reconnu qu'il fut une des nécessités de l'époque de son influence, un agent indispensable. Même les vices de sa législation et la turpitude de son ambition, qui le portèrent à renouveler d'anciennes formes, signes des abus renversés par la nation au prix de tant de sang, n'ont pas été sans résultats utiles. En restaurant une hiérarchie ecclésiastique payée, mais sans autorité; en créant une nouvelle noblesse héréditaire, mais sans puissance législative; des simulacres insignifians des ordres privilégiés de l'ancien régime, pages et parasites de ses antichambres, mais non plus les tyrans du reste des citoyens, il a produit un effet qui n'a pas été sans avantage pour la société. S'il a rappelé les jésuites, c'était pour apparaître une dernière fois sur le théâtre de leurs anciens triomphes, y recommencer des intrigues, des atrocités trop vite oubliées, et montrer, par un final et concluant exemple, les dangers que ces corporations ecclésiastiques, exemptes du contrôle populaire et légal, entraînent, et pour les rois et pour les peuples. Il a préparé les voies à l'opposition temporaire de l'ultra-aristocratie, si propre à rendre l'égalité devant la loi, et l'exemption des droits féodaux et du droit d'aînesse, plus chères que jamais à la nation, qui a jusqu'ici peut-être senti, plutôt que compris, les biens dont elle jouit. La réaction, ainsi fomentée, durera justement ce qu'il faut qu'elle dure pour servir les intérêts du pays. Les protecteurs royaux de Loyola ont déjà reçu l'avertissement positif que *Paris vaut bien une messe ;* et la *haute noblesse* de *l'œil de bœuf* a déjà démontré à l'Europe que son existence est incompatible avec la politique et les institutions modernes.

La vente publique des portraits de Napoléon

est un témoignage certain du déclin du système impérial et de son parti : il n'y a point de dangers où il n'y a point d'opposition. Napoléon, sur les rochers de Sainte-Hélène, était plus redoutable pour les Bourbons qu'il ne le serait présentement au Louvre; de même qu'ils avaient plus d'influence, comme centre de réaction, à Hartwell qu'ils n'en ont aujourd'hui aux Tuileries. Les ducs de Reichstadt et de Bordeaux pourraient, je n'en doute nullement, se promener ensemble sur les boulevards, sans la plus légère chance d'exciter une guerre civile pour leurs intérêts respectifs : les dauphins, les rois de Rome, considérés comme des instrumens de pouvoir illimité, des types de despotisme, sont vus avec une égale indifférence, un égal dédain. L'Autriche aurait pu s'épargner le soin jaloux qu'elle met à empêcher que *le Fils de l'homme* ne devienne un sujet de discorde en Europe. Les sages du conseil-aulique peuvent relâcher l'infortuné *masque de fer* du machiavélisme moderne; ils peuvent, avec impunité, permettre aux frères Siamois de la littérature, MM. Méry et Barthélemy[1], d'offrir l'œuvre de leurs talens associés à

---

[1] Auteurs d'un poëme intitulé *Le Fils de l'Homme*, pour lequel ils ont été poursuivis devant les tribunaux. Une cir-

son triste sujet; ils peuvent permettre à l'ancien valet de chambre de son père de lui présenter la vieille redingote grise ou toute autre pièce de la défroque de Sainte-Hélène. Ce petit buste lui-même, avec ses *symboles de nature à propager l'esprit de rébellion et troubler la paix publique*, peut maintenant être emmagasiné parmi les marchandises variées de la boutique de M. Charles Rouy, galerie Vivienne'. La paix de l'Europe

constance remarquable de leur procès, c'est que M. Barthélemy a plaidé lui-même sa cause en vers, et que les juges l'ont écouté.

[4] M. Rouy, marchand de curiosités, avait été cité devant le tribunal peu de temps avant, pour avoir exposé et mis en vente de petites figures en bronze représentant le duc de Reichstadt, avec *des symboles*, etc. Le commissaire chargé de faire la saisie entra dans la boutique avec toute la politesse que l'on attribue à la police actuelle, et commença par dire : *Monsieur, j'ai l'honneur de vous souhaiter le bonjour.* — *Bonjour, Monsieur*, répliqua le marchand, non moins civil; *qu'y a-t-il pour votre service?* — *J'ai l'honneur de vous prévenir, Monsieur, que je viens saisir le buste que voilà, du duc de Reichstadt.* — *Le duc de Reichstadt! mais pas du tout, Monsieur ; c'est le buste de monseigneur le duc de Bordeaux.* — *C'est égal*, dit l'officier, saisissant l'effigie de l'ex-roi de Rome et l'emportant comme corps de délit. Et il disait bien. En ce qui touche la nation, le duc de Reichstadt et le duc de Bordeaux sont égaux ; mais il y a une différence énorme entre la *Charte* et *l'état*, *c'est moi.*

n'en sera pas plus troublée qu'elle ne l'est maintenant par l'apparition personnelle du fils aîné de Napoléon, que l'on peut voir dans toutes les rues, dans toutes les assemblées publiques de Paris, où il n'attire d'autres regards conspirateurs que ceux des yeux brillans des ultra-duchesses dont il est le Cynosure [1]. *Elles se l'arrachent comme elles se sont arraché son père*, me disait un monsieur assis à côté de moi à une séance publique de l'Académie, pendant que j'admirais la belle et intelligente figure de cet intéressant jeune homme, qui se trouvait placé entre deux beautés de la cour, victime et non agent d'une conspiration à laquelle sans doute il ne pouvait ni ne voulait résister.

[1] Le comte Valeski.

PROMENADES DU MATIN.

MEUDON, SÈVRES.

On n'entend parler dans Paris que de prospérité commerciale et de l'indépendance, de la sécurité des fortunes non féodales, qui contrastent si fortement avec l'ancienne subordination de tous les intérêts roturiers au caprice du despotisme, dont l'histoire conserve un si grand nombre de traits déplorables. Quelqu'un me montrait, près de la porte Saint-Denis, une maison qui avançait un peu sur l'alignement de la rue. De grandes offres furent faites au propriétaire de cette maison, simple *bourgeois*, pour la céder au gouvernement, qui désirait la faire abattre par quelque motif dont je ne me souviens pas. Il refusa toutes ces offres, quoiqu'elles fussent appuyées par l'autorité; et, quand on le pressa d'abandonner son domicile favori, en employant un peu de menaces, il mit sur sa porte un écriteau portant l'inscription : *Je suis le maître de ma maison.* C'est ainsi que milord Egerton (comme on appelait ici ce gentilhomme) refusa de céder son jardin dans la rue de Rivoli, sur lequel le gouvernement désirait élever l'arcade opposée aux Tuileries; ce qui n'a pu être exécuté qu'après la mort de l'obstiné propriétaire. Imaginez ce qu'on aurait dit sous Louis XIV, en voyant un marchand ou un étranger refuser à l'autorité d'abattre leur maison ou de céder leur jardin!

Dès l'instant où ce grand monarque, ses ministres ou ses maîtresses convoitaient un site agréable, une belle maison, ni le rang ni la fortune ne pouvaient garantir le possesseur contre l'envahissement de ses droits. Ruelle, séjour de prédilection de Richelieu, où des millions, tirés des caisses publiques, ont été dépensés; où tant d'exécutions atroces et secrètes ont été faites; où l'infortuné maréchal de Marillac subit la mort; Ruelle, avec ses *terribles oubliettes*, ses superbes jardins, ses cascades artificielles (les premières que l'on ait vues en France), fut ainsi, par une sorte de justice politique, confisqué par l'avarice royale. Il avait attiré l'attention de Louis XIV, qui s'y était réfugié avec sa mère pendant les troubles de la fronde. La duchesse d'Aiguillon, nièce de Richelieu, en était alors propriétaire; mais les désirs du roi étaient des lois, et, malgré ses humbles supplications, il lui fallut abandonner une propriété qu'elle regrettait amèrement.

La manière dont Saint-Cloud fut *escroqué* par le cardinal Mazarin [1], au profit de Louis XIV,

---

[1] « Le cardinal Mazarin désirant trouver pour Monsieur une maison de campagne près de Paris, jeta les yeux sur Saint-Cloud, qui appartenait à un riche financier, à qui il avait coûté près d'un million. Il s'y rendit un jour, sous prétexte d'admirer la magnificence de la maison, et dit au financier: « Cela doit vous avoir coûté au moins douze cent mille livres? » Celui-ci, peu curieux de montrer l'étendue de ses richesses, répondit qu'il n'aurait pu mettre une pareille somme à ses plaisirs. « Combien y avez-vous dépensé alors? dit le cardinal; je gagerais bien que c'est au moins deux cent mille livres. — Oh! non, Monseigneur; je n'aurais pu rassembler autant d'argent... — Mais vous ne pouvez pas avoir fait tout cela à moins de cent mille livres, » ajouta le cardinal. Le financier crut pouvoir avouer que sa propriété lui revenait à peu près à cette somme. Le lendemain Mazarin lui envoya trois cent mille livres par un notaire, et l'in-

qui le donna à son frère, est un autre exemple digne de ce temps, où la maîtresse du roi n'avait qu'à former un souhait, pour que chacun s'empressât de le satisfaire.

La liste des châteaux royaux, en vue de Saint-Denis [1], pour ne point parler de Fontainebleau, de Versailles, des deux Trianon et de Saint-Germain, est un témoignage suffisant de l'étendue à laquelle les fantaisies des souverains pouvaient aller. Madrid, Meudon, Bellevue, Saint-Cloud, Bagatelle, Rambouillet, Maintenon, Marly et plusieurs autres sont des monumens des caprices et de l'extravagance qui hâtèrent la banqueroute nationale, cause première de la révolution.

L'histoire du château royal de Meudon, que nous venons de visiter, est celle de presque tous les édifices magiques élevés par le pouvoir absolu. Meudon est rempli de souvenirs historiques. Mais ce qui le rend plus fameux, c'est d'avoir eu pour *curé titulaire* François Rabelais,

---

forma que le roi désirait acquérir cette maison pour son frère. Ainsi, par la finesse du cardinal, le roi eut pour cent mille écus ce qui coûtait près d'un million au financier. » (*Dictionnaire d'anecdotes.*).

[1] La préférence de Louis XIV pour Versailles tenait à ce qu'il ne pouvait apercevoir de là Saint-Denis.

qui écrivit, devant les tours de son château, ses satires des crimes, des vices, de l'ignorance de son temps; ses remarques, pleines de sagacité, sur la société et ses institutions, qui ont été, en beaucoup d'exemples, même au delà des lumières du dix-neuvième siècle. Meudon a été la résidence de la belle et perverse duchesse d'Étampes, maîtresse de François Ier. Elle obtint de son amant couronné la permission d'enclore un parc autour de l'ancien manoir de ses ancêtres. Les propriétés particulières du voisinage furent cédées sans résistance, et Meudon prit l'aspect d'un domaine royal. Il tomba successivement dans les mains du cardinal de Lorraine, le plus riche ecclésiastique de son temps; et de Servien, surintendant des finances sous le ministère Louvois; Louis XIV le prit à la veuve de ce dernier pour le donner à son fils le grand Dauphin. Depuis ce temps Meudon a toujours été une résidence royale, très-dispendieusement entretenue, quoique très-rarement habitée.

A l'imitation du roi, le Dauphin prodigua des sommes immenses pour les embellissemens de Meudon; et à cinquante toises du château il en fit bâtir un second pour sa maîtresse, ou sa femme de la main gauche, dans lequel il passait sa vie entre la chasse et la table, « ses seules ressources, » suivant Duclos. Quand le château fut terminé, Louis XIV le vint voir ; mais il se détourna avec dégoût, en disant qu'il manquait de ce qu'il appelait une « décente magnificence, » et qu'il ressemblait plus à la maison d'un financier qu'au palais d'un grand prince. L'édifice ainsi déprécié par Louis XIV est tout ce qui reste de l'ancien établissement. Sous Napoléon, des réparations considérables y furent faites ; on le meubla splendidement, et les jardins furent replantés. Pendant la campagne de Moscou, l'impératrice Marie-Louise y résida constamment ; et depuis la restauration on en a fait la *villa* des *enfans de France*, c'est-à-dire les enfans de la duchesse de Berry. Là, de temps en temps, le petit duc de Bordeaux vient se promener avec son gouverneur [1] ; mais il n'est pas, comme nous, maître de courir où il lui plaît, de rire, de sauter, de jouir de la nature dans une pleine liberté, qu'aucune étiquette ne restreint ni ne gêne. Cet héritier des momeries de cour de Louis XIV, dont je vois le pâle visage tous les jours à la même heure, occupant la même place d'honneur dans la même voiture, en face de la même effigie du vieux

---

[1] Le baron de Damas, jésuite dans toute la force du terme, ne perd jamais de vue son élève.

courtisan de Versailles, des jours du Dauphin duc de Bourgogne, qui, avec la même coiffure en *ailes de pigeon*, poudrée avec la même exactitude, un cheveu ne passant pas l'autre, avec la mine moitié respectueuse, moitié impérieuse qui convient à un gouverneur demi-pédagogue, demi-gentilhomme de la chambre, conduit son élève à sa promenade quotidienne par le même chemin et au même but. Dans une vieille épigramme anglaise, sur le cheval d'un avare, on s'écrie : « Quelle grande idée la pauvre bête doit se faire de l'avoine ! » Et la pensée m'est venue bien souvent de parodier cette exclamation au spectacle journalier de la mesure parcimonieuse de liberté, de nature, d'instruction, que l'on accorde à cette jeune victime de l'étiquette et de la routine. Le pauvre petit prince doit supposer que la France ne renferme aucun objet digne d'attention, hors du cercle limité de ses courses. Ses idées empruntées aux conversations de ses instituteurs de parade, sont probablement aussi bornées par rapport au monde moral qu'elles le sont par rapport au monde physique. Tous les travaux de M. César Moreau ne suffiront point pour effacer de premières impressions aussi funestes [1].

[1] Cet infatigable et savant écrivain, si connu en Angleterre

Ce fut dans la compagnie d'un des hommes les plus aimables du grand monde de Paris que nous arrivâmes, après une course délicieuse, à la grande et belle avenue qui conduit au château de Meudon. Comme nous avions été exposées, dans une voiture découverte, à l'ardeur du soleil sans nuages, du plus beau jour français qui ait jamais réjoui le cœur et flatté les sens, la fraîcheur, la

par ses tableaux statistiques de l'industrie, du commerce et de la population de ce pays, était alors occupé d'un recueil de tous les faits concernant l'économie politique, pour l'usage du duc de Bordeaux. Il eut l'obligeance de nous permettre de parcourir cet ouvrage, dont l'arrangement est original et curieux. Chaque fait séparé était écrit sur une carte, et le tout distribué dans des armoires à tiroirs divisés en compartimens, de manière à conduire l'étudiant du particulier au général, et à servir en même temps de table des matières et de *Catalogue raisonné*. La patience et le travail que M. Moreau a employés à cette besogne ingrate (car il travaille pour que d'autres recueillent les fruits de son labeur) sont au delà de toute idée. Des bibliothèques entières ont dû être fouillées pour une seule ligne, et sa tâche ne serait point complète s'il restait un seul volume à examiner. Ce qui étonne le plus, c'est que l'auteur n'est point une de ces machines littéraires qui ne sont propres qu'à ces fastidieux exercices. Son esprit est étendu, ses idées philosophiques, et il s'est dirigé vers cette étude par la conviction que, dans l'état actuel des sciences statistiques, la vérification de leur origine est un objet essentiel.

verdure et l'ombre des superbes tilleuls qui bordent l'avenue nous causèrent un plaisir inimaginable. Notre *cicerone* avait quelque relation avec les autorités du château; cependant on ne nous permit point d'y entrer par la grande porte, réservée à la famille royale et au gouverneur, et nous fûmes introduits par le *corridor de service*, passage long, obscur et humide, par lequel on peut descendre aux offices souterrains et monter aux grands appartemens. Que de rhumes et de rhumatismes les gens du service, en y comprenant les domestiques de tous rangs, depuis le chambellan jusqu'au tourne-broche, ont dû gagner dans ce corridor, tandis que la royauté se réservait pour elle seule ce qui était sain et commode! Toutefois la négligence du bien-être des inférieurs n'est pas un tort exclusif de la royauté: il est inhérent à l'égoïsme et à la dureté humaines.

En dépit de la remarque méprisante de Louis XIV sur l'air roturier de ce château, il est digne d'être la *villa* d'un roi. Aucun des appartemens d'honneur, avec les noms obligés, appropriés à ces sortes d'édifices, ne lui manquent. Le boudoir de la reine est joli, commode, tel qu'une simple particulière pourrait le souhaiter, et dans lequel j'aurais pu écrire mon livre du boudoir sans être éblouie ni distraite par une trop grande magnificence. C'était sans doute la retraite favorite de mademoiselle Chonin (avec laquelle le grand Dauphin avait fait un mariage de conscience) [1], la plus dévouée des maîtresses, la moins ambitieuse des femmes de la main gauche [2].

La galerie des portraits n'est pas sans intérêt. On y voit ceux des trois frères Louis XVI, Louis XVIII et Charles X, jeunes. Dans les figures calmes et insouciantes de ces adolescens, quel sujet de réflexions ! Mais un tableau historique plus frappant encore est l'admirable description de la cour de Louis XV, conservée dans les Lettres d'Horace Walpole. Les visages compassés des tantes de ces princes, *Mesdames* Adélaïde et Victoire, sont aussi dans la galerie de Meudon. Les morceaux de peinture qui m'ont paru le plus intéressans sont le portrait du prince de Condé, par Greuze, et celui du grand Dauphin,

---

[1] *Et il finit comme son père*, remarque Duclos.

[2] En déchirant le testament par lequel le dauphin lui laissait une fortune considérable, mademoiselle Chonin dit : « Tant que j'aurai le bonheur de vous conserver, je n'aurai besoin de rien : si j'avais le malheur de vous perdre, il ne me faudrait que mille écus de rente ; et ils ne me manqueront pas. »

qui, par parenthèse, à tout-à-fait l'air d'un montagnard écossais.

Pendant que nous parcourions lentement les appartemens solitaires et silencieux de ce château, le duc de Castries arriva, et nous quittâmes ce site abandonné de la royauté, pour nous rendre à Sèvres. Quel contraste! Sèvres est en ce moment le plus vivant, le plus prospère des villages des environs de Paris. Son port, entrepôt de la capitale, est couvert des produits de la Champagne et de la Bourgogne. On dit que ses caves donnent au vin, après un court espace de temps, les qualités de la vieillesse. Celle du roi, creusée dans le roc comme toutes les autres, peut contenir quinze mille tonneaux.

Mais si les trésors de l'agriculture contribuent à enrichir ce petit marché de l'industrie, qui s'élève au milieu de tant de monumens de vanité et d'inutile prodigalité, les arts et les manufactures lui donnent cependant ses principales attractions et tout son intérêt historique. La dernière fois que nous visitâmes la manufacture de Sèvres, nous étions avec notre cher Denon; il voulait nous montrer quelques dessins de lui d'après l'antique; et je me rappelle parfaitement l'esquisse rapide qu'il nous donna, chemin faisant, de l'établissement de cette branche d'industrie, depuis la première apparition de la porcelaine en Europe; sa notice biographique sur son fameux chat de la Chine; ses distinctions de la porcelaine dure et de la porcelaine tendre, etc. Un mérite singulier des narrations brèves et graphiques de Denon, c'est qu'elles se gravaient dans la mémoire sans effort et presque sans la volonté déterminée de retenir ce qu'on écoutait *en passant* avec tant de plaisir.

Le directeur de la manufacture de Sèvres [1] nous accueillit avec la même politesse que lorsque nous lui fûmes présentés par notre ami commun. Nous causâmes beaucoup de cet ami si regretté et des améliorations qui s'étaient faites dans un art auquel il prenait tant d'intérêt. Parmi d'autres beaux ouvrages, dont plusieurs étaient d'Isabey, nous remarquâmes *l'entrée de Henri IV*, d'après Gérard, par madame Jacotot. Nous éprouvâmes de nouveau l'impression pénible que nous n'avions pu nous empêcher de sentir à notre première visite, à la vue d'ouvrages d'art si éminens appliqués à des sujets si fragiles.

Tandis que nous examinions ces productions magnifiques et dispendieuses, la conversation tourna sur le siége que quelques maisons du

---

[1] M. Brongniard, membre de l'Institut, etc.

village et la manufacture avaient soutenu pendant l'invasion de *nos amis les ennemis*. Nous nous représentions l'effet d'une invasion de Prussiens dans l'établissement que nous parcourions en ce moment; c'eût été en effet un taureau dans une boutique de porcelaine. Le pillage du bourg dura huit jours : mais la manufacture royale fut épargnée, fut seule respectée ; et notre supposition se trouva purement gratuite. Les bâtimens devinrent même un asile pour les habitans, qui se cachèrent dans les magasins souterrains.

Outre la manufacture royale de Sèvres, le bourg en contient plusieurs autres plus intéressantes, comme appartenant à l'industrie privée : telles sont la manufacture de faïence, noire, blanche et jaune, de M. Claverceau; une autre d'émail, propriété de M. Lambert; et la *verrerie* de Sèvres, qui donnent une vie additionnelle à cette petite ruche d'entreprises commerciales.

Il est doux de comparer l'état actuel de cette commune et de ses environs avec ce qu'ils étaient dans les temps barbares, que certains écrivains, en dépit de toute évidence, affectent de louer et de regretter; ces temps où Henri, seigneur de Sèvres, régnait dans sa forteresse féodale, maintenant changée en tannerie. Le territoire était alors exploité par des serfs et des vilains, dont les travaux obligés consistaient en partie à empêcher les grenouilles des fossés de coasser et à tenir les potences en bon état. Ce Henri de Sèvres prêtait son château, bâtiment carré, entouré d'un fossé, et terminé à l'une de ses extrémités par une espèce de donjon, pour recevoir certains prisonniers du Châtelet de Paris qui étaient censés être délivrés à l'entrée d'une reine dans la capitale; et il recevait le prix de leur nourriture et de leur logement. Dans ces occasions, il se chargeait de tous les prisonniers que l'on voulait excepter de l'amnistie générale; et ses murs renfermèrent quelquefois cinquante de ces malheureux. Tout bien considéré, j'aimerais mieux être le tanneur, entouré de ses ouvriers joyeux, qui habite présentement le château, que le haut et puissant seigneur, entouré d'esclaves et de victimes, lui-même esclave et victime à son tour.

LE PEUPLE.

Mes allusions au peuple de France, dans mon dernier ouvrage sur ce pays, ont donné lieu aux attaques du *Drapeau blanc*, de *la Quotidienne*, et même du *Journal des Débats*, lequel se trouve à présent aussi réprouvé que moi [1]. « Lady Morgan, disait l'un de ces journaux, n'importe lequel, a fait un ouvrage *dicté par sa blanchis-*

---

[1] M. Bertin, rédacteur du *Moniteur* royaliste de Gand en 1815, vient d'être condamné à quinze mois de prison, comme rédacteur du *Journal des Débats*.

seuse et écrit par son valet de chambre[1]. » Cependant il faut parler au peuple d'un pays, si l'on désire le connaître. J'ai agi de la sorte et dans mon pays et ailleurs, et *je m'en trouve bien.* Je dois à l'habitude de communiquer avec mes semblables de tous rangs, comme avec des semblables, les plus heureux et les meilleurs traits de mes écrits, mes *Mac Rory*, mes *O'leary* et mes *Shane*, copies plus ou moins fidèles d'originaux existans. Ainsi donc, en dépit des muses aristocratiques de *la Quotidienne* et du *Quarterly*, je suivrai ma vieille coutume; je parlerai aux personnes du peuple, quand j'en trouverai l'occasion, et j'écrirai ce que je leur entendrai dire, si je le crois amusant ou instructif.

Un matin je fis demander à ma blanchisseuse, pour le jour suivant, une robe de mousseline, parce qu'une robe de mousseline était le costume obligé pour l'engagement que j'avais pris. Mon domestique me rapporta que je ne pourrais l'avoir dans un si court espace de temps; et une jeune personne bien vêtue et très-avisée, l'une des inférieures de l'établissement, vint m'en don-

---

[1] Cette épigramme est trop piquante pour qu'aucun journaliste veuille la nier, d'autant moins qu'elle a été écrite par un duc et pair, coopérateur accidentel du journal.

ner la raison. Je lui demandai quel était son emploi particulier; elle me répondit *œuvreuse en gros* ou *savonneuse*, à quarante-deux sous par jour. Le grade au dessus du sien, dans la hiérarchie du baquet, était, me dit-elle, celui d'*empeseuse*, dont la besogne est toujours inspectée par la *bourgeoise* elle-même; ensuite vient la *rafineuse*; enfin la *repasseuse* : les deux dernières gagnent trois francs par jour. — Mais ne pourriez-vous faire toutes ces choses vous-même? demandai-je. — Comment, madame! moi blanchir! mettre à l'empois! rincer et repasser! impossible. Chacune doit se mêler de sa partie. Alors, avec une révérence aisée et un *j'ai l'honneur de vous saluer*, elle me laissa dans l'horrible chagrin d'aller en robe de soie, quand la saison et l'heure exigeaient une robe de mousseline.

Mais il m'arriva bientôt après la bourgeoise elle-même, le chef de la maison, dont la signature seule était valable. C'était une belle femme, élégamment vêtue à la dernière mode, aussi différente de ma vieille connaissance de l'hôtel d'Orléans que le faubourg lui-même l'est des Tuileries. Je tâchai de faire entendre quelques mots de remontrance sur la possibilité que toute personne devait avoir de blanchir une robe en vingt-quatre heures; mais, confondue par son air et ses manières, sinon convaincue par sa déclaration que le blanchissage *était une science*, et qu'il fallait avoir été *élevé dans ses principes* pour pouvoir en juger, je m'excusai de l'avoir dérangée, et me résignai à ma destinée et au *gros de Naples*.

Dans tous les départemens de la vie sociale et domestique en France, l'influence de cet esprit de routine se fait plus ou moins sentir. C'est une disposition commune à toute contrée qui a passé un long espace de temps sans lois et sans liberté, et dans laquelle la volonté de la puissance tient lieu des unes et de l'autre. En de tels pays, chaque individu se croit né pour une place particulière, dont un miracle seul pourrait le faire sortir. Dans les sociétés semi-barbares, les métiers et les professions s'exercent de père en fils. Il en était ainsi dans l'ancienne Irlande, il en est ainsi dans l'Inde; et le roturier, sous Louis XIV, se croyait destiné à rester roturier *in sæcula sæculorum*. L'influence de la révolution n'a pas encore totalement détruit cette croyance, si fortement enracinée dans les derniers rangs de la société française; et l'*œuvreuse ordinaire* ne conçoit pas la possibilité de devenir une repasseuse, en exerçant à cet effet son industrie ou son intelligence. Dans les plus hautes comme dans les plus humbles classes, *la sagesse de nos pères* a un empire sur l'imagination qu'il est très-difficile de renverser.

POLICHINELLE.

Je viens d'entendre parler avec horreur d'une proscription au prix de laquelle les déportations de Cayenne et les persécutions des *carbonari* ne sont rien! Polichinelle, mon cher Polichinelle a éveillé les soupçons du gouvernement français! Il a été mis sous la *surveillance* de la police, accusé de bonapartisme, de jacobinisme, d'athéisme, d'antijésuitisme, et de je ne sais combien d'autres *ismes*. Il est condamné à être roué, suivant l'ancien usage, à avoir les os brisés; son nez napolitain, sa bosse comique, seront brûlés, et leurs cendres jetées au vent.

On a dit, ou plutôt soupçonné, que son ancien ennemi, le commissaire, n'était autre que la personnification d'Ignace de Loyola; que le diable était le type de M. de Villèle, et que l'entrepreneur du théâtre, avec sa cage de bois, son chat, sa chandelle et son compère (le bel esprit qui fournit les bons mots de la troupe de bois, et vend des gâteaux de Nanterre pendant les entr'actes), constituaient une association libérale, conspirant ouvertement contre ces prête-noms de tous les abus, le trône et l'autel. Ainsi *le gagne-pain du pauvre diable* est confisqué au bénéfice de l'état; et Polichinelle, qui, sous toutes les formes de gouvernement, a été le soutien inébranlable de la liberté du discours, est pour toujours réduit au silence par un acte arbitraire. Par cet acte, la joie des nations est éclipsée, et le père des innocens amusemens populaires est mutilé dans ses plus belles proportions. La chute de Polichinelle est le premier *coup d'état* par lequel *la liberté royale*[1] a essayé ses forces, pour éprouver jusqu'à quel point le peuple pourrait se soumettre à la perversité et à l'imbécillité des nouveaux Séides de l'absolutisme.

[1] Un de ses partisans la définit : *une monarchie libre dont le peuple est concentré dans la personne du roi, et où le roi est seul souverain.*

UN DINER AU FAUBOURG SAINT-GERMAIN.

Chaque quartier de Paris a sa physionomie particulière; et le voyageur anglais qui passe le temps de son séjour en cette ville d'enchantement, dans les deux quartiers à la mode, le faubourg Saint-Honoré et la Chaussée-d'Antin, la connaît aussi peu que le négociant anglais, à qui l'on ne permet pas de sortir des murs de Canton, ne connaît le céleste empire. *Qui voudrait voir deux pays différens*, a dit un journaliste populaire, *dans la même soirée, n'a qu'à dîner chez Desmares, au faubourg, et pren-*

dre des glaces chez Tortoni. Nous avons rempli les deux conditions; nous avons même fait plus, car nous nous sommes promenés au Luxembourg; et nous sommes allés à l'Opéra par dessus le marché.

Nous avions été, suivant la très-hospitalière manière française, demander à dîner à quelques amis du faubourg; mais ils se trouvèrent absens, et nous fûmes forcés de chercher notre vie chez les restaurateurs, où l'on est toujours sûrs d'être bien venus. Paris est le lieu du monde où l'on doit le moins s'attendre à être désappointé dans un cas semblable; quoique le faubourg ne soit pas le quartier que l'on devrait choisir pour courir une telle chance. Pendant que nous étions dans le salon du restaurant, en attendant qu'on nous eût préparé un cabinet, nous aperçûmes quelques *grandeurs passées* du voisinage se reposant, après leur frugal dessert, avec un certain air de noblesse, un maintien, un costume compassés que l'on chercherait en vain chez Hardy ou Véry. On ne voyait rien là de la pétulante activité des habitués des boulevards, ni de la vive gaîté des hôtes du Rocher de Cancale. Pas un visage anglais ne se montrait avec sa *morgue* et son mécontentement affecté; pas un accent irlandais ne faisait retentir les salles silencieuses de ses perpétuels appels à l'attention du *waiter*, corrigé par un *no I mane garçoun*. Point de *merveilleux* capricieux, arrivant d'une visite à une *douairière dans l'entresol du château, ne venait improviser un repas pour faire quelque chose d'extraordinaire.* Le silence solennel de la gastronomie frugale s'exerçant de son mieux, n'était interrompu que par quelques discours sur de graves sujets politiques tenus par un vénérable ultra qui, ne possédant pas des revenus aussi élevés que sa naissance, était venu de la chambre des députés au restaurant, et continuait à ruminer l'argument qu'il avait laissé à demi fini à la tribune, tout en rongeant les os de sa côtelette à la Maintenon ou de son filet à la Du Barri : car rien de postérieur à la cuisine de Louis XV (ce monarque lui-même étant le roi des cuisiniers en pratique et en théorie) n'est admis dans les *menus* du faubourg.

Comme l'on ne put nous donner un cabinet, nous profitâmes, pour notre édification, de la scène que nous avions sous les yeux; et après avoir dîné, nous prîmes le chemin du Luxembourg. Là, nous nous retrouvâmes au milieu des restes de la vieille race tant humaine que brute, que nous avions laissée, la dernière fois, promenant sa vivacité caduque dans les mêmes bosquets.

où ses aïeules avaient fait l'exercice de l'éventail. Hélas! combien il reste peu des *petites cornettes* et des *toupets poudrés* de ce temps! Quelques *silphides*, quelques *fidèles*, se voyaient encore, se jouant au bout du ruban attaché à la ceinture de leur vieille maîtresse; et deux ou trois chapeaux à trois cornes et autant de *badines à la reine* conservaient quelques traces du passé, si noblement représenté, il y a quinze ans, à cette résurrection générale d'antiquités qui marqua le retour des descendans de Hugues Capet. Le cruel dégât que la mort avait fait dans cet intervalle nous affecta d'autant plus vivement qu'il nous rappelait la perte d'une personne dont la compagnie avait rendu notre première visite à ce jardin si intéressante. Quelle variété d'anecdotes elle nous conta pendant que nous nous reposions à l'ombre des beaux arbres qui, sous le règne de la terreur, avait offert un refuge à plus d'un cœur brisé, une tranquillité momentanée à plus d'un œil inquiet! Elle aussi avait disparu; et quand nous passâmes devant son hôtel, où nous avions une fois célébré la fête de Voltaire, sous de si heureux auspices, nous donnâmes un soupir à la mémoire de *Belle et Bonne*, dont le charmant surnom sera conservé, quand des noms plus anciens seront oubliés même dans le faubourg, ce grand dépositaire des choses oubliées partout ailleurs.

Du Luxembourg nous passâmes à l'Opéra. Quel changement! quel contraste dans les personnes, l'air, les habits, les idées, les sentimens! la transformation de la sombre scène qui précède, les dernières splendeurs d'une pantomime de Noël, n'est pas plus soudaine. En effet, l'imagination n'a rien de comparable à la réalité; et l'art, dans ses efforts les plus ingénieux, n'approche à aucune distance appréciable des merveilles de la nature. On peut dire, avec vérité, que Paris a une population pour toutes les factions, pour toutes les croyances et presque pour toutes les époques.

JARDINS PUBLICS.

Les élémens qui nous environnent ont sur nous une influence qu'aucune cause morale ne peut surmonter. Les Français doivent à leur climat une prédisposition au bonheur, aux jouissances, qui défie la puissance du plus mauvais gouvernement; car (en exceptant le cas du prisonnier privé des bienfaits de l'air et du soleil) les sources d'exercices agréables et sains sont ouvertes à toutes les classes, et sont hors des atteintes de la cupidité du fisc ou de la tyrannie de la police. Le peuple anglais au contraire est prisonnier de son climat. Tous ses plaisirs doivent être achetés, et ses délassemens malsains et artificiels sont conséquemment sujets aux taxes et doivent être chèrement payés ou péniblement abandonnés. Le soleil anglais [1], amené en bateaux de Whitehaven à New-Castel, peut être jaugé par les percepteurs, et n'arrive jusqu'aux pauvres qu'en très-petites quantités et à très-haut prix ; et quand la rigueur de la saison induit le peuple à faire usage de liqueurs fermentées, un gouvernement exacteur se place entre la coupe et la lèvre, et change littéralement le breuvage salubre en poison mortel.

Parmi les plaisirs qui s'offrent d'eux-mêmes à Paris, ses nombreux et beaux jardins publics sont peut-être les moins coûteux et les plus réels. Tivoli, le Luxembourg, les Tuileries, le Jardin des Plantes (j'allais ajouter le père Lachaise), les Champs-Elysées, le bois de Boulogne, les jardins et parcs des maisons royales dans le voisinage de Paris, influent très-favorablement sur la santé et sur l'amusement, et même sur le caractère et le tempérament des Parisiens. Le goût des plaisirs extérieurs ainsi excité en détournant de l'habitude des stimulans artificiels doit entretenir cette humeur sereine qui déve-

[1] Le charbon de terre.

loppe l'intelligence, provoque une expansive politesse et donne l'habitude de la civilité. Les ouvriers de Paris, toujours en présence de la nature[1], sont plus éveillés, plus alertes que le malheureux bourgeois d'un autre pays continuellement enfoncé dans des rues étroites ou entre les quatre murs d'un cabaret, où il reste assoupi par les liqueurs enivrantes sans aucun aliment pour son imagination, et sans qu'aucun de ses organes soit en assez bon état pour qu'il puisse observer ou réfléchir.

La proximité de notre appartement, rue de Rivoli, et des Tuileries, nous avait accoutumés à fréquenter ce jardin, où, quand nous étions accablés par la chaleur d'un jour de juin ou de juillet, nous allions établir à l'ombre de ses hauts marronniers notre camp de bohémiens, dans une atmosphère de fleurs d'orange. Ainsi placés au centre de toute la vie, de tout le mouvement de Paris, notre cercle avait coutume de s'agrandir rapidement par l'addition accidentelle des gens de connaissance qui arrivaient sans cesse et jetaient une variété infinie dans nos conversations.

---

[1] Le ciel bleu, les vertes prairies ne sont ni moins bleu ni moins vertes de ce qu'ils se trouvent dans le voisinage d'une immense capitale.

La scène mouvante que nous avions sous les yeux offrait à nos discours un perpétuel panorama de sujets vivans dans les groupes carnavalesques des promeneurs. La Cauchoise, fraîchement arrivée de Normandie, avec sa haute coiffure, du temps des Valois; la belle dame de la Chaussée-d'Antin avec le chapeau à la dernière mode d'Herbaut, et le canezout de madame Egremont; les figures guindées de la dernière invasion anglaise, et les tournures toujours reconnaissables des provinciaux nouvellement débarqués, qui font une fois en leur vie le voyage de Paris pour recueillir la matière de leurs conversations pendant tout le reste, dans les *soirées* de leurs départemens lointains.

Les noms de personnages politiques, littéraires, historiques, qui nous étaient prononcés à mesure que leurs propriétaires passaient devant nous, confondus au milieu d'une foule inconnue et insignifiante, étaient une source additionnelle de plaisirs et rendaient notre bivouac social le plus piquant de nos passe-temps à Paris. Que d'anecdotes! Que de mémoires secrets! Combien de traits des mœurs et de la vie françaises nous ont été contés, tandis que nous jouissions de la fraîcheur de l'air entourés de tous les rafinemens des arts et du luxe d'une grande capitale! Combien de duchesses de Bonaparte ont passé en revue devant nous avec leurs titres glorieux rappelant des victoires étrangères, et prononcés maintenant avec moins d'effet qu'en aurait produit autrefois le nom de leurs femmes de chambre! Combien de héros de la tribune, de chefs de sectes, de *célébrités* de toutes les époques passées et présentes!

Quelquefois un ami très-amusant, quoiqu'un peu caustique, le Bussy-Rabutin des Tuileries, se joignait à nous. Il savait sur le bout du doigt des *mémoires contre le genre humain*, et ses histoires valaient tous les romans anglais insipides, nouvellement en vogue, qui endorment nos jeunes beautés sous la main de leur coiffeur. Un soir, il nous joignit dans la *grande allée*, et commença son office de rapporteur de la chronique scandaleuse, sans perdre une minute. « Voyez, dit-il, ce vieillard avec sa mine importante, dont la canne à pomme d'or semble marquer la mesure d'un air de Gluck ou de Piccini qu'il marmotte entre ses dents : c'est maintenant un baron, un homme riche. Il était autrefois maître de harpe de Marie-Antoinette. Son histoire est digne d'un roman de Pigault-Lebrun. Vous connaissez cet homme à physionomie idéale qui s'approche? C'est le baron***. Je vois par son salut que vous le connaissez. De tous les orateurs de la chambre aucun ne fait de plus longs discours; aucun n'est écouté avec plus d'attention... de lui-même. Voici la jolie duchesse d'Otrante avec son mari, l'aimable fils du terrible Fouché d'autrefois. Cette femme, dont l'air est si distingué, est madame Regnault-Saint-Jean-d'Angely, aussi charmante, sinon aussi jeune que quand elle était la *belle des belles* de la cour impériale. Vous ne les rencontrerez ni dans vos nobles cercles anglais ni au château; leurs maris ne sont pas qualifiés pour cette distinction. Ah! regardez ce bel Espagnol, l'*homme à bonnes fortunes du jour*. Maintenant ces sortes d'affaires sont toutes dans les mains des étrangers. Sans vos dandies anglais et les diplomates espagnols et autrichiens, nous serions la ville du monde la plus sottement régulière. Un des rares autels de l'anciene foi, conservé dans le faubourg, est desservi par ce jeune *freluquet* étranger, d'ailleurs le plus aimable garçon du monde. J'ai vu hier une scène incroyable dans l'église Saint-Roch, comme vous savez, le rendez-vous du beau monde. C'était après vêpres. Je ne sais pourquoi je fus tenté de faire un tour dans cette église en sortant de chez un ami qui demeure près de là. J'avais à peine parcouru la nef, qui n'était occupée que par deux ou trois vieilles femmes se berçant et priant sur leurs chaises, quand à ma grande surprise j'aperçus la belle duchesse de *** se glisser le long d'une aile latérale. Elle tenait un joli enfant par la main. Son air était si dévot, et cependant toujours si séduisant, un voile de piété couvrait si bien sa coquetterie habituelle, qu'elle semblait une Magdeleine anticipée faisant pénitence pour des péchés qu'elle n'avait pas encore commis. Elle se mit à genoux devant un *prie-dieu*, et tira ses heures d'un petit sac, en baissant ses yeux languissans et remuant ses jolies lèvres. L'enfant baillait agenouillé à côté d'elle. Pendant que j'admirais en silence, un autre dévot apparut. C'était le bel Espagnol *que voilà*. La duchesse leva les yeux au bruit de ses pas, et le livre de prières échappa de ses mains. Le jeune comte le ramassa promptement, mais non avant qu'un billet tombât d'entre ses feuillets; il fut saisi de même que le livre et non rendu. M. de *** continua sa marche vers le grand autel et la duchesse continua ses prières. Ils finirent simultanément leurs dévotions; et quand la dame s'apprêta à remonter dans sa voiture, le comte qui descendait les degrés, se hâta de lui offrir la main. Je m'avançais dans la même intention, mais il me prévint. Elle nous salua tous deux avec la même indifférence, et partit. » C'était vraiment une scène de roman espagnol, et, contée par mon ami, elle en avait tout le coloris.

La promenade des Tuileries a ses heures de bon ton; et quand le *couvre-feu* de la mode a sonné, personne, si ce n'est quelques naturels de la rue Saint-Denis ou quelques voyageurs de découvertes du Marais, ne voudrait y rester. Le temps *fashionable* pour cette délicieuse saison est de quatre à cinq heures, et de huit heures jusqu'au moment où le beau monde, et le monde qui n'est point beau, du moins tous ceux qui préfèrent l'air et le clair de lune aux spectacles ou aux salons, court aux Champs-Élysées. C'est là, par un beau soir d'été, que l'on peut voir le caractère français dans son plein développement et à son plus grand avantage. L'ancienne simplicité française se reconnaît encore là dans les divertissemens des gens du peuple, mêlée aux nouveaux exercices introduits par les perfectionnemens modernes; tandis que les qualités sociales des plus hautes classes se montrent sous le jour le plus brillant. La route de Neuilly, cette superbe avenue qui semble une prolongation de la grande allée des Tuileries, est couverte de voitures attendant leurs maîtres, assis sous les arbres, ou promenant ceux qui sont trop indolens pour marcher ou trop élégans pour exposer leurs toilettes à la poussière. Dans les contre-allées, des cercles de gens bien vêtus, de bonne mine, écoutent des bandes de musiciens de tous les pays, exécutant leurs airs nationaux; les ménestrels tyroliens, les aveugles de Boulogne, les Napolitains avec leurs guitares, et les véritables bandes françaises chantant leurs vaudevilles et leurs ponts-neufs. Ces troupes musicales errent de cercle en cercle jusqu'à l'heure où elles se rendent devant les tentes de leurs cafés respectifs, dont la brillante illumination, aperçue à travers les allées transversales, les éclaire d'une manière pittoresque. La multitude assise sur les gazons autour de ces établissemens, prenant des glaces, des limonades, des rafraîchissemens de toute espèce, depuis le verre d'eau sucrée jusqu'au punch à la romaine, se compose des classes inférieure et moyenne; tous prêtent l'oreille à l'exquise musique de Rossini, d'Auber, de Piccini, dont les chefs-d'œuvre leur sont aussi familiers qu'aux habitués les plus tenaces de l'orchestre du grand Opéra.

Tandis que les plaisirs du goût et des arts peuvent être atteints au plus bas prix possible, un genre d'amusement moins élevé se présente au simple amateur du jeu de bague, de l'*escarpolette*, de la *bascule à ressorts*, et de la navigation aérienne d'un vaisseau, qui produit tous les agréables effets du mal de mer, à l'édification et au très-grand délice des badauds. En même temps, Polichinelle et son compère (qui n'étaient pas encore supprimés *de par le roi*) annoncent le commencement de leur spectacle, en allumant la chandelle solitaire sur le devant de leur petit théâtre, et attendent leur chance de rémunération de la munificence à un ou deux sous de leurs joyeux spectateurs. La chaise à peser, avec ses coussins blancs tentateurs, est toujours prête à satisfaire la moins arrogante de toutes les variétés *d'amour-propre*; et un cours de physique amusante est donné sur le gazon par un sorcier américain, qui expose les mystères de la nature à un auditoire aussi attentif que ceux de l'école de médecine et du Jardin des Plantes.

Ne sachant un soir comment passer le temps entre notre dîner au logis et l'assemblée de madame W...s, nous nous tournâmes du côté des Champs-Élysées, où nous rencontrâmes l'accompli et excellent italien U...i l'aîné. Le hasard ne pouvait nous envoyer un compagnon plus agréable pour partager le *dolce far niente* du moment. La simplicité du génie, avec son enthousiasme, cet amour de la nature et cette sympathie pour les jouissances de ses semblables, qui s'unissent si souvent dans les êtres supérieurs, distinguent cet élégant écrivain, cet homme aimable. C'était une belle soirée à clair de lune qui suivait un jour d'excessive chaleur, une soirée faite pour les glaces et les souvenirs italiens. Ainsi, après un tour d'allée et quelques salutations reçues et rendues, nous nous rendîmes sur l'esplanade d'un café bien illuminé, où nous prîmes des chaises, sans avoir la crainte de la mode devant les yeux, pour troubler notre gaîté ou interrompre nos folies. En un instant, l'un des Mercures ailés du temple, vulgairement dit *garçon*, arriva près de nous *sa carte à la main*; et, après avoir commandé la quantité suffisante de glaces, d'eau glacée, de biscuits, pour nous donner droit à la meilleure place, nous nous abandonnâmes sans réserve aux inspirations du lieu.

Un petit Luquois, avec son écureuil, nous entendant parler italien, se recommanda, comme compatriote, à M. U...i, lui et sa *povera bestia*, et il ajouta deux singulières figures à notre groupe, qui fut bientôt accompagné de vingt autres, tous également caractéristiques et bizarres à leur façon. La tente, élevée sous de grands arbres, formait le fond de ce tableau animé. Sur le devant on voyait une troupe de musiciens et de chanteurs italiens, mâles et femelles ; les dernières jouant sur les harpes et les guitares, les premiers sur les violons et les basses. Les morceaux étaient en général de Rossini, et exécutés avec ce sentiment qui ne manque jamais chez les natifs de l'Italie, quelle que soit la grossièreté de la partie mécanique de leur jeu. Souvent le petit orchestre exécutait en partie des pièces du *Barbiere*, de la *Cenerentola*, etc.

L'aristocratie de l'auditoire, savoir ceux qui pouvaient payer une chaise et un sorbet, occupait le premier rang; et les lumières de la tente éclairaient un cercle immense d'humbles amateurs, qui s'étendait jusqu'à l'endroit où les rayons de la lune, se jouant à travers les arbres, répandaient seuls un faible jour sur les figures les plus éloignées, et laissaient apercevoir leurs têtes tendues, et leurs visages attentifs. Immédiatement après nous était un groupe d'ouvriers qui venaient sans doute de finir leur ouvrage à l'Arc-de-Triomphe, et se reposaient un instant avant de regagner leur demeure dans les faubourgs éloignés, arrêtés là par la baguette magique des *doux sons*. Salvator Rosa n'a jamais esquissé de traits plus pittoresques. Leurs bonnets rouges ou bruns, posés de côté; leurs manches de chemise blanches, roulées jusqu'à la moitié de leurs bras croisés, dans l'attitude naturelle à une intense préoccupation; et leurs tabliers de cuir retroussés par un coin, leurs donnaient un certain air de *lazzaroni* tout-à-fait étranger à leurs habitudes industrieuses. L'un d'eux était accompagné de sa femme, jeune et belle personne, dans un costume que Teniers aurait pris plaisir à peindre. Un enfant dormait sur son sein; elle écoutait, appuyée sur l'épaule de son mari, avec un intérêt égal au sien, les sons qui les charmaient. D'autres auditeurs de la même classe, tous également décens et attentifs, étaient épars çà et là; et il régnait dans cette assemblée, composée d'élémens si hétérogènes, un silence qu'on n'a jamais pu obtenir dans aucun salon de Londres ou de Dublin, même quand la voix divine de madame Pasta le commandait. Une femme âgée, d'une figure fort remarquable, avec un voile jeté sur son visage pâle et ridé, vendait des plaisirs et de petites *bonnes aventures*; sa voix était musicale, ses manières frappantes. Elle se tenait hors du cercle, et vint nous présenter son panier avec une inclination de tête suppliante. Un de nos amis, français, qui nous avait aperçus, et s'était joint à nous, me dit alors : Vous rappelez-vous la dame voilée qui chantait, il y a quinze ans, tous les soirs dans la rue Vivienne? Eh bien! voilà tout ce qui reste d'elle. Vous voyez que l'esprit *dilettante* est plus fort en elle que *l'esprit de commerce*, car elle pense plus à la musique de Rossini qu'à la vente de sa marchandise.

Une scène, telle que celle-là, si remplie de jouissances diverses, goûtées avec décence et politesse, annonce un peuple très-avancé dans la véritable civilisation. Quand verrons-nous les habitans de Londres, ses buveurs de gin et de porter, et ses autocrates, prêchant leurs croisades du dimanche contre les humbles amusemens, avec tout leur étalage trompeur de moralité et de piété, offrir un spectacle de félicité nationale, même de vertu nationale, aussi doux que celui que nous présentèrent les divertissemens du soir des Champs-Élysées?

COURS PUBLICS.

Paris est devenu une grande université; chaque quartier a ses écoles; les jardins publics eux-mêmes sont des lieux d'étude; et l'on pourrait diviser la société en professeurs et élèves, en orateurs et auditeurs, en philosophes et disciples. Ce grand mouvement de l'esprit contraste fortement avec la dépendance intellectuelle que le gouvernement de Napoléon entretenait, quand le philosophe ne pouvait penser ou écrire qu'à la dérobée. Ce n'est pas que Napoléon fût plus ennemi des spéculations mentales que les libérateurs de l'Europe qui lui ont succédé; mais d'autres temps ont amené de nouveaux besoins ; et son règne était celui de l'action plutôt que celui de la pensée. De plus, la dynastie restaurée n'a pas son secret pour faire respecter ses volontés.

Sous Louis XIV, on pensait, on écrivait comme on voulait, parce que le petit nombre qui pouvait faire l'un ou l'autre voulait tout naturellement penser et écrire dans l'esprit du gouvernement, ou plutôt du *maître*, comme l'appelaient servilement les plus grands génies du siècle. Le *peuple* n'avait pas encore senti l'injustice de l'état de choses où il était aujourd'hui brisé sur la roue pour avoir coopéré à un crime commis par obéissance à des supérieurs, sûrs d'échapper au châtiment; demain affamé, toujours traversé dans toutes les entreprises commerciales ou agricoles, et soigneusement entretenu dans l'ignorance, afin qu'il puisse rester victime soumise ou agent docile de la persécution et de l'oppression. Si l'un des grands hommes de l'époque eût voulu tenter d'éclairer la nation par une phrase, un mot, le sort de Fénélon et de Racine l'en aurait détourné; mais aucun ne fit la tentative.

Pendant le règne suivant, où l'on avait atteint le maximum de la corruption et du crime, on commença cependant à penser et à écrire plus librement; et le bannissement de Rousseau et de Voltaire ne fut que le type de la persécution qui devait ensuite les poursuivre. Maintenant, sous la protection de la charte, les sciences ouvrent leurs trésors à tous. Qui veut chercher, trouve; et le marché créé par les besoins intellectuels d'une population marchant vers les perfectionnemens, est amplement pourvu. L'antique Sorbonne elle-même, jadis le grand théâtre des mystifications et le repaire de l'ignorance, a son Villemain, dont les spéculations hardies et libres de toutes considérations avilissantes sont écoutées avec enthousiasme par des milliers d'auditeurs; Charles Dupin fait au Conservatoire des arts et métiers un cours de géométrie appliquée aux arts, et répand au loin les plus utiles enseignemens; les leçons de littérature française d'Andrieux, au collége de France, sont toujours suivies par une foule d'auditeurs empressés; Lherminier intéresse ses élèves par l'histoire du droit romain; Guizot, l'élégant professeur d'histoire moderne, est toujours sûr d'attirer une foule immense, et mérite sa popularité; et Cousin ne manque jamais de rassembler autour de lui un corps nombreux de disciples enthousiastes, quand il parle sur l'histoire de la philosophie; et, par la force de son éloquence, il donne une vogue momentanée aux doctrines de Platon et de Kant[1].

Plusieurs autres personnes de talent, non moins remarquables, mais qui ne me sont point connues, contribuent puissamment à la grande impulsion de l'esprit dans toutes les classes de la société. Le besoin, le désir, la passion insatiable de l'instruction se répandent avec une rapidité égale à celle des progrès de la peste dans ces bons vieux temps où la chaire ecclésiastique était l'unique source de l'enseignement public, où l'on occupait les loisirs enlevés à l'industrie à célébrer la *fête de l'âne*, dans laquelle les assistans devaient répondre par des braiemens à l'évêque, sous peine d'encourir l'excommunication[2]. Nonobstant le pas important et honorable

---

[1] La mode de s'enfoncer dans le vague des sophismes de l'école allemande, quoiqu'elle soit en effet un pas rétrograde, en s'éloignant de la science de Cabanis et de Condillac, est du moins une preuve de l'indépendance de l'esprit français et du vif désir d'étendre les bornes des connaissances. L'idéalisme fantastique de cette école n'est cependant pas plus adapté au caractère français qu'à la précision de la prose française. Sa vogue ne peut donc être durable, et doit bientôt faire place à des spéculations d'une nature plus positive et plus profitable.

[2] Tous ceux qui sont un peu versés dans les antiquités ecclésiastiques savent que la fête de l'âne a été célébrée jus-

que l'Angleterre a fait dans ces dernières années en faveur de l'émancipation intellectuelle, une grande partie des classes élevées et moyennes de ce pays continuent encore à braire avec l'évêque, à signer, sans les lire, ou du moins sans les entendre, les articles de son église, et à recevoir avec une foi implicite la ration de connaissance délivrée dans ses universités. L'art mystérieux de dompter l'animal humain pour le gouverne-

---

qu'à une période très-avancée. On imagina à Vérone que l'âne qui avait porté notre Seigneur à Jérusalem avait passé la mer à pied sec, et, prenant la route de Chypre, de Rhodes, de Candie, de Malte et de la Sicile, s'était arrêté quelque temps à Aquilée, et avait enfin pris ses quartiers dans les environs de Vérone, où il mourut. Ses funérailles furent célébrées en grande pompe ; et ses os, enfermés dans un âne artificiel, furent conservés dans l'église de Notre-Dame des Orgues, sous la garde de quatre chanoines, qui, deux fois l'an, les promenaient processionnellement par la ville. Dans toute l'Europe catholique la fête de l'âne était célébrée avec les plus extravagantes bouffonneries : le prêtre se mettait à braire à l'autel, et le peuple répondait de la même manière. Plusieurs ont cru que cette cérémonie était un reste des saturnales des païens ; mais elle paraît plutôt l'insolent triomphe de la fraude sur la patience asinine du peuple, et en même temps le témoignage de son pouvoir. On peut voir les détails des rites accomplis en ces occasions dans la cathédrale de Beauvais, dans *Les Environs de Paris*, tom. III, pag. 509.

ment d'un petit nombre a été long-temps exercé avec une grande habileté ; et la panthère, qui ne peut être dominée par la force, est apprivoisée par la ruse jusqu'à prendre la docilité de l'agneau. Mais, de même que les gardiens des insensés prennent quelquefois une partie des dispositions mentales des objets de leurs soins, les propagateurs des erreurs participent largement à l'imbécilité qu'ils propagent. Le braiement de l'âne n'est donc point du tout borné à la populace ; mais on l'entend partir des plus hautes places comme des humbles réduits du vulgaire. Les connaissances en Angleterre sont inégalement distribuées ; elles se divisent en catégories ; et, d'après la position sociale d'un homme, on peut deviner avec assez de certitude la qualité et l'étendue de sa philosophie religieuse et politique. C'est un point sur lequel la France a un grand avantage matériel sur nous. La grande leçon de la révolution a été pour tous ; tous en ont profité ; et, sous ce rapport, la nation française est encore une et indivisible. Une longue habitude de discussions publiques peut avoir donné aux Anglais une certaine supériorité dans la conduite et les formes extérieures des débats ; mais, du côté de la véritable émancipation des chaînes du sophisme, il faut reconnaître, quelque pénible qu'en soit l'aveu, qu'ils sont restés bien en arrière de leurs voisins du continent [1]. Nous accusons les Français d'être quelquefois de faibles humanistes ; et c'est un reproche qui peut être fait à tous les pays où les connaissances sont très-étendues. Il n'est pas juste toutefois de juger de la somme moyenne des connnaissances d'un peuple par la comparaison d'un petit nombre d'esprits cultivés chez un autre ; et quand on considère les deux populations dans leur ensemble, si l'on trouve le Français généralement superficiel, l'Anglais n'est que trop souvent absolument ignorant.

Le simple peuple dans les deux pays n'en est encore qu'aux élémens de l'éducation : dans l'un et l'autre l'on commence seulement à sentir les besoins moraux ; mais la nécessité a poussé le Français en avant avec bien plus de rapidité, et l'adversité a pressé son instruction. Il est plus profondément convaincu de l'utilité des connaissances comme instrument de la liberté publique, et ce sujet excite en lui un enthousiasme qui n'est pas encore connu en Angleterre [2].

[1] Comme, par exemple, sur la question des votes par le scrutin.

[2] Les affaires publiques en Angleterre sont d'une nature si mêlées, un choc si perpétuel d'intérêts divers existe en ce

Ainsi instruite, ainsi disposée à profiter de son instruction, la France ne peut plus être dupe de la charlatannerie des ordres privilégiés; et c'est en vain que ceux qui profitent des priviléges exercent toute leur énergie pour remettre l'esprit public sous la tutèle des prêtres. Quand tous les colléges, toutes les universités de France seraient sous le contrôle absolu des jésuites, la grande université de la société l'emporterait sur leurs enseignemens, et conserverait dans toute leur pureté les leçons de l'expérience. Si le grand nombre est destiné à rester pour jamais la victime du petit, et si les nations doivent continuer à être gouvernées par des mots, les Français exigent du moins que ces mots soient nouveaux. L'ancien grimoire du despotisme a perdu ses vertus magiques; papes, potentats, Léon, Louis, Richelieu, vous tous pour l'ambition personnelle desquels des millions de vies ont été sacrifiées, votre influence sur la multitude est perdue. La

pays, qu'il est presque impossible de faire aucune assertion qui soit complètement et généralement vraie. Quinze ans de paix et une marche libérale du gouvernement ont fait beaucoup. Les institutions mécaniques, l'université de Londres, la multiplicité des livres à bon marché sont de belles exceptions à l'ancien système; et l'Angleterre de 1830 n'est pas plus l'Angleterre de 1815 que celle de Jacques Ier.

toile de la tyrannie doit à l'avenir être tissée sur un autre métier que celui de la superstition et de l'ignorance brutale.

Le gouvernement actuel est bien loin d'être convaincu de cette vérité, et la politique de ses agens a été constamment dirigée à circonvenir les libéraux dans leurs tentatives pour disséminer les bienfaits de l'enseignement mutuel. Pendant un temps, il est vrai assez court, les écoles lancastriennes ont été absolument défendues comme tendant à renverser le trône et l'autel (car on emploie pour tout le même jargon); et l'éducation des paysans et des ouvriers a été confiée aux *ignorantins;* le corps constitué, sans aucune exception, le mieux nommé de l'Europe [1]. Mais la chute de Villèle rouvrit de nouveau l'instruction primaire. Toutefois la politique de la cour est toujours la même, bien que le pouvoir de donner effet à ses vœux soit un peu diminué.

Il n'est donc pas surprenant que la lecture et l'écriture soient moins communes dans les dernières classes du peuple en France qu'en Angle-

---

[1] Cette théorie peut être appuyée de l'exemple des hautes puissances : l'éducation du duc de Bordeaux est confiée aux jésuites ; M. Tharin, évêque de Strasbourg, son précepteur, est jésuitissime, et M. de Damas, son gouverneur, est un jésuite de robe courte.

terre, et que la grande majorité des paysans soient encore privée de l'instruction par les livres [1]. Dans les grandes villes toutefois cette ignorance est moins générale. Tout les parens qui ont le moyen de faire instruire leurs enfans se font un honneur et un devoir de le faire. A Paris les domestiques et les artisans les moins aisés savent en général lire et écrire ; et ceux qui ont cet avantage en font bien plus d'usage qu'en Angleterre, où l'éducation, étant donnée gratuitement, est moins appréciée par celui qui la reçoit, où le temps des ouvriers est tellement occupé qu'ils ont peu de loisir soit pour se délasser, soit pour s'instruire. Le goût de la lecture en France s'étend pour le moins aussi vite que sa faculté ; et les ouvrages les plus classiques sont dans les mains de toutes les classes. On compose moins de ces livres faits pour les ignorans dans

---

[1] Les Français de toutes les classes sont généralement causeurs : ils sont communicatifs, sociaux, démonstratifs par nature. Chaque porte cochère a sa coterie, chaque village son homme de tête, qui fait la lecture aux autres ; et les nouvelles, les informations, circulent par les communications verbales au profit de tous, quoiqu'en quelques exemples elles soient mêlées de plaisantes absurdités. Le petit drame de la loge du portier, dans les *scènes populaires* de Monnier, est un fidèle et amusant commentaire de ce fait.

lesquels on leur enseigne leurs devoirs envers leurs supérieurs, et rien de plus. Et si de temps en temps on essaie de mystifier le peuple par des miracles supposés et de frauduleuses fictions religieuses, l'opinion publique est fortifiée contre une semblable attaque, et ces ouvrages ne font aucune impression, si ce n'est parmi les femmes les plus ignorantes.

Mais c'est dans la génération naissante, destinée aux professions libérales, que le perfectionnement de l'éducation se fait le plus apercevoir ; et qu'on voit la soif inextinguible des vraies connaissances remplacer chez les jeunes gens l'enthousiasme militaire et la dissipation de leurs prédécesseurs. Sachant se contenter des ressources les plus modestes, sobres, laborieux, envieux de se distinguer dans les sciences, dans les lettres, les étudians en médecine, en droit, étendent leurs recherches sur toutes les branches d'instruction qui peuvent non-seulement les avancer dans leur profession, mais en faire d'utiles citoyens. La quantité de livres substantiels et scientifiques, publiés en France, prouve fortement le ton vigoureux de l'esprit qui se répand parmi tous les lecteurs au dessus de la pauvreté absolue.

LA TOILETTE.

« La femme, dit un traducteur français de l'un des pères, est un animal qui fait ses délices de la parure; » et la définition est plus applicable à la Française qu'à aucune autre femme du monde connu. La philosophie pourrait peut-être découvrir le pourquoi; mais le fait est prouvé par le témoignage certain de l'observation, et la gravité de l'histoire concourt à établir son authenticité [1]. Un agréable exemple de ce fait s'est

---

[1] « Au baptême du fils de madame de Sourdis (1594), Gabrielle d'Estrées portait un habit de satin noir si chargé de

offert à moi à mon arrivée à Paris, dans la visite que je reçus d'une de mes belles amies de 1818. Le temps, qui avait laissé quelques traces légères de son passage sur sa personne, lui avait donné en récompense un surcroît de goût; et sa toilette avait gagné tout ce que les années avaient dérobé à sa beauté naturelle. Madame de*** est, dans toute la force du terme, *une femme à la mode;* épithète qui, en France, est un brevet de divinité. Il serait difficile d'expliquer précisément les qualités nécessaires pour jouir de cette distinction. Les plus fraîches beautés, les esprits les plus brillans, les créatures les plus aimables, les plus gracieuses, sont éclipsés par la *femme à la mode*, et restent parfois sans *partner* au bal, ou solitaires dans leur boudoir; tandis que cette personnification de l'instinct féminin enlève tous les suffrages, attire auprès d'elle une foule d'admirateurs dévoués, qui, s'arrêtant juste au point au

perles et de pierres précieuses qu'elle avait peine à se mouvoir sous son poids. Elle avait aussi fait broder un mouchoir (qu'elle voulait porter dans un ballet) pour lequel elle promit de payer dix-neuf cent écus! Et telle fut l'influence de l'exemple sur les femmes de Paris, qu'elles ornaient de joyaux jusqu'à leurs souliers. » (*Journal de Henri IV.*)

En comparaison de cela, qu'est-ce que les mouchoirs brodés de nos belles modernes?

dessous de la passion, et ne visant jamais à l'attachement, négligent souvent des objets faits pour inspirer l'une et l'autre, pour se joindre à la suite frivole de l'idole de leur préférence. Comme je demandais à un jeune Parisien *fashionable* pour quelle raison Madame de ***, qui n'était ni jeune ni jolie, était aussi suivie; il haussa les épaules, leva les sourcils, hésita, puis balbutia ces mots: *Mais..., mais... Que voulez-vous que je vous dise ? c'est une femme à la mode.*

J'allais partir pour rendre ma première visite au général Lafayette, quand cette dame vint me faire la sienne. Nous nous abordâmes comme nous nous étions quittées, avec toute la véritable courtoisie française, et toute la cordialité irlandaise. Nous nous félicitâmes l'une l'autre sur notre mutuelle conservation, comme le font les femmes qui aiment à entendre et par conséquent à dire des choses agréables, et qui sont influencées en secret par cette vanité, qui n'est jamais plus exigeante que quand le terrain sur lequel elle est fondée commence à lui manquer.

— Vous sortez? dit-elle.

— Oui; je suis en courses de visites d'amis.

— En courses de toilette, vous voulez dire ? repliqua-t-elle en jetant un coup d'œil peu flatteur sur mon habillement. Je suis venue chez vous d'ass bonne heure pour vous mettre dans le bon chemin.

— Oh! mais chère madame de***, je ne puis aller à la chasse aux toilettes maintenant; je ne voudrais pas manquer le général Lafayette pour tout au monde; et c'est le moment de le trouver avant qu'il aille à la chambre.

— *Ah ! vous voulez donc faire mourir de rire le général ?*

— Mourir de rire! de quoi?

— De quoi! de votre toilette, ma chère : *robe à grands volans, capote à baleine! bon Dieu! est-il possible ?* Et elle riait de tout son cœur.

Je commençais tout de bon à craindre d'être une ridicule figure; mais, jetant les yeux sur la psyché en face de nous, je vis que tout était bien, bien au moins suivant les lois de la mode de Dublin. Un canezout tout neuf, d'après les derniers patrons d'O'Donnel de Grafton street, copiés à la lettre sur le dernier numéro du *Petit Courrier des Dames !* un chapeau fait sur un modèle de chez madame Carson de Londres. Je justifiai ma parure en citant mes autorités. La politesse de madame *** ne put la retenir plus long-temps; elle se prit à rire de toutes ses forces.

— *Est-elle naïve, cette chère milady*, s'écria-t-elle, *avec son* Petit Courrier *et sa bonne ma-*

dame Carson! Écoutez, chère amie: on ne s'habille point ici d'après des programmes imprimés; et si l'on vous voyait descendre de voiture avec un pareil chapeau, vous risqueriez de faire courir le monde après vous.

Je fus épouvantée! Etre honnie, mise hors la loi pour mon livre en 1820, et pour mon chapeau en 1829! Car pouvais-je savoir, à travers tant de changemens qui avaient eu lieu, si le crime de *lèse-toilette* n'était pas maintenant puni du même châtiment que celui de lèse-majesté autrefois? Le terrible anathème, *à tous sujets il est enjoint de courir sus*, résonnait à mon oreille; et la populace de Paris, armée de bâtons et de pierres, et exécutant l'ordre, se représenta si vivement à mon imagination, que je m'écriai tout émue : « Vous m'effrayez beaucoup; que me conseillez-vous donc de faire? »

— Mettez les baleines, qui sont à votre capote, à votre jupe; quittez ces vieilles modes de plus de deux mois, et prenez la toilette de la saison: vous recevrez ici un accueil charmant : car le libéralisme est à l'ordre du jour, et tous les jeunes gens lisent vos livres; mais, croyez-moi, ma chère, aucune célébrité ne pourrait faire passer un costume ridicule.

— Un costume ridicule! dis-je, vraiment fâchée d'être ainsi importunée pour des balivernes, quand mon cœur et ma tête étaient pleins de l'intéressante visite que je projetais.

— Le mot est un peu fort peut-être, dit-elle, mais c'est après tout *le mot propre*. Vous me rappelez madame de Staël, qui n'a jamais voulu sortir de son turban rouge, du temps du directoire, qu'elle s'obstina à porter à travers tous les changemens de modes et de gouvernemens jusqu'à la restauration, où elle se présenta chez la duchesse d'Angoulême, dans la coiffure identique qu'elle avait quand elle dîna avec Bonaparte chez Talleyrand. Mais vous autres femmes de lettres on ne vous conduit pas comme l'on veut à l'égard des formes extérieures.

— Bien! bien! dis-je; laissez-moi aller chez Lafayette maintenant, et vous me trouverez plus traitable une autre fois. Je suis assez bien mise pour l'homme qui a soutenu deux grandes révolutions, pour le fondateur, le général en chef des gardes nationales.

— Vous me feriez perdre patience, s'écria madame ***, dans un de ces accès de vivacité qui rendent une Française si imposante ou si comique : de ce qu'un homme a fondé ou détruit des empires, en a-t-il moins des yeux et du jugement? Votre général est un grand homme, je l'avoue; mais il est *Français avant tout* : et pour un Français, quand ce serait saint Denis lui-même, une vieille mode est toujours ridicule.

— Bon! lui dis-je en tâchant en vain de monter ma voix au ton de la sienne; tout ce que nous disons là ne sert à rien, il faut que je sorte, car mon illustre ami m'attend. Tout ce que je puis faire pour vous plaire, c'est de m'arrêter en chemin pour acheter un chapeau à la mode.

— S'arrêter pour acheter un chapeau! *Ah! j'en mourrai.* Et elle rit en effet presque jusqu'aux convulsions; puis se remettant et s'essuyant les yeux elle reprit: — Ainsi vous pensez que pour être bien mise il suffit d'acheter en passant un chapeau? Vous croyez que je vous menerai rue Vivienne débarrasser la fenêtre de quelque magasin de son *chapeau d'affiche*, puis le faire porter dans votre voiture? que nous irons ensuite chercher une robe à prix fixe passage Delorme; et que je vous enverrai de là, avec l'*étiquette* attachée à l'ourlet de votre jupe, dans le salon du général pour amuser son élégante parente, madame de T***, l'une des femmes de France qui se met le mieux? Non, non; restez chez vous aujourd'hui, et amusez-vous à regarder par votre fenêtre les élégans promeneurs des Tuileries à l'heure du monde; cela vous donnera une idée générale des toilettes du moment. Pendant ce temps j'irai chez Victorine et chez Herbaut voir ce qu'on peut faire pour vous.

— Comment! ce qu'on peut faire pour moi?

— Sans doute. Je prendrai le jour et l'heure les plus prochains qu'ils pourront me donner; et *je ferai inscrire votre nom sur leur livre rouge.*

— Prendre leur jour, vous voulez dire le mien?

— Nullement. Fussiez-vous Sapho elle-même, vous devez attendre leurs loisirs. La duchesse de Berry envoya l'autre jour sa dame d'honneur à Victorine, pour lui dire de venir prendre ses ordres au pavillon Marsan; elle répondit qu'elle serait heureuse d'avoir l'honneur d'habiller son altesse royale, qui la trouverait chez elle tel jour à telle heure.

— Et comment la duchesse a-t-elle pris cela?

— Elle l'a fort bien pris. Que pouvait-elle faire? Il y a des princesses partout, mais il n'y a qu'une Victorine sur la terre; comme autrefois il n'y avait qu'un Leroi ou une Bertin. Le trône et l'autel ont été ébranlés et renversés en France; la toilette jamais.

En ce moment on m'apporta une invitation pour un bal diplomatique. Madame de *** lut le billet avec le même ravissement que le signore Mai pourrait sentir en découvrant un nouveau manuscrit de Cicéron.

— *Voilà qui est bien*, dit-elle; je n'ai pas une minute à perdre si je veux vous être utile. Il vous serait impossible d'aller à un bal diplomatique sans être *habillée par Victorine, berettée par Herbaut. Il vous faut leur cachet.* Votre belle compatriote lady ***, pour avoir négligé son rendez-vous avec le dernier, n'a pu reprendre son *ton* pendant toute la saison de son début. Mais *fiez-vous à moi;* si je ne puis engager ces deux souverains de la mode à se charger de votre parure, vous aurez quelqu'un de leur école, et je vous écrirai ce soir ce que j'aurai fait. Ainsi, *à demain n'est-ce pas ?* et la plus frivole et la plus obligeante des Françaises me quitta en grande hâte, me laissant la plus mortifiée et la plus désolée des Irlandaises; car j'allai trop tard à mon rendez-vous : et, comme je m'y attendais, je trouvai Lafayette parti pour la chambre.

Ce jour ne fut assurément pas le *plus beau jour de ma vie*. Ainsi, ayant la crainte de mon chapeau devant les yeux, j'allai finir la matinée comme je l'avais commencée, à ma fenêtre, où, suivant l'injonction qui m'en avait été faite par mon amie, je pris cette idée générale du *beau monde*, que les allans et venans des Tuileries étaient bien calculés pour me donner.

Quel panorama de modes se présentait à moi! quel mouvement! quelle foule! Des calèches, des coupés se succédaient aux portes; des troupes de jolies promeneuses à pied (accompagnées de leurs chevaliers ou porte-schalls) débusquaient des rues Royale et de Castiglione, formant leurs petits pas chinois dans une chaussure aussi classique que le brodequin de la Diane antique, mais qui se montrait sous des jupes aussi romantiques que la muse de M. de Châteaubriand..

Le trait le plus saillant dans cette vue générale, était que les femmes paraissaient toutes avoir été jetées dans le même moule comme les pyramides de gelées d'un souper de bal. Toutes les draperies inférieures étaient exactement coupées sur la même longueur et la même circonférence. La poitrine, les épaules, les hanches étaient toutes sur le même type. Le même nombre de cheveux semblaient tirés de la naissance des tempes pour former une sorte de *chevaux de frise*, d'un aspect effrayé sinon effrayant. Le même chapeau de la même forme, de la même couleur, couvert des mêmes fleurs, annonçait un système de tyrannie dans les modes qui ne permettait rien d'inattendu, ne laissait aucune latitude au goût individuel, et prouvait que le despotisme avait trouvé un fort dans lequel la Charte ne pouvait l'atteindre. L'universalité de la mousseline anglaise me fit faire quelque réflexions de philosophie commerciale; et la raideur des plis qui défiaient le vent le plus vif de les déranger aurait donné un autre motif de méditation à un amateur de la beauté idéale. L'uniformité des lignes droites prédominait à tel point, que tous les tableaux empesés de Perugin et d'Holbein semblaient être sortis de leurs cadres exprès pour ressusciter des formes que les Raphaël et les Corrège avaient rejetées avec horreur. Il était flatteur du reste pour l'orgeuil national de voir les longues tailles et les jupons courts, qui, à la première incursion de nos modes, avaient mis tout Paris en rumeur, produit les *Anglaises pour rire*, fourni le boulevard de caricatures et le faubourg d'épigrammes, de les voir enfin universellement portés. Mais la mode est essentiellement capricieuse; et la mode en fait d'habillemens dépend du caprice des tailleurs et des marchandes de modes, chez lesquels la *recherche* et l'exagération suppléent aux vrais principes de goût que donne seule une éducation distinguée.

L'heure raisonnable du dîner français vida le

jardin au moment même où les fashionables de Londres commencent leur promenade du matin dans le parc. Une autre population succéda à l'élite du bon ton ; c'étaient les petits rentiers qui venaient digérer leur repas, les femmes de chambre éveillées, les bonnes avec leurs petites charges de tous les âges de l'enfance, des groupes joyeux et bruyans de petites filles et de petits garçons, et de paisibles octogénaires assis tranquillement, se réchauffant aux rayons d'un beau soleil couchant et jouissant des derniers grains du sablier, en présence de cette nature, source de vie, de santé et de plaisir, même pour la vieillesse presque insensible. Malgré mon malencontreux chapeau et mes volans, je crus pouvoir m'aventurer à cette heure vulgaire pour respirer l'air embaumé du jardin ; et, prenant le bras de ma jeune compagne de voyage (ainsi que moi hors de l'orthodoxie de la mode), nous sortîmes pour suivre, dans cet Eden de Paris, notre route solitaire.

C'est une triste tâche que d'enseigner à la jeunesse ce qu'on se souvient d'avoir soi-même appris avec peine, de revenir à l'alphabet, aux syllabes et aux travaux forcés de l'enfance, sans ses illusions ; et de recommencer la syntaxe quand nous venons d'apprendre tout à l'heure que la parole a été donnée à l'homme pour cacher sa pensée. Mais il est délicieux au contraire de prendre part aux premières expériences d'un esprit jeune et naïf sur le monde. Une imagination fraîche et une vive sensibilité colorent tous les objets qui lui sont présentés. Même les questions de la jeunesse intelligente, avide de s'instruire, ont du charme; elles éveillent un sentiment de satisfaction sur la valeur des connaissances qu'on a si péniblement acquises : elles sont un candide hommage à cette vérité de laquelle la ruse et la médiocrité se rient, bien convaincues de la supériorité du *savoir-faire* sur le savoir. Le plus sage, le meilleur, a besoin de ce tribut involontaire, pour se consoler d'avoir obtenu, pour prix de ses travaux, la négligence et l'oubli d'un monde fait pour les lieux communs.

Quand ma jeune compagne et moi nous fîmes cette première visite au site historique des Tuileries, et que nous nous assîmes après avoir jeté un coup d'œil sur l'allée des Orangers, en face du château royal, la scène qui se déployait devant nous avait toute la splendeur d'un riche soleil couchant qui ne laissait pas un objet naturel ou artificiel privé du reflet magique de ses rayons. Quelle vue! quels souvenirs! pour celle qui sortait si récemment des ouvrages des Sévigné, des Maintenon, des Mémoires des Rovigo et des Campan! Nous n'apercevions pas un balcon, pas un entresol, pas un vestibule qui ne donnât lieu à une question, ou qui ne suggérât une anecdote des règnes des cinq derniers Louis.

Au milieu de mon enthousiasme historique, je fus subitement glacée par un chuchotement assez voisin de nous, pour que j'entendisse : *Mais quelle originale! Voyez les volans à dents et les tire-bouchons de la petite.* Je regardai autour de moi, et je vis que nous étions l'objet des observations et de l'amusement d'un groupe de grisettes espiègles, auxquelles notre toilette paraissait aussi ridicule qu'elle l'avait parue à une belle dame de la Chaussée-d'Antin. Mortifiée et ennuyée, je rentrai chez moi, convaincue que madame de *** avait raison, et que la liberté de la toilette est encore à conquérir en France. Je passai les deux jours suivans à faire un cours de mode; et le résultat de mes recherches remplirait un volume si j'avais le temps de les écrire. Tout ce qu'elles m'ont offert d'amusant ou de ridicule suppléerait à ce qui leur manquerait de philosophique. Mais la plus frappante singularité que j'aie remarquée à ce sujet est l'extrême contraste qui règne entre la frivolité et la dépendance des femmes en France, en matière de toilette et de mode, et le sérieux austère de l'esprit masculin presque universellement occupé des intérêts les plus graves, les plus importans pour le pays. Plusieurs de mes jeunes amis se sont plaints à moi de l'intervalle qui les sépare de la société des femmes, et s'excusaient du peu d'attention qu'ils sont accusés d'avoir pour le sexe, par l'impossibilité où ils se trouvaient de sympathiser ou de converser avec des êtres composés d'élémens si différens des leurs. Si ces plaintes devenaient générales, l'abus serait bien vite réformé. L'excessive rigueur, la minutieuse tyrannie de la mode sont les suites d'une réaction naturelle après les principes et les habitudes du règne de la terreur. Mais l'encouragement que Napoléon donna à la prodigalité extravagante, dans les parures de sa cour révolutionnaire, a fait un vice de ce qui n'eût été qu'une folie. La toilette d'une femme est maintenant hors de toute proportion avec les dépenses d'un petit *ménage*, et doit souvent être un dangereux écueil pour l'honnêteté politique, sinon pour l'honnêteté privée. Le triomphe des principes constitutionnels, en détruisant la suprématie de l'aristocratie et en occupant toutes les classes d'intérêts majeurs, ne pourra peut-être renverser entièrement cette tyrannie; mais il ne peut manquer de modérer quelques-unes de ses absurdités les plus saillantes.

SOCIÉTÉ DE LA MORALE CHRÉTIENNE.

Il existe à Paris, outre les cours réguliers et journaliers sur les diverses branches des arts et des sciences, d'autres réunions publiques, soit purement scientifiques, soit mêlées d'utilité pratique et de bienfaisance, par lesquelles les connaissances s'étendent et se répandent ensuite dans le peuple. Les sociétés instituées dans de telles vues sont un des amusemens les plus suivis par les classes moyennes en France, et leurs séances publiques attirent toujours un grand nombre d'auditeurs des deux sexes. Parmi ces sociétés, la *Société géographique,* la *Société philo-*

technique et la *Société de la morale chrétienne,* sont les plus remarquables; du moins ce sont elles de qui nous avons entendu parler le plus, soit en bien, soit en mal, et que l'on nous a désignées comme pédantesques et frivoles, ou recommandées comme utiles et intéressantes.

Pour assister à une séance de la Société de la morale chrétienne, nous laissâmes d'autres engagemens qui promettaient d'être plus amusans que ne le sont d'ordinaire les discours et les rapports qui remplissent ces séances; mais nous nous intéressions à l'un de ses membres, M. Edouard Thayer, que sa bienfaisance éclairée avait engagé à prendre une part active dans les travaux dont on devait rendre compte. Nous ne fûmes pas peu surpris de voir l'un des jeunes gens les plus élégans, les plus gais de Paris, qui avait fait le charme des cercles distingués en Irlande [1],

---

[1] Les deux MM. Thayer, fils accomplis d'une mère accomplie, ont visité l'Irlande pendant l'automne de 1826, avec le duc de Montebello et M. Duvergier de Hauranne fils, l'un des rédacteurs du *Globe.* L'esprit de recherche bien dirigé et la finesse d'observation avec lesquels ces jeunes voyageurs ont examiné les pays qu'ils ont parcouru sont prouvés par les lettres sur les élections anglaises et sur l'état de l'Irlande (à cette époque) par M. Duvergier, qui ont paru d'abord dans le *Globe,* et dans lesquelles un An-

membre de cette grave société. Nous l'avions vu dernièrement l'âme d'un bal masqué chez lord Nortland, dans le nord de l'Irlande ; aujourd'hui nous le trouvions lisant son rapport sur le résultat du concours sur l'abolition de la traite des noirs et de l'esclavage.

En Irlande, quand des jeunes gens prennent le parti de devenir *sérieux*, la pédanterie de la

glais, bien instruit de leur sujet, aurait peine à trouver une erreur ou une négligence.

Désireux de voir tout ce qui était remarquable, ces messieurs ont cherché à connaître par eux-mêmes tous les partis; et parmi les autres objets de leur curiosité, ils n'oublièrent point les assemblées publiques de l'association catholique, qui prenait alors une haute importance. Les Irlandais, qui aiment toujours à voir un duc (même étranger, même d'une souche nouvelle), saisirent cette occasion de donner de l'*éclat* à leur séance, et honorèrent leurs visiteurs par de longs complimens, auxquels le duc de Montebello répondit brièvement et très-convenablement, en anglais. Peu de temps après, j'invitai quelques personnes attachées au gouvernement à se rencontrer chez moi avec le duc. Ils refusèrent, en s'excusant sur la crainte de se mettre mal avec le secrétaire d'état pour l'Irlande, M. Goulburn. Je remarque ce fait, parce qu'il montre la différence de la situation présente de Dublin avec celle d'alors. Personne aujourd'hui n'éviterait la rencontre d'un membre d'aucun parti, pas même celle du grand agitateur lui-même, de peur de se compromettre (*juin* 1830).

piété, les signes extérieurs et très-apparens de la confiance dans sa propre supériorité, accompagnent toutes leurs actions. Leurs visages s'allongent, leur démarche se ralentit, leurs sourcils s'abaissent, leur teint pâlit; en conversation, ils sont dogmatiques, et n'emploient que des phrases de convention; et leur air, leurs manières, décèlent cette humilité pharisaïque de l'orgueil, cette prostration mentale, si remarquables dans les jeunes prêtres élevés en France par les jésuites; mais ceux-ci visent à des fins bien plus dangereuses que celles qui conduisent nos jeunes Irlandais à laisser pour la livrée de la sainteté de plus mâles occupations. En France, quand de jeunes laïques se dévouent à de graves poursuites, c'est toujours dans l'espoir philosophique d'améliorer le sort de leurs semblables, et dans la noble ambition de gagner leur estime. Leurs efforts n'ont rien de forcé, rien de faux, rien de puéril. Ils restent ce que la nature veut qu'ils soient à leur âge; ils sont de plus tout ce qu'une éducation pratique a dû les faire, une éducation commencée dans des écoles qui ne sont ni fondées sur un principe monacal, ni dirigées d'après des systèmes politiques, et terminée dans le monde, où ils entrent de très-bonne heure. « Notre jeunesse, disait l'autre jour le général Lafayette, est la fleur de notre société. » Et un auteur moderne, M. Carrion de Nisas le fils, a donné plusieurs raisons incontestables de la supériorité que cette génération naissante doit avoir sur celles qui l'ont précédé. « La jeunesse française, dit cet auteur, est sage, parce qu'elle est éclairée; elle est éclairée, et elle ne peut pas ne pas l'être. Il ne faut pas lui en faire un mérite; elle vient à l'une de ces époques de renovation, et sous un de ces ordres de choses transitoires, qui présentent le spectacle éminenemment instructif de deux systèmes politiques, civils et religieux en présence l'un de l'autre, combattant corps à corps, presque avec les seules armes du raisonnement, et dont l'un se retire lentement et en bon ordre, tandis que l'autre le chasse de poste en poste avec non moins d'ordre et de lenteur; elle vient dans un temps où la société humaine est devenue la discussion organisée des plus importantes questions qui intéressent l'humanité[1]. Etc. »

Si une grande partie du mérite de la jeunesse française est due aux institutions et à l'ordre de choses sous lesquels elle naquit, une partie non moins considérable de ce mérite doit être attri-

---

[1] *De la Jeunesse française*, par Carrion Nisas fils.

buée à l'abolition du droit d'aînesse. On ne voit plus en France une phalange de cadets de famille à demi élevés et entièrement dépendans, cherchant les moyens de vivre aux dépens du public, et se figurant (comme le dit une dame irlandaise avec plus d'esprit satirique que d'*esprit de corps*) que leur nom doit leur valoir la table et logement. Se distinguer personnellement est maintenant l'objet de tous ; et cette haute récompense n'est accordée qu'au mérite individuel. L'opinion publique, en Angleterre, n'est pas encore assez mûre pour que les particuliers s'occupent des améliorations sociales ; mais le grand maître d'école de l'Anglais, sa bourse, lui répète tous les jours, à toute heure, que les priviléges injustes de castes entraînent mille maux ; et une autre génération ne passera point avant qu'il les voie sous leurs couleurs propres, et comme l'un des plus grands fléaux qui aient affligé les sociétés humaines.

Quand on nous offrit et que nous acceptâmes des billets pour la Société de la morale chrétienne, j'avais mis dans ma tête que nous trouverions quelque chose de semblable à ce qui se passe dans la rotonde de Dublin (le grand marché des charlataneries de toutes sortes), aux réunions, pour la dissémination des systèmes, de dévotion outrée, qui autrefois ont montré en Angleterre la propension de l'homme à s'attacher à tout ce qui prescrit des formes ou impose des dogmes. Mais je trouvai l'assemblée composée d'êtres intelligens et animés des deux sexes; les hommes avec ces fronts élevés et spirituels, si communs dans les réunions parisiennes; et les femmes, en dépit de l'élégance de leur toilette, aussi attentives que si elles étaient venues pour entendre et non pour être vues.

Grâce à trente ans de leçons perséverantes, les Anglais ont été conduits à croire que les Français sont un peuple d'athées, qui ne tendent qu'à la destruction morale et physique. Cependant il n'y a rien de plus faux. Si la religion est un don spécial du ciel, la superstition du moins est un instinct général et universel; et l'homme de tous les pays du monde, s'il n'a pas un Dieu, se forgera une idole. Il se trouve maintenant dans les hautes et moyennes classes de la société de Paris un corps respectable de personnes éclairées et religieuses de toutes les nuances du christianisme, catholiques (les restes du jansénisme), protestantes, indépendantes, unitairiennes, chez lesquelles le sentiment de leur devoir envers leur créateur devient un puissant motif pour remplir avec plus de zèle et de conscience leurs devoirs envers les hommes. Parmi elles l'on compte plusieurs des plus éminens libéraux, qui dans la révolution ont été des partis modérés; le comte Lanjuinais, dont la mémoire est chère à tous les partisans du patriotisme sage, était leur type. Ce corps a formé le noyau de la société de la morale chrétienne, autour duquel se sont rangées un grand nombre de personnes, qui, sans avoir aucune vocation décidée pour aucune secte religieuse, désirent perfectionner les détails de l'organisation sociale, et détruire ou atténuer quelques-uns des abus qui l'infectent encore. La plus grande partie des opérations de la société est de pure charité; mais l'éducation, la discipline des prisons, en un mot tous les sujets sur lesquels les citoyens peuvent concourir avec le gouvernement pour la civilisation, l'amélioration du peuple, entrent dans leur sphère.

Dans une société ainsi organisée, il ne peut y avoir rien de ce fanatisme, de cette bigoterie qui diminuent le bon effet de beaucoup d'institutions de bienfaisance en Angleterre et en Irlande. Dans ce derniers pays, les vues étroites du méthodisme et des préjugés orangistes paralysent constamment les efforts de personnes réellement charitables et envieuses de faire le bien. En Angleterre une *arrière-pensée*, non avouée, peut-être même à peine sentie, celle de rendre le peuple soumis et docile en dépit de la foule de griefs qui pourraient le révolter, donne une fausse direction à une bienfaisance qui serait sans cela très-louable, et gâte ce que ses institutions d'instruction gratuite pourrait produire de bon. En France la civilisation supérieure du peuple le met au dessus de la niaiserie dans laquelle on entretient le peuple anglais, et les institutions philanthropiques, n'étant nullement aristocratiques, ne donnent lieu à aucun effort pour abrutir les classes inférieures. Aussi la Société de la morale chrétienne, qui chez nous aurait quelque teinte d'affectation pieuse, ne tend nullement à enchaîner les pensées ou à influer sur l'indépendance des objets de ses soins.

Une circonstance nous a particulièrement frappés dans cette séance; c'est l'exposé des obstacles que les chefs de chaque département administratif et le menu fretin de leurs dépendans opposent aux recherches des comités de la société. Il en est ainsi toutes les fois qu'un gouvernement a quelque chose à cacher ou à rectifier; et ce fait donne la mesure certaine de la perversité des systèmes monarchiques et oligarchiques, que l'on soutient avec tant de constance, comme les seules sources du bon ordre politique. Cela prouve jusqu'à l'évidence que le gouvernement du petit nombre est incompatible avec le bonheur du grand nombre, et, de plus, que les abus d'un mauvais régime ne se bornent pas aux sujets dans lequels les gouvernans sont personnellement et directement intéressés.

L'extrait ci-dessous, du programme des affaires traitées dans la séance à laquelle nous avons assisté, donnera quelque idée du plan et des vues de cette association vraiment chrétienne, dans le véritable esprit de celui dont la loi est toute d'amour et de charité envers tous, et non de division, de haine anti-fraternelle, principes moteurs de toutes les sectes, depuis les iconoclastes des premiers temps de l'église chrétienne jusqu'aux farouches irwinistes de nos jours [1].

---

[1] *Société de la morale chrétienne.*

Pour devenir membre de la Société et recevoir le journal qu'elle publie, on doit être présenté par deux membres et payer une rétribution annuelle dont le minimum est fixé à 25 francs.

On peut s'abonner au journal de la Société, sans en être, à raison de 10 fr. pour vingt-quatre cahiers, formant deux volumes in-8°, et de 18 fr., franc de port, pour les départemens.

S'adresser, pour les renseignemens, au bureau de la société, rue Taranne, n° 12, à Paris.

Ordre du jour.

1. Discours d'ouverture par M. Guizot, président.
2. Rapport sur les travaux de la société, par M. H. Carnot, l'un des secrétaires.
3. Rapport sur la comptabilité de la société, par M. Lafont Ladebat père, membre de la commission des fonds.
4. Rapport au nom du comité de bienfaisance, par M. Viguier.
5. Rapport au nom du comité des orphelins, par M. Étienne fils.
6. Rapport au nom du comité des prisons, par M. Raoul-Duval.
7. Rapport sur le résultat du concours sur l'état de la législation relative à l'exercice de la liberté religieuse en France, par M. Berville.
8. Rapport sur le résultat du concours sur l'abolition de la traite des noirs et de l'esclavage, par M. Edouard Thayer.

MUSIQUE.

Je ne puis souffrir revoir mes premiers livres, mes vieux péchés d'auteur. L'on doit avoir en effet une antipathie naturelle pour ses vieux ouvrages comme pour ses vieilles amours, puisque les uns et les autres ont été abandonnés par la maturité, le raffinement du goût. Un ancien amant paraît donc toujours importun, un ancien ouvrage toujours fastidieux.

Malgré ce préjugé ou cette juste remarque, la matinée qui suivit le soir où j'entendis pour la première fois les chants délicieux du *Masaniello* d'Auber, j'envoyai chercher en grande hâte un exemplaire de ma *France,* pour revoir ce que j'avais pensé et dit de la musique française dans ce volume, pour revoir ce que les omissions royalistes du traducteur et ses notes injurieuses ne purent même me faire pardonner. Je fus extrêmement étonnée de tout ce que j'avais dit sur ce sujet; toutefois je me ressouviens parfaitement des premières impressions que me fit éprouver la musique française, tant à l'Opéra qu'à Feydeau. Elles étaient entièrement analogues à celles de Rousseau qui, en parlant du goût musical des Français, a dit :

« N'ayant et ne pouvant avoir une mélodie à eux dans une langue qui n'a point d'accent, sur une poésie maniérée, qui ne connut jamais la nature, ils n'imaginent d'effets que ceux de l'harmonie; et ils sont si malheureux dans leurs prétentions que cette harmonie même qu'ils cherchent leur échappe. »

La langue est cependant restée la même et la musique a changé. Le génie de la composition, l'école de chant, les organes auriculaires eux-mêmes de la nation, paraissent avoir subi une révolution. Un auditoire français ne voudrait pas plus endurer à présent sur la scène *le plus bel asthme du monde* [1] que s'il avait été élevé

---

[1] La voix de mademoiselle Arnout. Voyez Grimm, *Corresp.*

à Naples. C'est une des dix mille preuves de la folie de fixer des bornes au développement humain. Si les causes physiques sont les premiers agens des conséquences morales, les causes morales, dans les progrès de la société, réagissent à leur tour sur le physique; et certains événemens, certaines institutions doivent produire une nouvelle organisation, une nouvelle race[1].

Pendant quinze siècles, l'église a gouverné la société en toutes choses, soit en mal, soit en bien, et la musique comme le reste fut soumise à cette influence souveraine. Les intonations traînantes des chants grégoriens et ambrosiens continuèrent à donner à la musique européenne son caractère, long-temps après que les fagots eurent cessé de brûler et le fer de déchirer la chair des victimes de l'église. Même jusqu'aux temps des Léo, des Durante, on fit peu de progrès dans la mélodie, quoique les

---

[1] « Pendant qu'on promène le démêloir sur vos cheveux ou le rasoir sur votre visage, ne vous est-il pas arrivé de sentir des mouvemens d'impatience, et d'envoyer au diable votre Olivier le Daim ? C'est pour vous épargner ces accès nerveux que M. Mailly, coiffeur breveté, rue Saint-Martin, n° 149, a imaginé de vous tailler les cheveux au son d'instrumens qui exécutent des ouvertures de Rossini et d'Auber. » (*Extrait d'un journal français.*)

barbares celtes et scandinaves aient eu, dans leurs sauvages contrées, des airs d'une exquise beauté. L'Italie fut la première et la France la dernière à adopter quelques changemens dans la science musicale et dans l'expression de la musique; et à rétablir l'empire de la nature à la place de l'art conventionnel [1].

[1] Les Français ont toujours été, à ce qu'il semble, malheureux dans leur goût pour la musique. Quand Grégoire réforma le chant ecclésiastique, les Français restèrent attachés à l'ancienne autorité; et lorsque Charlemagne vint à Rome, des querelles furieuses eurent lieu entre les chantres du pape et ceux du roi. Les Romains, fiers de leur savoir, traitaient les Français de barbares; et ceux-ci, comptant sur l'appui de leur souverain, insultaient les premiers. Toutefois Charlemagne paraît avoir été *picciniste* par anticipation : il imposa silence à ses chantres, en leur demandant qu'elle était l'eau la plus pure et la meilleure, de celle qu'on prend à la source vive d'une fontaine ou de celle des rigoles qui n'en découlent que de très-loin? Les Français répondirent avec plus de connaissance des propriétés de l'eau qu'il n'appartenait à des musiciens; et Charles les renvoya, d'après leur propre aveu, à la fontaine de Saint-Grégoire. Il obtint du pape Adrien deux chantres fort savans et instruits par Grégoire lui-même; et ce pontife lui donna aussi des antiphoniers de saint Grégoire, qu'il avait notés lui-même en note romaine. L'un de ces chantres fut établi à Metz, l'autre à Soissons, pour enseigner aux Français les perfectionnemens introduits dans le chant. (Voyez Rousseau, *Dict. de Mus.*)

En 1818, nous entendîmes chanter une cantate qui avait été couronnée à l'Institut, et qui fut extrêmement applaudie par l'auditoire académique. Mais le jugement de Midas paraîtrait juste, comparé à cette décision en faveur d'une *criaillerie* assez semblable aux cris d'Isis appelant son époux Osiris, lesquels (suivant la fable) firent mourir de frayeur le fils du roi. Maintenant la *triste psalmodie* de Mondonville, de Lulli, de Rameau, est à peine plus opposée au goût du public que les œuvres élaborées de Gluck, auquel cependant la musique française doit tant; et le style de chant que l'ancien Opéra encourageait ou plutôt obligeait à conserver, ne sera bientôt plus connu que par les sarcasmes des connaisseurs modernes et des auteurs romantiques.

Le premier choc, donné à la foi établie parmi les musiciens français, date de la moitié du dernier siècle, quand une troupe de bouffes italiens vint à Paris. « Personne, dit Rousseau, n'aurait pu endurer le chant traînant de l'école française après avoir entendu l'accentuation vive et marquée de la musique italienne. » Le romantisme musical fut encore aidé dans ses progrès par le génie et l'éducation italienne de Grétry; et son application des mélodies italiennes et des paroles françaises fait époque dans l'histoire de l'art. Le triomphe des piccinistes sur les gluckistes, suivi de l'admiration de Napoléon pour Paesiello et Cimarosa, et la popularité méritée de Mozart, plus grand qu'eux tous, contribuèrent à perfectionner le style des compositeurs français : mais ils ne pouvaient, ils ne devaient pas plus fixer la langue de la musique, que Pascal, Boileau et Racine ne devaient fixer celle de la prose et de la poésie. Ils ont été les romantiques de leurs temps, ses novateurs, ses réformateurs. Dans le nôtre ils sont classiques, révérés pour avoir répandu la lumière du génie sur leur art divin : ils sont encore entendus avec délices et appréciés par le jugement sain de tous ceux qui se mettent au dessus des préjugés de sectes (car la musique a aussi ses cagots); mais on ne les considère plus comme des modèles infaillibles. On ne juge plus d'après eux tous les autres auteurs qui, avec autant de génie et plus de connaissance des ressources de l'art, ont découvert des sources de sensations plus vives, de plaisirs plus enivrans.

On voit combien l'illustre Mozart a pressé les progrès de la musique, et quel intervalle son précoce génie a franchi au dessus des règles prescrites, par une lettre fort curieuse de Gluck, où il parle d'un jeune écervelé qui met dans un seul duo assez de mélodie pour suffire à un opéra tout entier. C'est là l'histoire de la musique moderne depuis Piccini jusqu'à Rossini, dont les compositions ont appris aux Français le secret indiqué par Rousseau. Il leur a fait sentir que, pour satisfaire leur active sensibilité, leur vive organisation, il leur fallait l'accent marqué, le coulant *cantabile* de l'école italienne; si le mot italien est admissible, quand toutes les nations, depuis le flegmatique Allemand et le sifflant Anglais jusqu'à l'habitant de la terre des Sirènes, n'ont qu'une même musique, une même école.

Parmi tous les compositeurs français dont je connais les ouvrages, Auber me paraît avoir le plus parfaitement rejeté la manière de l'ancienne école, et pris le genre de la mélodie italienne. La musique de son opéra de *Masaniello*[1] a plus

---

[1] L'histoire de Masaniello est un sujet inspirateur. L'épisode qu'elle m'a fournie dans mon *Salvator Rosa* (en partie esquissée pendant que le Vésuve lançait ses feux en face de moi) a été écrite sous l'influence d'une forte excitation. Jamais je n'ai composé aucun ouvrage avec autant de plaisir. La gravure du *Catilina* de Salvator, que Denon m'avait envoyée, fit sur moi une impression dont je ne me serais pas crue susceptible pour une chose dépourvue de tout intérêt personnel. A présent encore ce sujet me fait tomber dans

d'effet sur les sens et l'imagination qu'aucune de celles que j'aie jamais entendues. Elle est complètement à la hauteur du sujet, et rend toute son expression morale et locale, le brillant du climat, le coloris du site, le caractère, les passions du peuple : elle fait revivre l'histoire et la scène, avec la fraîcheur, la vigueur de la réalité absolue. Pour bien juger ce délicieux ouvrage, il faut avoir vécu à Naples, il faut avoir entendu les mélodies napolitaines, jouées et chantées par cette population fantastique, dans les campagnes fleuries, l'air embaumé de sa terre pittoresque, avec ses brillans clairs de lune, ses soleils éblouissans, son volcan, ses ruines, sa misère et sa dégradation ! Je dois ajouter que le *Masaniello* d'Auber, joué à Paris, n'est point le *Masaniello* de Londres.

A notre premier voyage à Paris, les compositeurs alors en vogue, et méritant bien de l'être, étaient Paër, Mayer, Mehul, Lesueur et Boïeldieu, tous, hommes de génie, tous plus ou moins, de l'école italienne, mais de cette classe qui produisait de *la musique assoupissante,* comme

un *égotisme** auquel la critique pourrait au moins sourire.

* Lady Morgan fait allusion à la distinction qu'elle a faite dans son *Livre du Boudoir*, entre l'*égotisme* et l'égoïsme. (*N. d. T.*)

je l'ai ouï dire à Cherubini, en causant avec lui des opinions et de l'influence de Bonaparte sur son art. Même l'Agnese et la Griselda de Paër, avec toute leur beauté et leur sensibilité, ne sont pas exemptes de cette faute ; et la douceur de Paësiello (en dépit de sa divine Nina Pazza et des beautés plus sévères d'Elfrida) manque de puissance existante. Napoléon se plaignait des accompagnemens bruyans qui commençaient de son temps à être en vogue, sous la sanction de Mozart ; et il provoqua cette réponse hardie de Cherubini, qui lui dit que sans doute il fallait à l'empereur de la musique endormante qui le laissât libre de méditer sur les affaires d'état.

Mozart, qui n'était pas aussi estimé en Italie qu'à Londres et à Paris, avait trop de force pour ses contemporains italiens. Le caractère de son génie élevé et original, qui fut la cause de sa popularité dans ces villes, retarda pendant un certain temps ses succès à Rome et à Naples. Mais la vieille école et sa manière étaient usées ; il fallait quelque chose de plus pour satisfaire les sentimens d'une génération d'Italiens révolutionnaires, quand Rossini parut.

Rossini était plus propre à charmer les Français qu'aucun autre de ses prédécesseurs. Le

Don Juan avait donné aux oreilles françaises l'éducation nécessaire pour apprécier et goûter le *Barbier* et *Tancrède;* cependant il se passa long-temps avant que les compositions de Rossini fussent entendues avec assez de faveur pour en risquer la représentation publique. Ce fut, je pense, le *Tancrède* qui plaça d'abord son auteur au rang qu'il occupe maintenant en France [1], où il règne sans partage et presque sans envie; car l'opinion publique fortement prononcée est une sauvegarde sûre contre l'envie. *Tancrède* a été composé à Venise, et le jeune compositeur était si timide qu'au lieu de tenir le piano comme il le devait, il se cacha dans un passage obscur de l'orchestre, où son oreille inquiète fut bientôt frappée par des éclats

---

[1] « Le *Barbier* ne fut pas d'abord très-bien reçu. On se souviendra long-temps des cris, de la rumeur, qu'excita cette pièce à son apparition. Quel concert de critiques amères et passionnées dans les journaux, dans les cafés, dans les salons! C'était un ouvrage ridicule, et auquel on refusait à la fois tout ce qu'on est en droit d'exiger d'une œuvre musicale, etc. » (*Histoire du Romantisme.*)

La préférence donnée par les critiques au *Barbier* de Paësiello induisit le directeur de l'Opéra à donner alternativement les deux pièces, et la comparaison décida le public en faveur de Rossini.

d'applaudissemens enthousiastes tels que jamais les mûrs du thâtre de Venise n'en avaient entendus. Ce fut pendant le brillant allegro de l'ouverture que Rossini, au milieu des bravos des spectateurs, sortit de sa cachette et se glissa sur le siége qui l'attendait devant le piano.

Toute l'Europe s'empressa de rendre justice à cette superbe explosion de génie; mais ce ne fut que bien plus tard que le *Tancrède* fut donné avec un éclat digne de son mérite. Malgré tout son génie, Rossini doit à madame Pasta la représentation de cet opéra à Paris, où il fit un effet qu'il n'avait point produit à Naples, à Rome et à Milan.

En commençant sa noble carrière, Rossini, de même que la plupart des hommes transcendans, eut beaucoup d'obstacles à vaincre. Quand nous vînmes en France pour la première fois, on y connaissait à peine son nom[1]. A mon retour à Paris en 1818, la princesse Walkonska donnait des représentations d'opéras italiens sur un théâtre et par une troupe d'amateurs, dont

---

[1] « Le *Barbiere di Siviglia* a fait connaître Rossini à Paris neuf petites années après que ce compositeur faisait les délices de l'Italie et d'une grande partie de l'Allemagne. Le *Tancredi* avait paru à Vienne immédiatement après le congrès. » (*Vie de Rossini.*)

elle était la *prima donna*. Nous fûmes invités à l'un de ces spectacles : on donna l'*Italiana in Algeri;* mais personne ne connaissait la pièce. Aux premières phrases de l'ouverture, l'auditoire offrit des symptômes de surprise plutôt que d'admiration. La musique avait un *brio*, une vive gaîté à laquelle même le *Don Juan* n'avait point préparé; à laquelle Paër et Cherubini n'avaient pas encore accoutumé les organes. Maintenant je m'étonne de n'avoir pas moi-même éprouvé plus d'émotion; mais les choses tout-à-fait nouvelles causent peut-être au premier moment un choc peu agréable. Toutefois nous fûmes assez frappés de cette musique pour nous informer du nom de l'auteur; et personne ne put nous le dire dans notre loge, car il n'était pas sur la liste des *maestri* célèbres en France. Quelqu'un de la loge voisine nous dit que la pièce était d'un jeune compositeur du théâtre Mosé à Venise, nommé Rossini.

Un opéra italien nouveau, joué par des amateurs et des amateurs étrangers, étrangers du nord, ne se présentait pas dans les circonstances les plus favorables; cependant l'exécution fut surprenante en tous sens. La princesse joua le rôle de la coquette héroïne Isabelle, et chanta et joua si bien, qu'un amateur irlandais de notre compagnie[1] détournait sans cesse mon attention en me disant : *Est-ce réellement une princesse, lady Morgan?* L'air de *Cruda sorte, amor tiranno*, fut le premier que les spectateurs parurent sentir, parce qu'il rappelait les *assoupissantes mélodies* de la vieille école; et le duo *Ai capricci*[2], et ce chef-d'œuvre le quintetto *Vi presento di mia mano*, éveillèrent une explosion d'émotions et d'applaudissemens. Cependant l'impression générale ne promettait pas cette puissance que Rossini a depuis exercée sur la sensibilité des Français; et quand cet opéra fut joué à Louvois, il fut si mal compris et des exécutans et des auditeurs, que, quoique très-éloigné d'une chute, il n'eut pas un succès égal à celui qui l'avait rendu populaire en Italie, et avait placé son auteur au premier rang parmi les compositeurs de ce pays.

Même à cette époque (1818), la révolution dans l'art musical en France devait avoir fait déjà de bien rapides progrès ; mais ils n'étaient nullement apparens à l'Académie royale de musique,

---

[1] Feu le major Kelly, un enfant de la lyre, bien connu autrefois dans des cercles élégans, qui, comme lui, sont maintenant passés.

[2] Non le trio du même nom dans *Ricciardo e Zoraide*.

qui, en sa qualité d'établissement du gouvernement, devait être le soutien de toute chose établie. Le petit nombre des amateurs décidés de la musique italienne, se contentait de fuir les *criailleries* de l'opéra national, et se consolait avec la troupe italienne quand il s'en trouvait une bonne à Paris. A présent l'innovation a gagné sa cause, même à la source première de la légitimité musicale; et l'école de Rossini, les productions de Rossini ont triomphé de toute opposition.

La première occasion que nous eûmes de juger de ce changement fut quand nous vîmes représenter à l'opéra *le Comte Ory* du *gran maestro*, qui était alors la pièce courue. Notre visite à ce théâtre ce jour-là était accidentelle; une amie nous avait envoyé sa loge comme nous sortions de table, et nous nous y plaçâmes sans nous être informés du spectacle que nous aurions. *Le comte Ory*, quoique très-loin des pièces de Rossini les plus frappantes, est encore fortement marqué au coin de son auteur. Le mouvement, la vie, dominent partout, dans ce riche assemblage de pièces concertantes, plein de chants, d'une exécution rapide et difficile.

Mais si l'art est changé en France, les artistes ne le sont pas moins. Les tons graves de Derivis, les éclats de voix perçans de madame Branchu, ne font plus résonner les échos de l'opéra; et le gosier tonnant de Laïs a cessé de rugir.

Mademoiselle Cinti, avec sa voix flexible, son style italien pur, ne rappelle l'opéra français que par les paroles de ses rôles; et Nourrit le fils, dans le *Comte*, comparé à son père dans *OEdipe*, est le romantisme opposé au classicisme dans toute sa rigueur. Toutefois en écrivant pour la scène française, Rossini, comme tout novateur sage, a conservé quelque chose de l'ancienne école, pour se concilier ses auditeurs et éviter le choc pénible d'un total et brusque changement. L'air de *Venez, amis*, bien que rempli de la vive gaîté de Rossini et accompagné de la *coda* accoutumée du style italien, a une *tournure* quelque peu française; le quatuor des buveurs est aussi d'un goût d'harmonie plus français qu'italien.

Le premier grand ballet que j'ai vu en France (1816) était *Flore et Zéphire* de Didelot, bien plus poëte que Delille ou le gentil Bernard. Gardel, l'ancien maître des ballets, était alors le Boileau de la pantomime. La charmante Fanni Bias, la Flore de la soirée, avait atteint, dans l'art qu'elle professait, une supériorité dont elle jouissait pleinement. Noblet débutait aussi fraîche que la fleur qu'elle représentait [1]; et l'inspirée Bigotini était au centre de sa renommée. Où sont maintenant toutes ces prêtresses des grâces et des plaisirs? La Flore de 1816 a disparu; Fanni Bias est morte; et Nina Bigotini, dont la folie touchante avait tourné plus d'une tête, est bien pis :... elle est entre deux âges! Presque toutes leurs aimables compagnes ont perdu leurs charmes ou n'existent plus.

Ces réflexions ne nous disposaient pas à prendre un vif plaisir au ballet, qui se trouvait d'ailleurs tellement insignifiant que j'en ai oublié le nom. J'aurais prédit alors la décadence de cet art, qui donna jadis à la France sur toute l'Europe une supériorité si frivole [2], sans le soudain éclat de lumière que vint jeter sur les ténèbres de la scène languissante, l'apparition brillante de mademoiselle Taglioni! Ce ne fut qu'une apparition; mais tant qu'elle dura, l'admiration empêchait de respirer. La spirituelle madame Gay, et sa belle et non moins spirituelle fille venaient d'entrer dans notre loge, et me demandaient ce

---

[1] La violette.

[2] Je crois que le Français est à présent un peuple moins dansant qu'il ne l'a été, et que l'art de la danse est chez lui sur son déclin.

que je pensais de cette danse; je répondis : *Elle est pleine de naïveté.*

C'est le mot propre, dit madame Gay; et, avec la sanction de son jugement, je persiste dans le mien.

La dernière pièce que j'avais vu jouer à l'opéra-comique, en 1818, était *le petit Chaperon rouge*. On l'appelait sur les affiches du temps opéra-féerie; mais c'est un opéra français *avant tout*, et c'est là son plus grand charme. La *gentillesse* villageoise du rôle principal, les décorations, la musique, avaient les traits caractéristiques les plus aimables de ce pays essentiellement animé. La pièce était de plus un pas vers le romantisme; la scène avait lieu en Vivarais; le temps était celui de Henri Ier, et l'incident principal parfaitement conforme aux idées reçues des *loups-garous*, celui qui dévora *le Chaperon rouge* étant évidemment un d'entre eux.

La suave harmonie de Boïeldieu,

> Les accords de ce luth tutélaire
> Dont tout Paris fut enchanté,

résonnaient encore à mon oreille quand j'atteignis les Alpes; et le trio de *Rose d'amour est jeune et sage*, et la ronde toute française de *Gentille Annette*, étaient fredonnés partout, de l'opéra-comique de Paris à celui de Turin, où nous arrivâmes à temps pour voir la délicieuse *Marcolini*. En ce moment même où Rossini commence à prendre sur nos jugemens concernant la musique, l'influence qu'il a sur ceux du reste du monde européen, nous conservons et conserverons toujours la plus haute admiration pour le talent de Boïeldieu. Combien madame Gavaudan paraissait charmante dans *Rose d'amour!* naturelle, enjouée, originale! Martin était le chanteur le plus expressif et l'un des meilleurs acteurs de son temps. Ils ont tous deux fait leurs adieux à la scène qu'ils ont embellie; et sur cette autre scène où nous sommes tous acteurs, bien peu pourront se vanter d'avoir joué leurs rôles avec autant de perfection qu'ils ont joué les leurs.

A notre retour à Paris en 1829, *les Deux Nuits*, le dernier ouvrage de Boïeldieu, jouissait d'une grande vogue et remplissait la salle de Feydeau, à l'aide du talent éminent de Cholet et de la gentillesse de madame Pradher. Nous retournions à ce théâtre, pleins des préventions les plus favorables sur le génie du compositeur qui avait fait nos délices dix ans auparavant; mais, soit que Boïeldieu ou bien nous-mêmes nous trouvions avoir dix ans de plus que dans l'âge d'or du *Chaperon*, il nous sembla que la musique des *Deux Nuits* manquait de cette fraîcheur, de cette *nationalité* qui charmaient dans l'*opéra-féerie* : c'était infiniment moins français et plus scientifique, sans en être plus italien. La scène est en Irlande, et les allusions aux bardes et aux montagnes abondent avec des décorations correspondantes. Le *libretto* était composé par l'hydra-muse de Scribe et celle de M. Bouilly, l'écrivain des enfans et mon ancienne connaissance de 1818. Les noms des personnages donnent l'idée des progrès que les Français ont faits dans la nomenclature anglaise depuis le milord Boston de Rousseau. Jackman et Betty étaient supposés aussi caractéristiques que le Tom Butler et la Molly du théâtre Saint-Martin; mais nous ne vîmes point le *watchman*, pour l'absence duquel le *constable* ne faisait pas compensation. L'action principale de la pièce était toujours de boire du punch. Des lords, le fouet en main, paraissaient tantôt chantant, tantôt assis autour de bols, dans lesquels ce breuvage excitant jetait des flammes infernales (car le punch est servi en ignition, sans doute pour montrer la force et la pureté de l'alcool); et la plaisanterie d'enivrer le constable, qui vient renforcer le parti aristocratique de lord Fingar, donne le motif d'un finale [1]. Il est étrange que, tandis que les modes anglaises et les détails confortables de la vie anglaise pénètrent de tous côtés en France, tout ce qui concerne nos mœurs soit entièrement inconnu au public français. Les notions théâtrales de la société anglaise sont encore empruntées aux romans de madame Riccoboni et aux traductions des comédies de Wycherley, Farquhar et autres écrivains de leur école. On aurait peine à persuader au parterre parisien qu'un gentilhomme anglais ne boit pas de *punch*, quoique les Français de la même classe en boivent, et que cette liqueur, si en faveur chez les derniers, est proscrite par le *bon ton* anglais; enfin qu'il serait aussi singulier, aussi invraisemblable de montrer un lord Fingar ou un sir Acton, buvant après-dîner (et beaucoup plus encore avant dîner), que de représenter un Mathieu de Montmorency, un Alexis de Noailles, ivres à quelle heure que ce soit. Les auteurs

[1] L'association catholique figure aussi comme une bande de brigands dans cette pièce.
VICTOR. Des nouvelles effrayantes, si elles sont vraies.
LORD FINGAR. Qu'est-ce donc?
VICTOR. C'est l'association qui a encore fait des siennes. Il paraît que ces brigands, formant une troupe assez nombreuse, ont osé attaquer le château de Dombar.

dramatiques français sont à cet égard aussi ignorans que nous l'étions nous-mêmes des usages français pendant les trente ans de notre séparation du continent, quand on représentait toujours les Français sur nos théâtres comme des mangeurs de grenouilles; et quand l'auteur qui se serait avisé de dire devant un auditoire loyal de Drury-Lane ou de Covent-Garden, que les Françaises étaient aussi vertueuses et les Français aussi braves que les Anglais et les Anglaises, aurait été outrageusement sifflé, si les ciseaux de la censure n'avaient pas d'avance supprimé le passage, comme entaché de jacobinisme et d'athéisme.

Sur un poëme aussi plat, aussi pâle, aussi insignifiant, il était difficile de faire de la musique propre à soutenir une réputation. Le grand mérite de la musique de l'école moderne, dont Rossini est incontestablement le chef, est d'être dramatique, de conter l'histoire sans le secours des mots; et les auteurs des *Deux Nuits* ayant malheureusement pris un thème où il y a peu d'histoire à conter et aucune couleur naturelle à réfléchir, le compositeur était forcé de recourir aux ressources de pure science, qui charment d'autant moins qu'elles sont plus travaillées. Ce qu'on obtient par des *tours de force* ne peut exciter l'enthousiasme. Dans toute la pièce une seule mélodie fixa mon oreille et s'est gravée dans ma mémoire.

Pendant les deux derniers mois de notre séjour à Paris, on ne parlait de rien de nouveau dans le monde musical, sinon de l'opéra de *Guillaume Tell* de Rossini, que l'on attendait et sur lequel il travaillait plus qu'à son ordinaire. L'anecdote de l'*Aria di riso* ne pouvait lui être appliquée. Ayant été un matin chez le maestro, madame Rossini nous conduisit dans sa chambre à coucher, parce qu'il était occupé dans le salon à faire répéter quelques scènes de sa pièce nouvelle. Il avait travaillé fort tard dans la nuit, et quand il nous rejoignit, il paraissait épuisé de fatigue. Ce qu'on appelle inspiration est souvent une rude montée à franchir; et tout ce qu'on dit de la paresse de Rossini est non-seulement faux, mais impossible. Le tempérament des esprits du premier ordre peut en effet combiner une indolence momentanée avec son énergie habituelle, et le désir accidentel du repos avec l'ambition d'atteindre à l'excellence : mais le travail est le grand secret pour exceller réellement; et personne ne s'est fait une réputation durable et marquante, sans avoir possédé à un haut degré la capacité d'un travail persévérant.

Comme j'exprimais ma crainte d'être obligée de quitter Paris avant la représentation de *Guillaume Tell*, Rossini eut la bonté de nous promettre des billets pour la répétition qui devait avoir lieu le soir. Une telle répétition, sous la direction d'un tel compositeur, est une des choses les plus curieuses et les plus amusantes que l'on puisse concevoir. Chacun peut aller à une représentation publique pour son argent; mais le droit de jeter un coup d'œil derrière la toile ne peut être acheté, et vaut toutes les représentations publiques du monde.

En sortant de la brillante lumière d'un coucher de soleil de juin, nous entrâmes dans le palais non illuminé des sirènes, par des passages obscurs et souterrains, à travers un labyrinthe de décorations, de machines, de vieilles ruines, de châteaux dilapidés, de forêts dispersées et de montagnes renversées, et nous prîmes dans le vaste désert de la salle de l'Opéra nos places, sur le siége où la critique prononce ses arrêts, l'amphithéâtre. L'obscurité régnait autour de nous, interrompue seulement par le reflet de la rampe du théâtre. Les vêtemens blancs d'un grand nombre de femmes dans les loges, montraient que l'intérêt que l'on prenait au *gran maestro* l'emportait même sur les lois du bon ton, qui, à cette heure, exige que ses adeptes respirent l'air frais des *Champs-Elysées*. Quelques-uns des principaux *cognoscenti* de Paris étaient épars dans le parterre et le balcon; et l'immense théâtre était ouvert jusqu'à sa derrière extrémité. Une vue lointaine des Alpes, avec les torrens, les rochers, les ponts, la fraîcheur pittoresque des paysages suisses, contrastait avec les groupes qui couvraient la scène en habits de tous les jours : ces groupes comprenaient presque tout le corps dramatique chantant et dansant. Les dieux et les déesses de la scène magique, les zéphirs, les grâces, les amours étaient métamorphosés et humanisés en honnêtes et respectables messieurs et dames, vêtus modestement. A droite du théâtre, près de l'orchestre, était assis l'auteur de la pièce, le célèbre ermite de la Chaussée-d'Antin. Le directeur du théâtre, avec son livre d'ordre, était à côté de lui, et la tête du souffleur à demi enterré planait déjà sur les planches dans l'impatience de commencer son office. Cependant Rossini, un rouleau de papier à la main, et s'appuyant languissamment sur sa canne, tendait son visage inquiet vers l'orchestre, et de temps en temps indiquait du son de voix le plus doux et d'un ton suppliant, une faute qu'il hésitait à reprendre, soit quand le *caro violon-*

cello jouait trop *piano*, ou que le *signor mio flauto* allait trop fort, quand des passages faits pour être pleins de vie étaient rendus languissans, ou que le *con spirito* était substitué au *largo pianissimo*.

Quand le mot *attention* fut prononcé, des éclats de rire restèrent inachevés, d'intimes conversations furent interrompues; la *prima donna*, la jolie Cinti, se retira sur l'un des côtés de la scène; chacun prit son rang, et le premier compositeur du monde se plaça à gauche du théâtre et donna le signal pour commencer l'ouverture. Pendant l'exécution de la pièce les interruptions furent fréquentes et les passages défectueux répétés souvent plusieurs fois. Le génie de Rossini, ses idées d'inspiration montraient leur évidente supériorité sur les efforts mécaniques des premiers artistes du temps. En songeant à la somme de talens, de dispositions heureuses, d'étude, de travail, de privations, nécessaire pour que tant d'individus aient pu atteindre la perfection déployée dans ces détails infinis et d'une fastidieuse difficulté, l'on était péniblement affecté.

Le grand compositeur, les chanteurs distingués, les instrumentalistes éminens, de la scène et de l'orchestre, embrassaient des capacités diverses, des moyens puissans, tels que l'on en voit rarement déployés en des sujets bien plus importans pour le bonheur humain. Que de temps, que d'industrie, quels sacrifices de repos, de plaisir, souvent de jeunesse et de santé doivent avoir précédé ces succès! Comparé à l'une de ces personnes qui vivent par la culture de leurs facultés supérieures, qu'est-ce que l'auditoire qui vient les juger, les critiquer, imposer sur eux l'applaudissement ou la condamnation? Quand il s'agirait de sauver leur vie, combien peu parmi les spectateurs pourraient produire une note, exécuter un passage, danser un pas ou écrire une ligne d'un semblable opéra? Que l'on compare aussi le diplomate routinier chargé de représenter l'insignifiant despotisme de quelque souverain bien nul; ou le dandy qui lorgne une danseuse ou parle haut pendant les symphonies de Rossini, avec Rossini lui-même; ou bien le *gentil gentilhomme de la chambre*, avec l'un des membres du corps dramatique qu'il gouverne et qu'il considère comme composé d'êtres d'une espèce inférieure à la sienne : on verra de quel côté penchera la balance du mérite. Cependant ces créatures douées de talens qui les rendent la ressource principale des grands contre l'*ennui* ne sont pas jugées par plusieurs à présent, et n'étaient jugées par personne au bon vieux temps, dignes d'une sépulture chrétienne. On les mettait, en commun avec Molière et Voltaire, de pair avec les brutes, auxquelles on aurait cru sacrilége d'accorder un peu de poussière consacrée!

Le caractère de la musique de *Guillaume Tell*, si je puis me fier à un jugement formé avec les désavantages des interruptions fréquentes; ce caractère, dis-je, est la vigueur, la fraîcheur, la force; singuliers mérites dans le compositeur de quarante opéras. Les Français (qui ordinairement mettent le savoir à la place du génie, et l'harmonie à la place de la mélodie, dans leur musique), à faute d'autre reproche, accusaient Rossini d'être *trop léger, trop peu savant*, de compter plus sur la riche variété de ses chants que sur le laborieux et abstrait contre-point, à la manière des compositeurs français. Rossini a, dit-on, résolu de leur prouver combien il est facile d'être pédant, ou plutôt de leur prouver qu'il pouvait produire de l'effet par leurs propres moyens, aussi bien que par les charmes plus séduisans qui plaisent aux oreilles italiennes. La structure générale de ce bel opéra est plus française qu'italienne; et son caractère est grave, solennel, religieux. On n'y trouve pas de ces mélodies qui sont chantées dans les rues, comme *Di tanti palpiti*, ou estropiées en contredanses, comme *Cara per te quest'anima*, ni la sublime et belle musique de *Sémiramis*. Si Rossini avait débuté dans sa carrière dramatique par *Guillaume Tell*, il n'aurait pas obtenu la popularité immédiate, les succès brillans que le *Barbier* et le *Tancrède* ont eus dans tous les pays où le langage de la musique est entendu. Mais si la musique de *Guillaume Tell* est grave, elle n'est pas froide. Comme presque tous les ouvrages de Rossini, elle a le ton, la couleur de son sujet; et par ces analogies cachées, inappréciables, qui lient la musique à la nature dans tous ses aspects physiques ou moraux, elle rappelle sans cesse à l'esprit la scène et le sujet du drame. C'est de la musique alpine, qui respire les hautes régions qu'elle chante; exactement comme la musique de *Masaniello* est complètement napolitaine. C'est la musique de la liberté; si la liberté eut jamais des chants dignes d'elle; elle est caractérisée par les nobles inspirations de son thème : ce ne sont pas les tons qui pourraient exprimer les sentimens d'une jolie coquette italienne dans le harem d'Alger; ni les airs vifs, entraînans qui reflètent la bruyante et inextinguible gaieté de l'inconstant et infatigable *Figaro*. C'est une musique que Guillaume Tell aurait pu entendre ou rêver quand, en traversant le lac de Lucerne sous la garde de son rigide compagnon de voyage, il méditait la délivrance de son pays et la sienne, au milieu des fureurs de cet orage des Alpes qui favorisa l'une et l'autre [1]. En quoi consiste la couleur locale de la musique, sa propriété à l'expression des diverses passions de l'homme? C'est ce qui échappe à l'examen de la philosophie, ce qu'on ne pourrait trouver dans les livres les plus savans, les traités les plus approfondis, écrits par les faiseurs de systèmes. On ne peut définir ce que c'est; mais le sentiment en existe au fond de l'âme du compositeur de génie; c'est en lui un instinct indépendant de la raison. Le compositeur mécanique ne connaît point ce secret, l'imitateur ne peut le retrouver; mais quand il se manifeste par de naïves inspirations, les ap-

---

[1] « Le gouverneur (Gesler) le fit arrêter sur-le-champ; mais, craignant que ses amis ne vinssent l'enlever, il prit le parti de l'éloigner, au mépris des priviléges du canton, et de lui faire traverser le lac de Lucerne, en s'embarquant avec lui pour plus de sûreté. Pendant la traversée, un violent orage s'éleva; et Gesler, qui savait que Tell était un excellent marinier, fit détacher ses fers pour lui confier la conduite de la barque. Tell, profitant de la circonstance, la dirigea vers un rocher sur lequel il s'élança, et réussit à se sauver. » (*Vie de Guillaume Tell.*)

plaudissemens de la multitude, de tous ceux qui sont incapables d'expliquer les causes de leur plaisir, prouvent qu'il est reconnu et senti.

Si *Guillaume Tell* n'est pas l'ouvrage qui donne à Rossini les droits les plus éminens à l'excellence, il prouve du moins la souplesse de son talent. Etant écrit pour la scène française, il est moins propre à plaire en d'autres pays que les pièces qu'il a composées pour le genre humain entier : mais, comme tour de force, comme témoignage que son auteur connaît à fond les principes de son art et les sources dans lesquelles ont puisé les diverses écoles, il le place au premier rang dans sa profession, il le montre aussi admirable pour ses qualités acquises, ses études savantes, que pour les dons qu'il a reçus de la nature, son inspiration et son âme.

DINERS.

S'il existe une nation en ce monde où la société et tout ce qui fait son véritable charme sont complètement mal entendus, c'est l'Angleterre. Notre Irlande elle-même, si long-temps célèbre par ses vertus hospitalières, est au moins d'un siècle en arrière du continent pour la cordialité aussi bien que pour les grâces sociales. Les maisons où l'on donne à dîner en Irlande ont comme des comptes ouverts de *doit* et *avoir*; et quand le jour des échéances arrive, l'on rassemble les créanciers, sans égards à leurs qualités ni à leurs convenances mutuelles, en aussi grand nombre que la salle à manger ou les tables peuvent les contenir; en réservant toutefois quelques places pour un lord que le hasard pourra envoyer, ou l'une des *grandeurs* du gouvernement anglais ou du château irlandais, pièces aussi nécessaires pour un dîner de parade que les glaces et les aspics. La société, en pêle-mêle, ainsi composée d'après le livre rouge; un titre répondant à un titre d'égale dignité; et le vieux, le jeune, le sérieux, le profane appariés, non assortis; mangent, discourent, ou regardent la figure de leur vis-à-vis réfléchie dans le plateau, suivant ce que leur dictent l'appétit, la loquacité ou l'ennui. Ainsi les poulets tendres sont exactement payés en canards non moins tendres; les coûteuses asperges mangées en mars, sont rendues en petits pois plus chers encore au mois de mai; la dinde acquitte la dette contractée avec l'oie; et trois heures passées autour d'une longue table pendant un service non moins long, avec une conversation aussi froide que les viandes, aussi insipide que les salades (car la salade irlandaise est encore du moyen âge), constitue une quittance générale pour toutes les réclamations d'hospitalité. Les hôtes, ainsi déchargés du poids des obligations culinaires, « rendent grâce au » ciel à la fin de leurs travaux; » et les conviés, en échappant à la contrainte, à la réserve, à la chaleur étouffante, à la gêne d'une société mal assortie, vont reprendre des forces pour répéter le jour suivant le même exercice dans la même compagnie, avec la même conversation[1].

En France ces dîners d'obligation sont inconnus, excepté dans les banquets ministériels qui sont à Paris ce qu'ils sont à Londres, à Vienne et partout. Les dîners en France ont deux objets : le plaisir de la société ou ceux de la table; la plus parfaite jouissance intellectuelle, ou une sensualité raffinée et savante. Ces dîners sont tels que Saint-Évremont aurait pu les commander pour sa belle épicurienne la duchesse de Mazarin, ou tels que Molière en donnait à sa maison de campagne à Racine et à Boileau. J'ai vu dans la même semaine deux dîners qui, chacun dans l'une de ces manières, étaient parfaits, et qu'aucun pays, hors la France, ne pouvait offrir : car l'un était donné par le comte de Ségur, l'autre était apprêté par Carême.

Comme nous venions de souhaiter le bonsoir au plus vénérable des pairs de France, au plus aimable des ex-ambassadeurs, et que nous sor-

---

[1] Il est juste de dire que cet état de société disparaît tous les jours, à mesure que les idées libérales se propagent.

tions de sa *prima sera*, il courut après nous et nous pria de venir manger un morceau le lendemain avec lui à cinq heures.

— Avec plaisir, fut notre réponse simultanée; et, sans plus de cérémonie, nous nous fîmes conduire le lendemain rue Duphot, où, cinq minutes après notre arrivée, nous nous assîmes avec cinq autres convives et notre hôte, formant en tout neuf, autour d'une table ronde, servie comme les tables rondes ne sont servies qu'à Paris.

Quels noms! quelle conversation! que de piquantes anecdotes! que de traits dignes de l'histoire! La conversation tomba sur le célèbre voyage de Catherine en Crimée, dans lequel elle fut accompagnée par Joseph II, le prince de Ligne, le prince de Nassau et M. de Ségur. L'impératrice voulut que la plus parfaite égalité régnât entre les parties : *Mais la majesté tutoyante et tutoyée avait malgré cela toujours l'air de l'autocratrice de toutes les Russies.*

Tout cela était frais dans la mémoire de M. de Ségur, comme s'il fût sorti depuis un instant de la galère impériale, ou qu'il voguât encore sur le Boristhène, suivi d'une douzaine de musiciens, et accompagné d'une garde de trois mille hommes. Ses souvenirs, agréablement provoqués par

M. de Grammont, nous firent participer nous-mêmes à son voyage. Il se rappelait parfaitement le temps et le lieu de la Tauride où l'impératrice lui adressa cette question toute royale : « Comment fait-on les vers?... » Mais il ne put se rappeller l'impromptu que sa plume facile produisit en cette occasion et que le prince de Ligne trouva si charmant[1]. Il nous parla de ce prince comme d'un ancien et cher ami, dont les défauts n'étaient que l'excès de ses bonnes qualités.

— Il a dit la même chose de vous[2], lui dis-je.

— Oui, continua M. de Ségur, il était trop indulgent pour tous ses amis. Son heureux caractère, son heureuse position lui faisaient voir toutes choses à travers des lunettes *couleur de roses;* et il plaisait si généralement à tous, et chacun lui plaisait si facilement, qu'il finissait

---

[1] « L'impératrice nous avait dit un jour : — Comment fait-on des vers ? Écrivez-moi cela, Monsieur le comte de Ségur. — Il en écrivit les règles avec des exemples charmans ; et la voilà qui travaille. » (*Lettres du prince de Ligne*, vol. III, p. 97.)

[2] « Si celui à côté de qui je suis logé s'égare jamais, ce sera par de bons motifs, et lui seul méritera de l'indulgence. Ce cher Ségur n'est séparé de moi, dans cette galère, que par une cloison. » (*Ibid.*, vol. III, p. 76.)

par confondre les qualités les plus disparates. Il louait tout le monde; et s'il fut sincère, du moins a-t-il dû quelquefois se tromper dans ses jugemens. Souvent il ne faisait aucune différence entre l'esprit et la prétention, le mérite et la nullité; parce qu'il avait l'habitude d'admirer et le besoin d'être admiré. De plus, à l'époque où je l'ai connu en 1786, il était plus jeune peut-être que son âge, et cela lui donnait quelque chose de léger, d'étourdi, qui nuisait un peu à la considération que ses talens réels et son étonnante connaissance des hommes devaient naturellement obtenir. Toutefois il était charmant. L'impératrice jouait avec lui comme avec un enfant; et l'adoration qu'il exprimait pour elle était parfaitement sincère. La manière dont il a rendu les conversations de cette princesse et celles de l'empereur d'Autriche pendant notre intéressant voyage est parfaite; ce sont quelquefois *les propres mots*; et c'est ce qui fait le charme de ses lettres. Avec tout leur esprit et toute leur affectation d'esprit, le vrai en fait le fond; et sans le vrai on n'a jamais écrit rien de bon.

Ce fut à propos de ces spirituels despotes que nous vînmes à entamer le chapitre d'un autre despote qui n'était pas moins aimable dans sa façon, quand il lui plaisait de l'être. M. de Ségur disait en parlant de lui : — « Il y avait parfois une bonhomie, une naïveté dans les manières de Napoléon, qui étaient vraiment séduisantes ; et jamais ces qualités ne se déployaient mieux que quand il était entouré de gens à talent, d'artistes, d'hommes de lettres, etc. Sa pétulance même était souvent très-amusante, quoique, en certains momens, tout-à-fait insupportable. Un jour, au conseil privé, son frère Joseph paraissait déterminé à le contrarier sur tout ce qu'il proposait. Bonaparte réprima pendant quelques instans sa mauvaise humeur avec la plus impériale magnanimité ; mais, à la fin, il se laissa entraîner à l'un de ses accès de colère plébéienne, qui n'étaient rien moins que plaisans pour ceux sur lesquels ils tombaient, bien qu'ils le fussent pour les assistans à un degré qui rendait fort difficile de garder son sérieux. *Vous vous croyez le roi Pharamond, ici monsieur ?* dit-il en se tournant tout en furie contre Joseph ; puis après toutes sortes d'amers reproches, il ajouta : — « Mais votre opposition à toutes mes mesures s'explique facilement ; je sais que vous vivez avec le factieux, l'intrigant Lafayette ; que vous vous laissez gouverner par ses principes. » — La réponse de Ségur lui-même à cette observation, que ses amis l'ont engagé à nous conter, était pleine de la plus noble franchise, et prouva que Napoléon n'était pas aussi inaccessible au langage de la vérité qu'on a voulu le représenter, ni aussi insensible au mérite des hommes qui sentaient assez leur propre dignité pour oser la dire. Quand il entendit cette tirade contre son ami, Ségur se leva et, d'une voix aussi élevée que celle de Napoléon, il s'écria : — Sire! Son emphatique exclamation arrêta tout court l'empereur, qui, mesurant le comte de la tête aux pieds, lui dit avec une froideur plus effrayante que la colère : Eh! quoi, Monsieur? — Sire, dit Ségur, Votre Majesté est dans l'erreur. Lafayette est l'homme le plus honnête, le plus conséquent de l'empire; le plus pur des patriotes, le plus loyal des citoyens. Il est fidèle aux principes dans lesquels il a commencé sa vie; il y sera fidèle jusqu'à la mort. Mais il n'est ni factieux ni intrigant : il est passif. Il vit entièrement retiré des affaires publiques, occupé de l'exploitation de ses terres et de l'éducation d'une famille de trois générations. Ceux qui vous ont représenté Lafayette comme un intrigant ont trompé Votre Majesté : il ne le fut jamais.

Napoléon fixa son œil scrutateur sur celui qui lui parlait de la sorte, puis rentrant tout à coup en lui-même, il dit froidement, mais avec calme:

— C'est bien, M. le comte, c'est très-bien, Lafayette est votre vieil ami, votre neveu. Vous avez bien fait, M. de Ségur. *Allons!* Et, se tournant vers la table, il reprit les affaires du jour sur un ton différent.

— Quelquefois, continua notre aimable narrateur, le caractère de Napoléon était tout-à-fait intraitable; d'autres fois on pouvait le conduire comme un enfant docile. La difficulté était de savoir la manière de le prendre. Un jour il parlait avec beaucoup d'aigreur d'une personne pour laquelle j'intercédais. Je le vis se monter à l'emportement, et je coupai court à la conversation en disant : Je renouvellerai mes instances à ce sujet à Votre Majesté une autre fois. Ce n'est pas le moment de vous fatiguer de raisonnemens. Je crains que vous ne vous trouviez pas bien aujourd'hui. On dirait que vous souffrez de l'un de vos accès de bile. Bonaparte parut d'abord sérieux; puis souriant et hochant la tête d'un air de bonne humeur, il dit : — *Eh bien! oui, c'est cette bile! Cependant sans cette maudite bile on ne gagne point de grandes batailles.* — Je crois, ajouta M. de Ségur, que mon fils a cité ce trait dans son ouvrage sur la campagne de Russie. »

Nous vînmes à parler du style, divers sujets nous ayant amenés, je ne sais comment, à celui-là. Je crois que ce fut mon mari qui dit que la littérature, prise dans son acception la plus élevée, ne devait adopter aucun style spécial, c'est-à-dire ne devait reconnaître aucun style comme modèle général. Les affectations dans ce genre passent très-vite, soit qu'elles appartiennent à Johnson, Gibbon ou Thomas, dont le style était nommé par Voltaire galithomas. Les restes de ce style à prétentions se retrouvent dans les premiers ouvrages de madame de Staël, son *Essai sur le caractère et les écrits de Rousseau*, et son livre sur les passions.

— Son style de conversation, dit le comte, était supérieur à celui de ses livres. Son éloquence en dialogue était merveilleuse. C'est ce qu'elle savait fort bien; et sur ce point, de même que sur tous ceux qui touchaient à sa réputation de femme de génie, elle aimait à enlever tous les suffrages. Un jour elle me dit avec sa franchise ingénue : « Dites-moi, comte, lequel vous admirez le plus de mes ouvrages ou de ma conversation. » Je répliquai : « Votre conversation, Madame, parce qu'elle ne vous laisse pas le temps de devenir obscure. »

Je pense que ce fut M. d'Aguesseau qui dit alors en riant à son grand-père (et ce n'est pas une descendance ordinaire que d'être en même temps arrière-petit-fils du chancelier d'Aguesseau et petit-fils du comte de Ségur) : — *On dit que madame de Staël avait un peu de dépit contre vous, parce que,* disait-elle, *vous suiviez le char de Napoléon.*

—*Cependant c'était une femme dont la France doit s'honorer et que ses amis regretteront à jamais.*

Nous étions encore au milieu de notre café et de nos anecdotes, quand les habitués de la soirée arrivèrent; car M. de Ségur reçoit tous les soirs.

C'étaient des membres des deux chambres, des généraux de l'ancienne armée, des auteurs d'une célébrité européenne, et des personnes d'un intérêt historique de tous les temps. Nous parlâmes des différens effets du temps sur les gens qui n'ont jamais été jeunes, et sur ceux qui ne pourront jamais devenir vieux. Je citai l'exemple de Lafayette, qui a soixante-et-treize ans, et que j'avais rencontré, quelques jours avant, à un bal au château de Brunoy, à trois lieues de Paris, où il était le complaisant chaperon de ses vives petites-filles. Il me conduisit à ma voiture à deux heures du matin, et je lui demandai s'il ne comptait pas retourner à Paris. Il répondit en riant: « Je vous suivrai tout à l'heure, et je vous verrai demain matin, c'est-à-dire aujour d'hui, d'aussi bonne heure que je le pourrai. »

A ma grande surprise je reçus un billet de lui à dix heures du matin, par lequel il m'anonçait sa visite pour deux heures. Il arriva en effet avec sa ponctualité accoutumée, après avoir reçu une foule de gens; et il resta chez moi jusqu'à quatre heures, qu'il me quitta pour se rendre à un dîner que lui donnaient les jeunes Vendéens, maintenant rangés pami les libéraux les plus enthousiastes de France [1]. Pendant les deux heures qu'il passa avec nous, en réponse à deux ou trois questions importantes que lui fit mon mari, il entra dans des détails du plus haut intérêt, avec une clarté, une précision telles qu'on aurait pu les imprimer dans les propres paroles dont il se servit pour les exprimer, en bon anglais, qu'il parle toujours de préférence avec nous et avec les Américains, et qu'il parle sans faute et sans accent étranger. Le soir nous le trouvâmes chez M. de Tracy, aussi

[1] Les compatriotes de La Rochejaquelein donnant un dîner à Lafayette offrent un des changemens les plus extraordinaires de la France moderne. Le parti libéral vendéen a son dîner annuel; les Bas-Bretons ont aussi le leur. Quelle différence entre ces derniers du temps actuel et ceux du temps de madame de Sévigné, qui prenaient la gabelle pour une cérémonie religieuse!

frais, aussi gai que s'il n'était pas resté si avant dans la nuit au bal, dont la veille prolongée nous avait complètement fatiguées, ma jeune compagne et moi, quoique nous soyons l'une et l'autre assez accoutumées à ces sortes d'exercices.

— Je reconnais bien là Lafayette, dit Ségur, c'est le seul homme de France dont les opinions et la santé n'ont subi aucune altération. Du moins, je les ai toujours vues les mêmes depuis son arrivée du logis paternel en Auvergne pour entrer au collége à Paris, à l'âge de seize ans [1].

Quelqu'un observa que les hommes du midi de la France étaient remarquables par l'énergie, l'activité, le courage. Ce qu'ils ont fait pour la royauté est bien connu; ce qu'ils ont fait pour la liberté n'est pas moins remarquable. Plusieurs des principaux moteurs de la révolution étaient méridionaux; Lafayette, Mirabeau, Syeies, Barras, Barrère et un grand nombre d'autres.

[1] Après avoir quitté M. de Ségur, je répétai le soir même cette observation à M. de Tracy, qui me dit : — Cela est vrai quant aux opinions, mais non sous l'autre rapport. Lafayette était si délicat dans son enfance qu'on ne croyait pas qu'il pût jamais atteindre l'âge d'homme. — Quel enchaînement d'importantes conséquences pour les deux mondes reposait sur le fil délié de la vie de cet enfant maladif!

Un doute sur l'âge de Lafayette s'étant élevé, M. de Ségur dit: — Mon neveu a tout juste un an de moins que moi, et un an de plus que le roi Charles X, qui lui rendit justice l'autre jour de la manière la plus noble. Une députation de la chambre s'était présentée au roi à propos de quelque loi, et le nom de Lafayette ayant été prononcé, il dit: *Dans notre jeunesse nous avons fait bien des parties ensemble; depuis j'ai toujours été fort opposé à ses opinions; mais c'est un honnête homme que le marquis de Lafayette, et je n'oublierai jamais qu'il a sauvé la vie à Louis XVI* [1].

---

[1] Un témoignage également honorable a été rendu aux vertus de Lafayette par un membre de l'ancien ordre privilégié, l'abbé de Montgaillard, dans son admirable *Histoire de France*.

« Combien citerait-on de ces hommes qui ont traversé la révolution sans dépasser les principes, sans avoir fléchi devant ce qu'on nomme la nécessité des circonstances! nécessité qui se renouvelle chaque jour pour les lâches et les ambitieux. On en découvre à peine quatre: Lafayette, Lanjuinais, La Rochefoucauld-Liancourt, Boissy-d'Anglas. Il faut ajouter qu'aucun de ces quatre personnages n'est reprochable aux yeux de la morale: on ne saurait leur attribuer une injustice préméditée, un attentat volontaire. En vain des écrivains, qui ne mirent jamais plus d'équité dans leurs allégations que le parti dont ils étaient l'organe ne mit de prudence et de raison dans ses démarches, essayèrent-ils de

« Il est de fait que le comte d'Artois et Lafayette allaient ensemble au manége; et la jeunesse et la gaieté de l'un et de l'autre les associaient souvent dans les parties de plaisirs d'une cour où la jeune noblesse partageait les amusemens des membres de la famille royale.

« D'autres anecdotes nous furent contées sur les bons sentimens et le bon goût du plus *accompli gentilhomme de France*; car il existe maintenant beaucoup moins d'aigreur personnelle contre les Bourbons parmi les libéraux. Les vues du parti libéral sont tournées sur les choses, non sur les personnes; sur les mesures, non sur les hommes. Ni Louis XVIII ni Charles X n'ont réalisé les espérances du parti de la contre-révolution, qui n'a pas recouvré ses priviléges féodaux, à qui l'on n'a point permis de piller le peuple en récompense de

rendre Lafayette odieux en l'accusant de plusieurs forfaits et de desseins régicides. Jamais ils n'établirent aucune preuve ; jamais ils ne présentèrent même des indices vraisemblables qui pussent le faire soupçonner d'actes criminels. Il s'était fait un système de rénovation qu'il croyait convenir à la France. Les paroles qu'il a prononcées à la tribune des députés dans les derniers jours annoncent qu'il n'a point altéré les idées principales de ce système. Honneur aux quatre qui n'ont point menti à leur conscience ! » (MONTGAILLARD, *Histoire de France*, tom. XI, p. 262.)

la désertion de leur pays : on ne voit donc plus rien de cet esprit d'hostilité qui se manifeste par les injures et les mortifications individuelles. Les plus dangereux ennemis des Bourbons sont, comme ils l'ont toujours été, sous la ligue, sous la fronde et pendant la révolution, les nobles et les jésuites; Henri IV n'a pas été leur seule victime, et Louis XVI ne sera probablement pas la dernière. Maintenant passons à un autre dîner.

« Enfin, Manette, voilà ce que c'était que madame de Sévigné et Vatel; ce sont ces gens-là qui ont honoré le siècle de Louis XIV. » (*Vatel, vaudeville.*)

N'est-il pas étrange que les noms de madame de Sévigné, et de Vatel, maître-d'hôtel du grand Condé, aillent à la postérité, inséparablement unis? N'est-il pas tout aussi étrange que leurs noms, par la partialité populaire, survivent à ceux de leurs plus illustres contemporains? La mort de Turenne et celle de Vatel, arrivées la même année, ont été contées par la même charmante narratrice, qui a rendu ces deux événemens dramatiques et historiques.

Après avoir lu le matin le savant ouvrage de M. Carême, chef de cuisine du baron Rothschild, et avoir mangé le soir un dîner de sa façon, j'observai très-naturellement que cet autre Vatel était digne d'une autre Sévigné; car sans doute Carême doit quelque jour, ainsi que la plupart de ses grands prédécesseurs, *mourir au champ d'honneur.* Il ne se jettera point sur son épée, comme Vatel, en apprenant que la marée n'arrive pas, puisque très-heureusement pour les *preux* de la cuisine, le temps et l'espace ne sont plus ce qu'ils étaient sous Louis XIV; mais la grande contention d'esprit, et les fatigues de corps qui accompagnent la philosophie pratique des fourneaux, ne peuvent manquer d'entraîner cette peine à laquelle les hommes supérieurs ne peuvent échapper. Les mêmes causes produisirent la maladie mortelle de Napoléon, entraînèrent Richelieu dans la tombe, et armèrent la main de plus d'un homme d'état moderne de cette lame, seul moyen de terminer des maux qu'une existence usée rend intolérables.

Aucun écrivain, aucun professeur pratique de la science culinaire, n'est entré plus profondément dans la critique de la cuisine que l'illustre Carême; personne n'a traité ce sujet avec autant de philosophie et d'expérience qu'il l'a

fait dans son très-savant et très-curieux ouvrage :
Le Maître-d'Hôtel français[1].

« Dans le discours préliminaire de mon premier ouvrage, dit-il, j'ai réfuté fortement ces livres ridicules qui font la honte de notre grande cuisine nationale; j'ai prouvé incontestablement que tous les livres écrits jusqu'à présent sur notre cuisine étaient médiocres et pleins d'erreurs. J'ai voulu venger la science, et je crois avoir réussi.

» Dans les trois parties que j'ai présentées aux amphitryons français et étrangers, j'ai donné une juste idée des difficultés qu'il faut vaincre pour devenir un praticien habile, et j'ai offert en même temps un ensemble raisonné de notre grande cuisine française, reconnue universelle; oui, universelle.

» Je considère l'ancienne cuisine comme appartenant à la fin du dix-huitième siècle; tandis que la moderne prend sa source au commencement de la révolution. Chez l'ancienne noblesse de France, tout se montrait avec grandeur. Les

---

[1] *Le Maître-d'Hôtel français*, ou Parallèle de la Cuisine ancienne et moderne, considérées sous le rapport de l'ordonnance des menus selon les quatre saisons; par M. Carême, de Paris, auteur du *Pâtissier royal* et du *Pâtissier pittoresque*, contenant un Traité des Menus à servir à Paris, à Saint-Pétersbourg et à Vienne.

bouches des maisons de France, de Condé, d'Orléans et de Soubise, étaient renommées par la bonne chère que l'on y faisait. Les contrôleurs de ces nobles maisons étaient des hommes d'un véritable mérite, à la fois grands cuisiniers et grands administrateurs. Les chefs sous leurs ordres en recevaient d'utiles leçons. Etc. »

M. Carême entre alors dans les causes de la splendeur de l'anciene cuisine, avec un esprit philosophique qui fait autant d'honneur à son courage moral qu'à sa profonde érudition. Son esquisse première se termine à la fin du dix-huitième siècle, et il commence la seconde par ce grand événement qui entraîna dans une ruine commune couronnes et casseroles, rois et cuisiniers, quand la majesté du trône ne se trouva plus assise où le duc de *** prétend qu'elle l'était le mieux, dans la cuisine. « La révolution arriva, continue-t-il, les nobles émigrèrent, et leurs fidèles cuisiniers suivirent leurs fortunes, ou furent dispersés. » Une seule maison conserva le feu sacré de la cuisine française. Les frères Robert (bien préférables, suivant moi, aux frères ignorantins) fondèrent en 1789 un restaurant qui contribua plus à ressusciter la science que tout ce qui a été fait, même par la restauration. L'art de la cuisine cependant profita grandement, dans le choc violent donné à toutes les vieilles institutions françaises et à la sagesse de nos ancêtres. La liberté de l'office devança la liberté de la presse, et, méprisant toute censure, risqua des innovations qu'aucune autre science n'eût osé risqué. Les *pièces de résistance* apparurent en même temps que la convention nationale; les pommes de terre furent apprêtées *au naturel* sous le règne de la terreur; et ce fut sous le directoire (dit Carême) que l'on commença à prendre du thé en France. Un congrès de ducs étrangers assista un jour à un dîner de *quarante-huit entrées* chez Talleyrand, sous le consulat; et le *ministère des relations extérieures* était alors, après la maison de Cambacérès (qui se soutint long-temps à travers les chances et les changemens du temps), la première maison dînante de France.

Rien ne m'était étranger de ce qui concernait les ouvrages et l'histoire de M. Carême. Je savais qu'il descendait de ce fameux chef de l'infaillible cuisine du Vatican qui, sous Léon X, reçut son brevet d'immortalité, à propos d'une *soupe maigre* qu'il inventa pour sa sainteté pendant un triste carême, d'où lui vint son nom de Jean du Carême. Je savais aussi que le brillant héritage de l'organisation de famille s'était manifesté dans la personne de M. Carême dès l'âge le plus tendre, par une sauce piquante qui porte encore son nom, et qui s'applique principalement aux dîners maigres. Après qu'il eut fait ses premières études sous l'un des célèbres rôtisseurs de son temps, il devint l'élève du renommé M. Richaut, *fameux saucier de la maison de Condé*, avec lequel (pour user de ses propres mots) il étudia le *travail des sauces*. Quand il se fut perfectionné dans cette importante branche de son art, il passa dans les classes de M. Asne, où il fut initié dans la *belle partie du froid*, le moins connu peut-être et le plus exquis des résultats de la gastronomie scientifique. Il dit également *qu'il en a fini* avec l'élégance moderne dans l'office de l'Élysée-Bourbon, sous Robert l'aîné.

Le disciple de tant de grands maîtres avait à peine reçu son diplôme et pris la robe de docteur, quand sa réputation devint européenne. Il fut recherché par tous les souverains du continent; mais, de même que le Titien, il refusa de royales et d'impériales invitations pour venir présider en des terres étrangères sur l'art qu'il exerçait avec tant de succès dans son pays. Il déclina, entre autres offres, celles de l'empereur de Russie; et bien que des sollicitations répétées l'eussent induit à se charger d'administrer la table de George IV, alors régent d'Angleterre, il ne resta que huit mois à son service. On dit que Carême donna pour excuse de sa courte résidence à Carlstonhouse que c'était un *ménage bourgeois*. Toutefois les envieux lui prêtaient ce trait, peu digne de son caractère; car il explique dans ses ouvrages les motifs de son retour en France, qui étaient purement patriotiques : *Mon âme toute française*, dit-il, *ne peut me permettre de vivre qu'en France.*

Il eut le bonheur de trouver un poste qui conciliait ses intérêts et son patriotisme, et qui le fixait en France, seul pays cher à ses affections et digne de son génie. Il devint chef de cuisine du baron Rothschild, avec des appointemens qu'aucun souverain de l'Europe n'aurait pu lui donner, même avec le secours de son maître, sans lequel plus d'un monarque n'aurait pas de cuisiniers du tout.

Deux notables amphitryons, l'un anglais, l'autre français, se trouvaient chez moi, quand je reçus une invitation à dîner de M. et madame Rothschild. — *Quel bonheur!* s'écria mon ami français, pendant que je lisais tout haut; vous allez dîner à la première table de France, de l'Europe! Vous allez juger par votre propre expérience du génie de Carême.

— Je me rappelle, dit mon Apicius anglais, avoir vu acheter à des prix énormes, en Angleterre, ses *pâtés de la seconde main*, après qu'ils avaient paru sur la table du régent.

Alors, tous deux nous contèrent d'innombrables anecdotes sur les pompes de la vie de Carême; le nombre d'aides attachés à son état-major, sa loge à l'Opéra, et mille autres preuves de magnificence et de goût, qui, si elles n'étaient pas exactement vraies, étaient du moins très-amusantes, et augmentaient mon désir de faire connaissance avec les œuvres complètes d'un homme, sans aucun doute *le premier de sa profession* [1].

Ce fut à la fin d'une belle journée de juillet que nous prîmes le chemin de la belle maison de campagne de M. Rothschild, le château de Boulogne. Depuis le moment où ses portes nous furent ouvertes, nous nous trouvâmes dans un vrai paradis, où il ne manquait aucune des jouissances de l'ancien Eden. Des fleurs de tous les pays, des fruits de tous les climats, des oiseaux des tropiques, la verdure anglaise, le soleil fran-

[1] A mon retour en Irlande, en causant avec un *frère* de l'ordre dont Carême est le *supérieur*, il m'assura que M. Carême était un homme de mœurs très-simples; et qu'à le voir dans la vie privée, on ne se douterait pas que c'est là le personnage célèbre dont la renommée s'étend en tous pays.

çais, des eaux vives, étincelant dans des bassins de marbre, fraîches « comme la rosée qui pare les fleurs au matin, ou les gouttes de pluie que l'on voit briller pendant les ondées traversées par le soleil; » enfin, une musique délicieuse, exécutée par les habitans de la *villa*, et partout un service prompt, empressé, sans embarras, sans bruit; firent le sujet de nos premières observations, avant notre introduction dans le salon. Nous y trouvâmes la maîtresse de ce palais enchanté, non point telle que se la figurait mon imagination échauffée, comme une autre Armide, entourée de ses beaux enfans, mais dans tout le charme pur et candide de la maternité.

Une société nombreuse, composée de personnes distinguées de toutes les nations, se livrait à une causerie assez amusante, pour faire passer sans ennui le *mauvais quart d'heure* qui précède le dîner. Quelques tableaux de l'école flamande ancienne et moderne ornaient la pièce. Les plus élégans jouets qui aient jamais couvert une table ronde, des éditions rares, des livres reliés splendidement, occupaient ceux qui n'étaient pas disposés à se joindre à des conversations soutenues dans toutes les langues. Cependant, tout en causant avec Gérard et en attendant Rossini, je ne pouvais penser qu'à l'immortel Carême. Gérard était mon ancien ami, Rossini mon ancienne connaissance : mais leurs ouvrages m'étaient familiers ; ils ne pouvaient plus me donner les vives sensations que j'éprouvai en voyant pour la première fois l'*Entrée de Henri IV à Paris*, en entendant pour la première fois la *prière* dans le *Moïse* à Naples. Mais je ne connaissais par expérience aucune des productions de Carême : j'allais être à portée de *juger,* comme il le dit si bien lui-même, des progrès que les *facultés intellectuelles* de l'illustre praticien avaient fait faire à l'art. Je n'entendis pas sans émotion l'annonce de : *Madame est servie.* Nous passâmes aussitôt dans la salle à manger, non, comme en Angleterre, dans l'ordre indiqué par le livre rouge, mais d'après les lois de la politesse universelle, qui n'accorde les distinctions qu'aux étrangers les plus marquans.

La soirée était extrêmement chaude; et, malgré les stores à la vénitienne et les portiques, l'air des appartemens que nous traversâmes était brûlant : un dîner, servi même dans la plus grande de ces pièces, menaçait de rendre la chaleur insupportable. Mais un tel inconvénient n'était pas à craindre. La salle à manger, séparée de la maison, était située au milieu des orangers. C'était un joli pavillon oblong en marbre grec, rafraîchi par des fontaines, qui lançaient dans l'air leurs eaux scintillantes; et la table, couverte du pittoresque dessert, n'émettait que des odeurs en parfaite harmonie avec la fraîcheur du local et l'ardeur de la saison. L'or bruni ne réfléchissait point la vive lumière du couchant; le brillant argent n'éblouissait point les yeux : de la porcelaine, bien plus précieuse que ces métaux par sa beauté et sa fragilité, et présentant de charmantes peintures sur chaque pièce, s'accordait avec la simplicité élégante qui régnait sur l'ensemble, et montrait que les ordonnateurs de la fête avaient en tout consulté le *génie du lieu*.

Pour rendre justice à un dîner semblable, il faudrait posséder des connaissances égales à celles de son auteur. Toutefois, j'observai qu'il était caractérisé par la convenance et à la saison de l'année, et à l'époque de la société; il était entièrement dans l'esprit du siècle; rien de *perruque* n'entrait dans sa composition; aucune trace de la sagesse de nos ancêtres ne s'y montrait; point de sauces fortement épicées, de jus concentrés d'un brun foncé, de saveurs de poivre de Cayenne ou des quatre épices, de caramel, de pain brûlé; nulle part on ne sentait l'agence des vulgaires élémens de la cuisine des bons vieux temps, le *feu* et *l'eau*. Des distillations des viandes les plus délicates, extraites en gelées argentines, avec une précision chimique, sur les tièdes nuages de la vapeur, faisaient le *fond* de tout. Chaque mets avait son arôme naturel; tous les végétaux conservaient leurs teintes de verdure; la *mayonnaise* était fricassée dans la neige, comme le cœur de Sévigné, suivant Ninon; et la fraîcheur modérée de la *plombière*, qui tenait lieu de l'éternel soufflé des dîners anglais, préparait doucement au choc plus vif de l'exquise *avalanche*, qui, avec la couleur et le parfum de nectarines nouvellement cueillies, flattait à la fois tous les sens, et dissipait toute senteur grossière.

Il a fallu moins de génie pour composer maints poëmes épiques que pour produire un semblable dîner. Certes s'il était d'usage de couronner les cuisiniers, comme l'on couronne les acteurs, les guirlandes des Pasta et des Sontag, toutes *divines* que sont ces cantatrices, n'auraient pas été plus dignement remportées que le laurier dont on aurait pu orner le front de Carême pour ce spécimen de la perfection d'un art sur lequel on mesure la civilisation moderne! De la bonne cuisine dépend la bonne santé, la permanence d'une bonne organisation, et de celle-ci dépend toute l'excellence de structure des sociétés humaines. La cruauté, la violence, la barbarie sont les signes caractéristiques de l'homme qui se nourrit de la fibre dure du bœuf demi-cuit. L'humanité, les lumières, le raffinement appartiennent à la génération dont les goûts et la tempérance sont réglés par la haute science de philosophes tels que Carême, et par des amphitryons tels que ses patrons.

Comme je me trouvais placée à côté de M. Rothschild, je saisis l'occasion de lui insinuer, après la soupe (car personne ne voudrait proférer un mot auparavant), que je n'étais pas tout-à-fait indigne de m'asseoir à une table servie par Carême; que je connaissais déjà les mérites de l'homme qui s'était déclaré le premier contre la *cuisine épicée et aromatisée*. Enfin que, bien que l'on m'eût accusée d'un penchant pour les *bonnets rouges*, ma véritable inclination était pour les *bonnets blancs*. J'avais, dis-je, goûté depuis long-temps théoriquement les œuvres de M. Carême, et maintenant leur connaissance pratique me remplissait de la plus haute admiration pour ses talens sans pareils.

— *Eh bien!* dit M. Rothschild en riant, *lui* de son côté a également goûté vos ouvrages; et en voici la preuve.

Je rougis réellement, de même que l'esprit

accusateur de Sterne, en rapportant un fait si honorable pour moi; mais il me montra une colonne de la plus ingénieuse architecture d'office, sur laquelle mon nom était inscrit en sucre candi. Mon nom écrit en *sucre!* O vous Quarterly et Blackwood! et *toi aussi*, *Brutus*, faux et perfide Westminster! vous qui n'avez jamais tracé mon nom proscrit qu'avec du fiel; figurez-vous *lady Morgan* en sucre, et sur une table entourée des soutiens de la sainte alliance! *Je n'en revenais pas.* Je fis cependant tout ce que l'émotion de mon triomphe me permit de faire. Je demandai à être présentée à l'artiste célèbre et trop flatteur; et je promis que si j'occupais encore le public des fruits de mon désœuvrement, je consacrerais une page à son génie et au sentiment que j'ai de ses mérites culinaire et littéraire. On envoya chercher Carême après le café, et il me fut présenté dans le vestibule du château de son maître. Je vis un monsieur très-bien élevé, parfaitement exempt de toute pédanterie de toute affectation; et quand nous eûmes terminé nos complimens réciproques sur nos ouvrages, il salua d'un air aisé et monta dans sa voiture, qui l'attendait pour le reconduire à Paris.

Bientôt après je remontai moi-même dans la

mienne pour aller passer la soirée chez Gérard à Auteuil [1], dans sa délicieuse campagne, où, tandis que ce charmant amateur Barberi chantait un duo, avec la jolie compagne de tous mes amusemens, je méditais sur la supériorité que possède sur toutes les villes du monde, une ville telle que Paris, où l'on peut dans la même journée manger chez le plus magnifique amphitryon du siècle un dîner apprêté par Carême, et le soir entendre de la musique exécutée par Rossini dans la maison de Gérard, sur le site même où Boileau reçut Molière et Racine, écouta les chants de Lulli.

Tant de charmantes impressions me fournissaient le sujet de quelques pages du livre de mon boudoir, *rue de Rivoli* : ainsi pour remplir ma promesse à M. de Carême, chef de cuisine de l'un des plus riches particuliers de l'Europe, et d'après ce que j'ai pu observer, l'un des plus distingués par le bon goût de sa dépense, j'écrivis ceci *currente calamo*, et j'en appelle au té-

---

[1] Une fête de village avec son illumination champêtre, et tous les paisibles et pittoresques amusemens des habitués de ces sortes de réunions ; ensuite une course au clair de lune à travers le joli bois de Boulogne, fournirent d'exquises additions aux plaisirs variés de ce jour.

moignage des autres convives[1] de cette fête agréable, pour la fidélité des détails, s'il advenait qu'elle fût attaquée par les *Weeckly*, *Monthly* ou *Quarterly-Reviews*, ou par des *Lettres à milady Morgan*.

[1] Parmi ceux-ci se trouvait le célèbre amiral de Rigny.

UNE SOIREE

CHEZ LE PRINCE ET LA PRINCESSE DE SALM [1].

A une soirée chez la princesse de Salm, mille choses agréables, plaisantes, curieuses, remar-

[1] « Un mot de la douce hospitalité que j'ai reçue sur les bords du Rhin, à *Salm-Dick,* dans un pays que l'on a ravi à la France, qu'il touche, pour le donner à la Prusse, qui en est si éloignée. Le prince de Salm et son illustre épouse ont placé leur bonheur dans la simplicité de leurs goûts, dans ces jouissances paisibles qui prouvent une douce philosophie, presque toujours le partage des savans et des gens de lettres. M. de Salm réunit à des talens de plus d'un genre de vastes connaissances en botanique : ses serres sont vrai-

quables furent dites de tous côtés. On traita l'inépuisable sujet du romantisme, et quelques observations assez fines rappelèrent que la maîtresse du logis avait fait sur cette querelle une pièce de vers qui obtint le suffrage des deux partis. Pour changer de sujet, je demandai à un jeune disciple de Cousin quel était le principe dominant de la philosophie de son maître. Il me répondit « que le dernier siècle avait été celui de la destruction, que le nôtre devait s'occuper de reconstruire. » Je répliquai que j'avais vu ce principe agréablement et matériellement démontré au Louvre. Dans l'une des grandes salles, je vis une fois un ancien plafond du temps de Henri IV, qui avait été détaché pendant la révolution et gisait depuis ce temps sur la terre au milieu d'un amas d'autres débris historiques. Aujourd'hui on le rétablissait sur le plafond, simplement orné, fait dans les réparations modernes.

—Oui, dit-il, mais nous ne devons pas reconstruire avec de vieux matériaux; ce n'est point là ce que prétend notre philosophie.

ment remarquables. Quant à madame la princesse de Salm, tout le monde connaît ses poésies, dans lesquelles on est toujours sûr de rencontrer la raison et la philosophie, embellies de tous les charmes du style. » (*Voyage dans les Pays-Bas*, par Alexandre Duval, de l'Académie française.)

—Cependant vos matériaux ne sont pas neufs. C'est avec de vieux fragmens de Platon, de Kant, de Fichte, etc., que vous reconstruisez votre *plafond philosophique.*

Mon interlocuteur allait répliquer, lorsque l'on me présenta un monsieur d'un certain âge, sous le nom de M. le baron de Prony, inspecteur-général des *ponts et chaussées*, de qui j'avais entendu avec grand plaisir, à une séance publique de l'Institut, une notice sur Jean-Rodolphe Perronet [1]. M. de Prony est un des plus savans hommes de France, dans sa partie, et en même temps l'un des moins pédans. Je lui dis que j'avais entendu sa notice à l'Académie, avec autant de plaisir que mon ignorance de tous sujets scientifiques pouvait me le permettre; il me répondit galamment qu'il était heureux d'avoir pu me payer une partie de ce qu'il me devait depuis long-temps; car il avait lu le compte que j'avais rendu dans ma France d'une séance de l'Institut, avec tant de plaisir qu'il en avait

[1] Notice historique sur J. R. Perronet, ingénieur, etc.; par M. le baron de Prony, chevalier de l'ordre du roi, officier de l'ordre royal de la Légion-d'Honneur, membre de l'Institut de France (Académie des sciences), de la Société royale de Londres, etc. (*De l'imprimerie de Firmin Didot*, 1829.)

encore le souvenir tout frais dans sa mémoire [1].

« Depuis cette époque, ajouta-t-il, que de gens illustres nous avons perdu! Denon, Choiseul-Gouffier, Suard, Morellet, Laplace, Langlès et d'autres chaînons qui rattachaient le siècle présent et le précédent. »

— Vous en conservez cependant encore de très-précieux. Tracy, Ségur, Cuvier, sont de grands noms.

M. de Prony nous fit l'honneur de demander notre adresse; nous nous informâmes de la sienne, et il nous répondit :

— Hôtel de Carnavalet au Marais.

— Alors vous logez avec madame de Sévigné?

— Oui, Madame, dans sa propre maison.

— *Bonheur suprême!* dis-je tout bas, et je résolus de me prévaloir de l'étiquette française, qui exige que l'étranger fasse la première visite, pour ne pas perdre un jour avant de rendre mon hommage à la châsse de *Notre-Dame des Rochers,* depuis si long-temps, dans mon imagination, l'objet d'un pèlerinage agréable.

---

[1] Ces congratulations réciproques sont trop agréables pour ceux qui les font et les reçoivent pour les épargner aux lecteurs; elles sont inévitables dans les itinéraires des écrivains voyageurs.

Nous fûmes joints ensuite par David, fils du grand peintre, par l'ex-madame Talma [1], mon pape protestant, M. Julien de Paris, etc. On trouve quelque chose de délicieux et de très-caractéristique dans la société de madame de Salm. Elle rappelle ce qu'on a lu ou entendu sur les coteries littéraires de Paris avant la révolution. Là chacun est remarquable par quelque chose; un ouvrage, un talent, un mérite quelconque, une réputation.

Il faut faire un long trajet pour se rendre de la capitale de Paris, le Louvre, au magnifique hôtel Faubourg Poissonnière, pour lequel le prince et la princesse de Salm ont échangé momentanément leur château féodal sur le Rhin [2], où,

---

[1] Si bien louée dans les lettres de madame de Staël à Talma. Cette dame est maintenant mariée à un officier de distinction.

[2] Paul Courrier, dans une lettre à la princesse de Salm, parle ainsi de ce château :

« J'ai depuis long-temps, Madame, votre château dans la tête, mais d'une construction toute romanesque. Il serait plaisant qu'il n'y eût à ce château ni tourelles, ni donjons, ni pont-levis, et que ce fût une maison comme aux environs de Paris. J'en serais fort déconcerté : car je veux absolument que vous soyez logée comme la princesse de Clèves ou la dame des Belles-Cousines, et je tiens à cette fantaisie. Sur vos environs je crains moins d'être démenti

comme l'observait cette dame en nous pressant d'accepter l'invitation de le visiter, « il y avait autant de matériaux de romans que je pouvais le désirer. » Il est difficile d'éclairer les salons vastes et élevés des anciens hôtels, aussi brillamment que les *casini* de la Chaussée-d'Antin. Toutefois ils sont admirables dans leur genre; et leurs ornemens *rococo*, leurs corniches dorées, rappellent un peu ce temps de Louis XIV, aussi amusant qu'il était peu édifiant. De semblables appartemens conviennent spécialement à des cercles tels que celui que les talens et la célébrité littéraire de la princesse de Salm rassemblent autour d'elle. Car l'on ne va pas pour danser ou walser dans le salon d'une femme philosophe, bien qu'elle soit encore une très-belle femme, et une ex-beauté.

Cette dame est depuis long-temps connue dans le monde littéraire comme auteur de deux volumes de *Poésies diverses*, de *Sapho*, tragédie

---

par le fait. Je vois vos prairies, vos bois, votre Rhin, votre Roër, qui ne se fâcheront pas si je les compare au Tibre et à l'Anio, à moins qu'ils ne soient fiers de couler à vos pieds. Mais, en bonne foi, rien ne peut se comparer à ce pays-ci, où partout les grands souvenirs se joignent aux beautés naturelles. » (*Lettre écrite de Tivoli*, 1810.)

lyrique; de *Vingt-quatre heures d'une femme sensible*, roman; et d'un petit volume de *Pensées* [1]. Tous ces ouvrages se distinguent par les grâces du style et l'originalité des pensées. L'idée d'une femme philosophe avait autrefois quelque chose de formidable; mais ces termes génériques n'ont plus d'application; il n'y a plus rien d'effrayant ni de ridicule dans une femme qui pense, qui sent, et qui dit ce qu'elle a pensé et senti avec esprit, avec grâce. La princesse de Salm a fait elle-même son apologie pour la présomption que l'on pourrait lui supposer en traitant de grands sujets, dans l'*avant-propos* de son *Épître sur la Philosophie* [2].

A l'égard de ce qu'on nomme en général poésie, ayant dès mes jeunes années laissé ma carte, P. P. C., chez les muses; et n'ayant jamais depuis renoué connaissance avec ces antiques

---

[1] Ce petit volume est un bréviaire de sentimens féminins et d'observations fines.

[2] « Quoi que son titre puisse faire présumer, on ne doit pas s'attendre à y trouver des discussions que l'on appelle philosophiques. Je n'ai voulu y considérer la philosophie que sous un seul de ses rapports; sous celui de cette indulgence réciproque si nécessaire à la paix et au bonheur de la vie, et j'ai évité, autant qu'il m'a été possible, tout ce qui m'a paru ne pas tendre directement à ce but. »

dames, je ne suis pas un juge compétent; j'avoue même que je suis un juge prévenu sur toutes poésies françaises, depuis *la Henriade* jusqu'aux *Orientales*. Toutefois j'ai trouvé une gaieté si naturelle, si franche dans les vers suivans (tirés des *OEuvres poétiques* de madame de Salm) que je les ai transcrits et que j'ai essayé de les rendre dans une traduction libre pour les lecteurs auxquels la langue française n'est pas familière.

BOUTADE.

Qu'une femme auteur est à plaindre!
Au diable soit le sot métier!
Qu'elle se fasse aimer ou craindre,
Chacun veut la déprécier.
Est-elle simple et solitaire?
On crie à l'affectation.
Veut-elle un instant se distraire?
Elle veut se montrer, dit-on.
Tout ce qu'elle ose se permettre,
En mal on sait l'interpréter;
Elle ne peut parler, chanter,
Sourire, sans se compromettre :
Son silence blesse les sots;
Ses propos ne les touchent guère;
Elle doit parler par bons mots
Ou ne rien dire avec mystère.

Comme un animal curieux
Tantôt chacun la considère ;
Tantôt une bégueule altière
Lui jette un regard dédaigneux.
Un raisonneur, qui chez lui brille,
L'accable de ses lourds propos,
Et la renvoie à son aiguille
Après vingt ans d'heureux travaux.
Une mégère la provoque,
Et lui fait, d'un ton radouci,
Tout haut un éloge équivoque,
Tout bas un affront réfléchi.
Un piètre auteur entre chez elle,
Malgré son ordre très-exprès,
Pour aller partout dire après :
Je sors de chez madame telle ;
Nous avons (je le dis tout bas)
Parlé de sa pièce nouvelle,
Et mes conseils n'y nuiront pas.
Un poëte blâme sa prose,
Un prosateur blâme ses vers.
On lui suppose cent travers ;
On imprime ce qu'on suppose :
Sur elle on ment, on rit, on glose,
Aux yeux trompés de l'univers.
Joignez à ces tourmens divers
Les gentillesses de la chose :
Chanson, épigramme, pamphlet,
Menus propos des bons apôtres ;
Et vous connaîtrez ce que c'est
Que d'être un peu moins sot que d'autres.

Au diable soit le sot métier !
Oui, j'y renonce pour la vie.
Fuyez, encre, plumes, papier,
Amour des vers, rage ou folie.
Mais non; revenez m'aveugler;
Bravez ces clameurs indiscrètes.
Ah! vous savez me consoler
De tous les maux que vous me faites.

TRADUCTION.

Hard is her lot who's doom'd by Heaven, in spite,
To wear a petticoat, yet dares to write;
Who leaves the quiet of domestic life,
And in the noted author sinks the wife!
Sick of a trade replete with every evil,
I cut, and give it to the (printer's) devil.
   The female scribbler, let her praise or blame,
Of friends and foes alike is made the game.
If she retire, and shun the public eye,
« 'Tis affectation! » is the general cry.
If in the throng she mix, she's still run down—
« She's never easy but before the town. »
Sing, dance, or talk, she's equally committed;
She's scarce to call her soul her own permitted.
Her words drop lifeless, or misunderstood;
Her silence is a proud contemptuous mood.

She's public property, condemn'd to please,
And shocks her hearers, if she talk with ease.
Mounted on stilts, she's ever on the stage,
Her conversation a mere printed page.
An epigram at every turn's expected;
Or if she's grave, some mystery's suspected.
Now, like a strange outlandish beast pursued;
Now, with disdain by haughty bigots viewed;
By reverend blockheads greeted with a sneer,
(Who female wits above all monsters fear;)
And with a frown might grace a parish beadle,
Is told, « The fool had better mind her needle; »
While rivals loudly praise, in equivoque,
And *friendship* whispers low her pungent joke.
In vain her head at home she seeks to hide;
In vain to all the world she is denied;
Intruding coxcombs force the porter's pass...
The would-be author, the pedantic ass...
Who boast th' acquaintance, and to all declare,
In the best works she writes, how large their share;
« Their's is the jest, and their's the lucky hit:
« That chapter they dictated every bit. »
Then, they who never turn'd a line, must blame
Her verse, and swear the halting measure's lame;
While every wretched poetaster shows
His wit, in gibing at her feeble prose.
A thousand errors they imagine in't,
And all that they imagine, « faith, they print. »
If their crude judgment no defect supplies,
They boldly eke the matter out with lies;
While the gull'd town the ready lie receive,

And all they see in black and white believe;
Squibs, pamphlets, epigrams, and puns assail,
And bitter malice points the slanderous tale.
   Such is the sad reward of all *her* labours.
Who dares appear less foolish than her neighbours.
Then farewell, ink and paper: to the Muse
Here let me offer up my last adieus.
No more 'gainst ease and happiness I'll sin,
But keep each anxious thought that springs, within.
Yet, no : — whate'er betide, I scorn to yield;
« Come what, come may, » the unwearied pen I'll wield;
And though of female authorship I'm sick,
And wish the idle business at old Nick,
Yet shall the Muses blind me to the fate
Which on my wretched calling still must wait;
Their blandishments the ills they cause repay;
So, critics, fools, and twaddlers, take your way.

HISTORIENS MODERNES.

« L'histoire, dit un ingénieux et profond philosophe italien, est une branche des sciences humaines qui avance sans cesse, mais ne s'améliore jamais. Dépourvue des méthodes, des principes certains des autres sciences, elle ne peut démontrer des vérités générales applicables au perfectionnement social[1]. » M. Godwin,

---

[1] « Si può considerare quindi la storia come quella parte dell' umano supere, la quale progredisce sempre e non si migliora mai..... E in fine un ammasso di notizie e non d'idee e di verità; incapace di procedere per metodi sciuri

dans son dernier et intéressant roman[1], avance une proposition qui semble encore plus paradoxale; savoir que la nature humaine peut être mieux étudiée dans les fictions que dans les narrations historiques. En effet, si l'aveugle crédulité, la superstition, l'ignorance, le manque de saine critique, la négligence ou la mauvaise foi auxquelles les historiens sont sujets ainsi que le reste des hommes, sont mises en ligne de compte, on pourrait affirmer que l'histoire et le roman, la vérité reçue ou la vérité probable, se touchent de bien près à l'égard de leur certitude respective.

Aux sources ordinaires de doute historique, le machiavélisme des hommes d'état a joint l'institution des historiographes pensionnés pour altérer les faits et donner à leurs narrations la couleur qui convenait le mieux aux vues politiques de leurs patrons. Mézerai lui-même, que l'on regarde comme le plus impartial des historiens moderne, offrait à Colbert de passer l'éponge sur tout ce qui pourrait déplaire à ce mi-

come le scienze, senza principii di certezza, et senza poter aspirare alla demonstrazione delle verità generali applicabile al sociale miglioramento. » (DELFICO, *Pensieri sulla storia.*)

[1] *Cloudesley,* publié il y a quatre mois.

nistre dans son *Histoire de France* [1]. Richelieu fut un des plus grands corrupteurs de la probité littéraire; et Mazarin suivit habilement son système ainsi que ses successeurs. Dans les siècles demi-barbares qui les précédèrent, les chroniqueurs écrivaient du moins d'après leurs propres idées, quelles qu'elles fussent; et ils n'auraient jamais pensé à déguiser des faits qui ne leur paraissaient ni cruels ni criminels. Dans l'absence de principes et le relâchement général de la morale de ces temps, les écrivains ne voilaient rien, parce qu'ils ne rougissaient de rien; et la naïveté avec laquelle ils relataient les traits

---

[1] Dans une lettre à Colbert, qui avait été mécontent de quelques traits dans la première édition du livre de Mézerai, celui-ci dit :

« Ce que m'a dit M. Perrault, de votre part, a été un terrible coup de foudre qui m'a rendu tout-à-fait immobile, et qui m'a ôté tout sentiment, hormis celui d'une extrême douleur de vous avoir déplu..... Je ne prétends point, Monseigneur, justifier mes manquemens (savoir ses vérités honteuses pour les gouvernans) autrement qu'en les réparant, et en justifiant mes intentions par une prompte et sincère obéissance..... C'est dans cette disposition, Monseigneur, que j'ai prié M. Perrault de vous assurer que je suis prêt à passer l'éponge sur tous les endroits que vous trouverez dignes de censure dans mon livre. » Etc. (DULAURE, *Environs de Paris*, tom. 1, pag. 18.)

les plus atroces, les preuves de l'ignorance la plus profonde de héros admirés ou de souverains révérés, n'est pas avantageusement remplacée par le style poli et les raisonnemens alambiqués des historiens modernes. Voltaire lui-même, qui sentait si profondément la dégradation de l'histoire, et qui le montrait en répétant sans cesse sa phrase banale, *C'est ainsi que l'on écrit l'histoire*, a composé son Siècle de Louis XIV, dans le but de flatter la nation et de se concilier la faveur de la cour [1]; et dans celles de ses productions historiques qui sont exemptes de ce motif personnel, il semble avoir été peu curieux de faits spéciaux, avoir cherché plutôt à bâtir un système philosophique qu'à dire la vérité dans toute sa pureté et son intégrité. L'*Histoire des Indes* de Raynal a le même défaut; et l'on avoue assez généralement que la langue française, avec sa multitude de mémoires, ne possé-

---

[1] On donne un autre motif des louanges exagérées que Voltaire donne au siècle de Louis XIV, le désir de mortifier son faible successeur Louis XV. Mais cet auteur souhaitait trop vivement de revenir à Paris, et surtout sentait trop le besoin de se fortifier contre ses ennemis du clergé, pour se mettre mal *de gaîté de cœur* avec le roi, dont il courtisait la maîtresse sans *merci* ni miséricorde. Dans les deux cas cependant la vérité était également sacrifiée.

dait pas un seul ouvrage qui pût à juste titre, soit par son style, soit par sa contexture, être rangé parmi les livres d'histoire.

Depuis la restauration, de nombreux essais ont été tentés pour suppléer à cette lacune littéraire. Aucune branche des lettres n'a été cultivée avec plus de zèle et n'est en ce moment plus populaire que l'histoire. En parcourant une liste d'ouvrages que nous avions achetés ou que nous nous proposions d'acheter, sur la recommandation de nos amis, nous observâmes comme un fait curieux et louable, que les auteurs, soit royalistes, soit libéraux, étaient tous connus par leur indépendance, leur probité incorruptible. C'est un des grands traits caractéristiques du temps, et la plus sûre marque de progrès réels dans la civilisation. L'honnêteté, après tout, est le plus beau résultat de l'ordre de sciences le plus élevé; de même que la fausseté, la fourberie, sont les fruits de l'ignorance et de la sottise. La *finoterie de conclave* du cardinal de Retz a été le système de l'Europe, quand les hommes ne connaissaient ni leurs vrais intérêts ni les moyens de les servir utilement.

C'est dans la partie de l'histoire que l'esprit romantique a travaillé avec le plus d'activité et avec les plus heureux résultats. En rejetant la sagesse de nos ancêtres, les historiens modernes n'ont point cherché à faire de l'histoire une chaire de rhétorique, ou de finesses politiques; ils ne l'ont pas non plus, à l'exemple de leurs prédécesseurs immédiats, convertie en rêveries philosophiques. Mais le principal trait de leur romantisme est le mépris de ce qu'on appelle la gravité de l'histoire, laquelle a fait des écrits de l'école classique de simples catalogues des crimes des rois. Dans les mains des hommes nouveaux, l'histoire tâche de représenter le peuple aussi bien que ses dominateurs; et rien de ce qui touche les mœurs, les coutumes des temps, quelles que soient leur rudesse, leur barbarie, n'est passé sous silence. Un chant populaire, une ballade, fournit souvent un anneau qui manque à la chaîne des faits, ou éclaircit quelque point sur lequel les annalistes n'ont porté aucune lumière. Une anecdote triviale peignant fidèlement l'esprit du peuple, renverse le plus pompeux échafaudage de raisonnemens subtils sur les motifs présumés d'un événement. L'influence de l'école anglaise de romans historiques est peut-être pour quelque chose dans la formation de ce nouveau style, qui abonde en vives peintures, en scènes fortement colorées, tirées des abondantes sources des mémoires contemporains. Les images ainsi présentées sont en même temps plus véridiques et plus frappantes que les arides généralités dans lesquelles les historiens classiques semblent se délecter; et tout en fournissant une lecture plus attrayante et plus facile, elles donnent des idées plus positives des générations passées dont elles veulent retracer les actes.

Que de noms honorables! que d'ouvrages délicieux on trouve dans la liste des historiens français modernes [1]! Parmi eux, les suivans se distinguent pour le talent et la fidélité. — Mignet : une admirable *Histoire de la Révolution française;* — Thierri : une savante et impartiale histoire de son pays; et celle de la *Conquête des Normands en Angleterre*, etc.; — Thiers : une histoire de la révolution, faite avec autant de talent que d'impartialité; — Gautier d'Arc : — *Histoire des conquêtes des Normands ;* — Bignon : *Histoire de France, depuis le 18 brumaire 1799, jusqu'à la paix de Tilsitt* [2]; — Alexis de Monteil:

---

[1] Dans la liste d'ouvrages historiques qui me fut donnée, plusieurs n'avaient pas encore paru, mais devaient être publiés dans l'année.

[2] Quatre volumes de cet ouvrage sont déjà publiés. M. Bignon a été ministre plénipotentiaire à Varsovie ; et l'empereur disait de lui qu'il était le seul homme capable d'écrire l'histoire de sa diplomatie.

Histoire des Français des divers états, pendant les cinq derniers siècles; — Dulaure : *Histoire physique, civile et morale de Paris; Histoire des environs de Paris;* — Norvins : *Histoire de Napoléon;* — Montlosier : *De la révolution, du consulat, de l'empire et de la restauration;* Capefigue : *Histoire de Philippe Auguste;* — Barante : *Histoire des ducs de Bourgogne;* — Toulotte et Riva : *Histoire de la barbarie et des lois du moyen âge;* — Guizot : *Collections de mémoires concernant l'histoire d'Angleterre et l'Histoire de France; Histoire de la révolution d'Angleterre.* — Le comte de Ségur publie successivement des volumes d'une histoire de France qu'il est près de terminer. — Pigault-Lebrun s'occupe d'un ouvrage semblable. — L'abbé de Montgaillard : *Histoire de France, depuis la fin du règne de Louis XVI jusqu'à l'année* 1825. Une quatrième édition de cet ouvrage, méritant et impartial, est déjà publiée, bien qu'elle soit de neuf volumes. L'*Histoire de la chute de l'empire grec*, par l'auteur du *duc de Guise à Naples*[1], vient de paraître.

Outre ces ouvrages originaux, et d'autres du même genre, de nombreuses éditions d'anciens mémoires personnels et historiques paraissent

---

[1] M. de Pastoret.

tous les jours¹, sans compter une infinité de mémoires écrits par les personnes qui ont figuré dans la révolution. Le goût de ces sortes de productions est en effet si vif que des mémoires évidemment supposés ou d'une authenticité douteuse sont reçus avec assez de faveur pour payer amplement les spéculateurs qui les composent.

Dans cette multiplicité d'écrivains, on ne doit pas s'attendre à trouver une exacte uniformité de style ou de méthode; et les caractères distinctifs de l'école moderne ne se remarquent pas à un égal degré chez tous. M. de Barante est de la classe historico-descriptive : ses ouvrages ont tout l'attrait d'un roman nouveau et intéressant. M. Guizot est, dit-on, le chef de l'*école rationnelle*, qui tâche de faire ressortir un principe ou une morale de ses narrations, et prend Robertson pour modèle. Capefigue tient de ces

¹ Voyez *Mémoires de Raoul de Couci*, par Laborde; l'*Histoire du châtelain de Couci et de la dame de Fayel*, publiée d'après le manuscrit de la Bibliothèque du Roi, et mise en français par Crapelet l'imprimeur; et un catalogue sans fin de ces délicieux et curieux ouvrages. Ces fouilles littéraires du moyen âge valent bien celles de Pompeii et d'Herculanum, et sont beaucoup plus utiles pour notre temps et nos institutions.

deux manières. Entre l'une et l'autre école de grandes disputes se sont élevées; mais ces sortes de discussions mènent rarement à de bons résultats. Chaque historien doit écrire comme il le peut, suivant son tour d'esprit particulier. En cela, comme dans toute autre branche de la littérature, *tous les genres sont bons, hors le genre ennuyeux*. Mignet, Thierri, Thiers ont donné à leurs systèmes respectifs l'appui de leurs talens originaux et vigoureux, sans charger leurs pages de défense de leurs doctrines particulières; et Capefigue se distingue par une *couleur locale*, une vérité, qui portent avec elles la conviction.

Ce penchant vers l'histoire est la conséquence naturelle des discussions politiques mises à l'ordre du jour par la guerre des castes contre les principes, née d'une restauration qui a restauré peu de choses, et qui laisse la nation et l'aristocratie se démêler ensemble comme elles le peuvent. Toutefois, ce penchant indique une augmentation de solidité dans le caractère national, qui n'est pas un des changemens les moins remarquables des temps modernes. C'est la sûre garantie du sérieux que la France mettra à faire reconnaître ses droits civils. C'est la preuve qu'elle est digne d'une meilleure forme de gouvernement que celle qui la régit maintenant, et qu'elle doit par conséquent l'obtenir.

Sans doute, il se fait de nombreuses publications d'un caractère éphémère et frivole; et cela doit être ainsi, quand il faut satisfaire aux demandes d'un public aussi diversement composé que celui de Paris. Mais la grande majorité des écrits publiés en cette ville est marquée par le sérieux, la tendance à l'utilité pratique. Les livres dictés par une honteuse bigoterie sont en petit nombre, et se vendent peu [1]; et les lumières du dix-neu-

---

[1] « Ce n'est pas que l'on ne fasse tous les jours des efforts pour replonger le peuple français dans la bigoterie; mais ils sont faits si maladroitement, avec si peu de connaissance des vrais sentimens du public, que leur circulation se borne aux distributions gratuites. Comment un ouvrage tel que celui que l'on critique dans le passage suivant, pourrait-il produire quelque effet auprès de quiconque serait au dessus de l'imbécillité?

» Quoi qu'il en soit il nous est tombé entre les mains un petit journal obscur qui peut donner lieu à de singuliers rapprochemens; il est intitulé: *Chronique édifiante, ouvrage utile aux personnes pieuses qui veulent avancer dans la dévotion.* Les auteurs, sous le prétexte de défendre la religion que l'on n'attaque point, l'outragent en effet de la manière la plus monstrueuse, insultent en outre à tout ce qu'il y a de plus sacré. Il est dit dans la *Chronique édifiante* que M. de La Chalotais, fils du célèbre procureur général, sur l'échafaud révolutionnaire, est l'œuvre directe de Jésus-Christ, qui frappe les pères dans leurs enfans et dont la colère s'étend

vième siècle y sont rarement insultées par des explications de l'*Apocalypse,* et de virulens appels à la colère divine, tels que nous en voyons figurer tous les jours dans les annonces des papiers de Londres. Il n'existe pas non plus à Paris un ordre de lecteurs qui exige un tribut journalier de scandale personnel, et de fades peintures des vices et des sottises à la mode.

Les romans, chroniques scandaleuses du grand monde, sont tombés en France depuis les Crébillon et les Duclos. Si quelques écrivains s'occupent aujourd'hui de sujets aussi frivoles que ceux qui servaient à dissiper l'ennui de la noblesse oisive et dépravée sous Louis XV, aucun d'eux ne voudrait souiller ses écrits des

---

sur toute une génération. Il y est dit encore que le fils de Buffon a justement expié par le même supplice l'athéisme de son père, auteur des *Époques de la nature.* L'auteur ose insinuer que c'est en punition de sa présence à l'Opéra qu'un prince de la famille des Bourbons a été assassiné; enfin on lit dans la *Chronique édifiante* cette phrase, qu'aucune épithète ne peut qualifier, parce qu'elle réunit tous les genres d'insulte et de profanation. Marat serait-il donc encore au Panthéon?—Non; mais, malgré les règles de la sainte église, qui défendent de placer rien de profane dans les églises, on aperçoit dans celle de Sainte-Geneviève Louis XVIII, tenant à la main... quoi? l'Évangile?... non: la Charte... » (*Extrait d'un journal français.*)

peintures dangereuses que leurs prédécesseurs présentaient dans toutes leurs productions. En Angleterre, cette classe d'auteurs commença dans le but d'une satire légitime et juste; mais, comme la médisance et la légèreté trouvaient leur compte dans ces sortes de livres, l'activité mercantile des éditeurs inonda bientôt le public d'imitations et de *réchauffés*, dont le seul objet était de satisfaire un goût dépravé.

LA CLASSE INDUSTRIELLE.

VISITE A SAINT-OUEN.

Une des plus grandes pertes que la France ait faites depuis que je l'ai dernièrement visitée, est celle du duc de La Rochefoucauld-Liancourt. L'orgueil plébéien, les préjugés démocratiques, les principes d'égalité les plus invétérés ne peuvent empêcher l'imagination de sentir la puissance magique d'un tel nom, quand il se présente à l'esprit, avec toutes ses associations intéressantes et brillantes; l'esprit, le mérite, la valeur, les rêves de chevalerie, les faits historiques et l'évidence d'une excellence contemporaine. Toutefois un nom n'est qu'un nom, et il y a La Rochefoucauld et La Rochefoucauld. On a vu un duc de La Rochefoucauld refuser, pour sa femme, une place de dame d'honneur de la reine¹, place enviée alors par toute la noblesse de France; et l'on a vu aussi un vicomte de La Rochefoucauld, s'affliger profondément de la perte d'un *cordon bleu*. C'était du dernier duc qu'Horace Walpole disait : « Voilà un homme qui ne pourra jamais se plaire dans la société des fous. » Et ce fut le vicomte actuel, qui dit de lui-même, quand Louis XVIII comparait son éloquence à celle de Démosthènes: « Sire, si je n'égale pas Démosthènes en éloquence, je le surpasse en dévouement à mon roi. »

Il est impossible de considérer la nouvelle et influente classe qui a récemment apparu dans la société française, sans parler de celui qui peut

---

¹ Dans une lettre à sa belle-fille il explique ainsi sa conduite en cette occasion : « Une femme n'a aucune ambition personnelle à satisfaire; elle ne peut donc y être (à la cour) que dans une sorte d'état de domesticité qui la rend purement passive, état dont elle ne peut sortir que par l'intrigue. Notre famille a toujours eu un égal éloignement et pour l'état de domesticité, et pour l'intrigue. Tels sont les principes de notre famille. Je les ai sucés avec le lait, je les approuve, je les partage. »

en grande partie être regardé comme son fondateur. Il est très-curieux d'observer que ce fondateur était né dans une classe qui, de tout temps, s'est montré généralement ennemie des droits et de la prospérité de toutes les autres.

François-Alexandre-Frédéric, duc de Liancourt, ensuite de La Rochefoucauld, naquit en 1747. La révolution le trouva conséquemment dans la maturité de ses facultés, et dans un rang qui devait le rattacher naturellement aux ennemis de cet événement. Mais un cœur où respirait la plus pure bienveillance, et un esprit étendu et cultivé, l'empêchaient également de borner ses vues aux préjugés de la cour ou aux intérêts d'une jalouse et arrogante aristocratie. Le caractère aimable et doux de ses vertus et le penchant qui le portait vers les détails d'économie politique, joints à sa position sociale, le garantirent des erreurs, des exagérations et des infortunes qui suivirent la première époque de la révolution, époque dont il adopta tous les principes. Il fut donc de ceux qui ont été victimes de chaque changement successif, qui ont participé aux sacrifices de tous les partis, sans partager le triomphe d'aucun. Dans des temps de crises aussi difficiles, on a prétendu que les gens à principes exagérés, à volonté effrénée absolue, pouvaient seuls influer sur les affaires d'état : mais la vie du duc de La Rochefoucauld est un témoignage palpable de la fausseté de cette assertion : elle montre que des esprits de tous les calibres, pourvu qu'ils soient animés d'un véritable amour du bien, d'un patriotisme sincère, tiennent leur place dans les grandes révolutions, et que tous peuvent y trouver une sphère d'utile et honorable activité. Au milieu des factions contendantes, les talens politiques de cet excellent homme s'employèrent surtout à modérer la violence et l'injustice des unes et des autres. Son nom ne passera pas à la postérité comme ayant exercé une influence décisive sur les événemens de son temps; mais s'il n'a légué aux âges suivans que la mémoire de ses vertus et l'exemple de leur éminente utilité, il a répandu sur son pays plus de bienfaits que la plupart de ceux auxquels des succès temporaires assignent une plus grande place dans les pages de l'histoire.

C'est un préjugé commun que de supposer que les hommes modérés sont nécessairement faibles, et que la force de caractère ne se trouve qu'accompagnée de ces vues passionnées qui font adopter des principes dans toute la rigueur de leurs conséquences, sans égard à la nature mixte de toutes les choses humaines. Le contraire de cette opinion est cependant la vérité. Les hommes qui ont montré le plus de force d'âme, sont ceux dont la conduite a toujours été remarquable par la modération. La fermeté qu'ils ont été obligés de déployer pour conserver leurs principes et soutenir les persécutions de leurs ennemis est d'autant plus estimable qu'elle est le résultat d'une raison calme et non de la vanité ou de l'ambition [1].

Dès l'âge de vingt-trois ans, Larochefoucauld fut appelé à l'exercice de cette vertu; ayant été l'ami du ministre Choiseul, il n'hésita pas à partager sa disgrâce et à le suivre dans son honorable exil; et comme il refusa de concourir au triomphe de madame Dubarri, par sa présence à la cour, il dut supporter le malheur, alors très-grave, de la défaveur royale. Avec Louis XVI, il se trouva plus en rapports de caractère; et il occupa près de lui une place, non de courtisan, mais d'ami. Le règne de ce prince fut sans aucun doute, jusqu'en 1789, dirigé vers d'utiles mesures : du moins l'adoption partielle de quelques améliorations pratiques, et l'amitié de cet infortuné monarque pour un homme tel que le

---

[1] Pour vérifier cette proposition il suffit de prononcer le nom de Lafayette.

duc de Larochefoucauld, rendent témoignage aux excellentes qualités de l'un et de l'autre.

Au commencement de la révolution, un changement de forme et de principes dans le gouvernement ayant été jugé nécessaire, le roi avait à choisir entre deux partis, soit d'adopter le nouvel ordre des choses, soit de s'y opposer de manière à le repousser efficacement. Pour son malheur, il ne fit ni l'un ni l'autre; et en embrassant partiellement les deux plans, il se perdit lui-même. Le duc de Larochefoucauld aurait désiré que son maître adoptât franchement la révolution, afin que cette révolution, conduite par lui, ne pût conséquemment se tourner contre lui; et le seul moment où Louis XVI put avoir une lueur d'espérance sur son sort, fut celui où il se conduisit en apparence d'après les conseils de cet ami sincère. Attaché à la monarchie par principes, au roi par affection personnelle, à la nouvelle constitution par la bienveillance, le patriotisme qui faisaient le fond de son caractère, le duc, comme membre de l'assemblée nationale, montra toujours une fermeté tempérée par la prudence et l'honnêteté; et tandis que sa loyauté envers la nation lui valait l'honneur d'être élu président de l'assemblée, il combattit avec intrépidité pour l'inviolabilité de la personne du roi, et pour la liberté de conscience en faveur du clergé persécuté. Autant il était dévoué aux principes de la liberté civile, autant il montrait de courage pour s'opposer à tout ce qui lui paraissait passer les bornes de ces principes; et il fut le seul, dans la séance du 14 juillet 1791, qui osa défendre à la tribune l'imprudent voyage de Varennes et la déclaration que le roi laissa à son départ.

Après la dissolution de l'assemblée constituante, le duc de La Rochefoucauld eut le commandement militaire de la Normandie et de la Picardie; et tandis que toute la France était couverte de désordres et de massacres, il conserva par sa prudence une tranquillité parfaite dans ces provinces. Un peu avant le 10 août, il envoya 150,000 livres de son propre bien au roi, qui manquait des moyens pécuniaires nécessaires pour se procurer sa sûreté personnelle. Après ce jour malheureux, il fit tout ce qu'il put pour maintenir la fidélité des troupes qu'il commandait; mais son arrestation ayant été décrétée, il ne lui resta plus d'autres ressources qu'une prompte fuite, et il se sauva en Angleterre dans un petit bateau de pêcheur.

Il arriva en ce pays presque sans argent, et s'établit à Bury, où bientôt son caractère lui concilia l'estime générale. Pendant son séjour dans ce bourg, une vieille dame fut si touchée de ses vertus que, mourant sans héritiers directs, elle lui laissa tout son bien. Cependant, malgré son extrême dénûment il chercha les héritiers naturels de cette dame, et divisa entre eux tout ce qu'elle lui avait laissé, en se réservant un seul schelling comme souvenir de sa bonne volonté.

Après avoir tenté un honorable mais inutile effort en faveur du roi pendant son procès, le duc partit pour les États-Unis, qu'il examina curieusement tant sous le rapport des institutions que sous celui de l'économie domestique. L'ouvrage qu'il publia sur ce pays est reconnu comme un des tableaux les plus fidèles qui en aient été offerts.

Quand Napoléon permit aux émigrés de rentrer en France, le duc fut des premiers à profiter de cette permission; mais le caractère respectif de ces deux hommes s'opposait à ce qu'il régnât aucune bonne intelligence entre eux. Quand le premier rétablit les titres de noblesse, il ne rendit point à M. de La Rochefoucauld celui de duc, parce qu'il s'était engagé dans des entreprises de manufactures utiles, trop *roturières* pour l'empereur *parvenu*. Toutefois, il existait entre eux une sorte d'accord tacite. M. de La Rochefoucauld se servait des vues éclairées d'agrandissement national de l'empereur pour provoquer toutes sortes d'améliorations intérieures; et l'empereur, de son côté, était bien aise d'encourager l'active bienveillance de La Rochefoucauld, pour ajouter à la gloire de son règne.

Au retour de Louis XVIII, le duc de La Rochefoucauld se présenta à la cour. Il avait été grand-maître de la garde-robe sous Louis XVI. Son père avait acheté cette charge 400,000 livres qu'il avait versées au trésor; mais on ne lui rendit ni sa charge ni son argent, et il reprit seulement son rang de duc et pair. Le parti libéral qu'il avait pris dans les premiers temps de la révolution ne pouvait lui être pardonné; et ce péché fut encore aggravé par sa nomination à la chambre pendant les cent jours.

Depuis 1815 jusqu'à l'époque de sa mort, le duc, comme membre de la chambre des députés, y soutint les grands principes de la liberté raisonnable et loyalement constitutionnelle. Mais ses talens et ses vertus s'exercèrent plus avantageusement encore pour le bien public dans les institutions de bienfaisance et d'économie. Il s'était fait à lui-même une sorte de ministère dont l'objet spécial était l'amélioration de la société, et il occupait à la fois huit places administratives gratuites. Cependant, en 1823, il fut tout à coup privé de toutes fonctions publiques par le ministère justement nommé déplorable. Dans sa réponse à Corbière, qui, comme ministre de l'intérieur, lui annonça sa destitution, il dit: « Je ne sais comment la place de président du comité pour la propagation de la vaccine a échappé à la bonne volonté de votre excellence; mais je crois de mon devoir de la rappeler à son souvenir. » Le comité même fut aboli pour se débarrasser du président. Telle fut la carrière publique du duc de La Rochefoucauld; mais c'est par ses rapports avec le commerce et l'industrie de son pays qu'il appartient plus spécialement au présent sujet. Dès ses plus jeunes années, un goût naturel l'entraîna vers les entreprises manufacturières et agricoles. Quand il fut exilé de la cour corrompue de Louis XV, il employa ses loisirs à établir à Liancourt une ferme anglaise. Il fut le premier qui introduisit en France les prairies artificielles, qui remplaça le système des jachères par la culture des navets et le pâturage des troupeaux. Il fonda aussi dans une de ses terres une école pour les enfans des pauvres soldats, dans laquelle on leur enseignait à chacun un métier. Quand il se promenait au milieu de ces enfans, il avait coutume de leur dire : « Rappelez-vous que, lorsque vous savez un métier, votre fortune est faite. »

A travers l'explosion révolutionnaire, tandis que tant d'autres ne s'occupaient que de principes abstraits, il ne négligea point des réformes qui semblaient appartenir à une époque plus paisible. Il fut dans ce temps président du comité de mendicité, et il écrivit plusieurs rapports sur ce sujet, remarquables par leur clarté et leur sagesse. Il en fit beaucoup d'autres sur les hôpitaux et d'autres établissemens de charité.

En 1790, il établit à Liancourt une manufacture de coton [1], dans laquelle il introduisit les

---

[1] Liancourt, terre patrimoniale du duc, est aussi intéressant par sa belle position que par ses associations historiques. Il est situé dans une belle vallée que sa riche végétation a fait nommer la *Vallée dorée*. Le château, même dans son état présent, avec une partie de sa grandeur féodale sacrifiée à l'utilité, atteste encore une ancienne magnificence. La seigneurie de Liancourt appartenait à Nicolas d'Amerval; et son château fut, pendant quelque temps, la résidence de sa femme la belle et trop célèbre Gabrielle, qui, en devenant maîtresse déclarée de Henri IV, cessa de porter le nom de dame de Liancourt pour prendre le titre moins honorable de duchesse de Beaufort. Le mariage de Gabrielle de Plessis-Liancourt, avec François, duc de La Rochefoucauld, en 1611, fit entrer cette seigneurie et son château dans la famille de ce dernier; et maintenant ils appartiennent au comte

mécaniques en usage en Angleterre. A son retour en France, il retrouva cet établissement encore existant, mais languissant. Il en reprit la direction, le conduisit d'après les perfectionnemens qu'il avait vus dans les manufactures anglaises, et fonda dans ses murs une tannerie et une fabrique de cardes à carder le coton, qui toutes deux ont prospéré, et ont été poussées à un très-haut degré de perfection.

A l'époque où il n'était pas encore libéré des conséquences de l'émigration, lorsqu'il vivait

Gaétan de La Rochefoucauld, qui en a hérité ainsi que des vertus et du patriotisme de son père.

Parmi tant de changemens que nous présenta la France à notre dernier voyage, nous n'en trouvâmes aucun, chez ce distingué et presque vieil ami, ni chez son excellente compagne. La grâce que le temps ne peut altérer, la vertu qu'aucune vicissitude ne peut ébranler, étaient encore tels que nous les avions laissés; et ce fut avec un vif regret que nous nous vîmes forcés de nous priver du plaisir de visiter Liancourt, comme nous avions espéré pouvoir le faire au moment où nous en reçûmes l'invitation. Nous aurions regardé ce voyage comme l'un des plus heureux incidens de notre séjour en France. La vie du duc de La Rochefoucauld, par son fils le comte Gaétan (de laquelle plusieurs traits de cette esquisse ont été tirés), est un monument de piété filiale de bon goût, de modération et d'une noble assertion de la vérité.

seulement par la tolérance du gouvernement, il fit à la France le présent inestimable de la vaccine, en empruntant à cet effet l'argent nécessaire pour commencer une souscription. Son pays lui doit aussi l'institution des dispensaires.

L'école des arts et métiers qu'il avait fondée à Liancourt était devenue établissement national; et quand Napoléon la transféra à Châlons, il y nomma M. de La rochefoucauld inspecteur-général, office qu'il remplit jusqu'à l'époque où il en fut dépouillé, comme de tous les autres, par le ministère Villèle. Pendant tout ce temps, l'absence du plus léger désordre dans l'école et la reconnaissance des élèves rendirent témoignage de la bonté et de l'intelligence qu'il apportait dans l'exercice de ses fonctions.

Comme membre du conseil général d'agriculture et du conseil des manufactures, il contribua à l'introduction de plusieurs nouveautés utiles, dont il avait reconnu la bonté par des expériences faites à ses dépens. Le procédé de transplanter le blé, particulièrement convenable aux petites fermes qui se sont formées depuis la révolution, est au nombre de ces innovations.

Comme membre du conseil des prisons, il fit adopter une grande amélioration dans cet important département. L'établissement de prisons séparées pour les jeunes prévenus et condamnés est spécialement dû à son zèle et à son activité.

Immédiatement après sa disgrâce, en 1823, il fut élu à l'Académie des sciences ; et l'Académie royale de médecine, avec une indépendance rare qui honore les deux parties, le nomma membre de la commission de vaccine, par laquelle avait été remplacé ce comité qu'on avait détruit, dans le but unique d'expulser son président. Toute la puissance de l'autorité ne put ni le rendre moins utile, ni diminuer sa popularité. En conservant son influence sur les parties de l'administration dont il avait été exclu, il continua de s'intéresser à tous les établissemens qui en dépendaient. Il avait été des premiers, en 1815, à encourager l'introduction des écoles lancastriennes, pour l'éducation du peuple. Il publia un ouvrage à ce sujet, et établit la première de ces écoles pour les enfans de ses ouvriers à Liancourt. Il aida avec zèle à la formation de semblables écoles dans les provinces. Dans les mêmes vues bienfaisantes, il provoqua et soutint plusieurs institutions utiles à la classe ouvrière, entre autres la caisse d'épargne. Cette dernière avait reçu, en 1826, quatre-vingt-un mille cent quatre-vingt-dix-neuf dépôts, montant à 3,625,985 francs.

Les avantages que M. de La Rochefoucault a procurés à la France, par l'introduction de la mécanique à filer le coton, sont incalculables : soit qu'on les considère comme une source de richesses et d'industrie, soit que, suivant de vieilles idées de rivalité nationale, on les regarde comme une conquête faite sur un ennemi, ce sont des germes dont le développement deviendra immanquablement d'une haute importance. L'établissement de Liancourt consistait en trente-deux machines à carder et sept mille machines à filer. Deux cent cinquante livres de coton y étaient filées chaque jour, et employaient cent dix-neuf ouvriers, au terme moyen de 30 sous par jour. Quatre mille peaux étaient employées pour les cardes, dont la manufacture occupait quatre cent seize ouvriers et produisait 200,000 fr. par an.

Au mois de mars 1827, cet homme excellent, ce zélé citoyen, cessa de vivre après une courte maladie. Le gouvernement restauré avait souffert un régicide dans son ministère ; il avait confié ses armées aux créatures de Napoléon ; il avait donné sa confiance à des traîtres à tous les régimes : mais il ne pouvait pardonner la probité politique, le patriotisme, l'utilité roturière d'un ancien duc et pair ; et la cérémonie de ces obsèques donna une occasion d'insulter à ses restes qui fut saisie avec empressement.

Les jeunes gens de l'Ecole des arts et métiers de Châlons avaient obtenu de la famille du défunt, la permission de porter son cercueil à la sépulture. Pour empêcher cet acte de piété et de gratitude, des agens subalternes de l'autorité, sans ordre qui les garantît dans leurs procédés, sans aucune marque distinctive de leur office, interrompirent le convoi; et, dans le tumulte, le cercueil tomba et fut brisé. Toute la France retentit des cris d'indignation excités par un outrage aussi ignoble, aussi indécent; et au lieu du vil triomphe que les provocateurs de cette scène avaient espéré, ils recueillirent une nouvelle moisson de mépris et de désapprobation pour le parti au nom duquel et pour lequel ils intriguaient. L'opinion des Français ne peut être aussi facilement détournée du droit chemin; et chaque tentative absurde, pour opposer une digue au torrent, ne sert qu'à augmenter sa force et son impétuosité qui doivent enfin entraîner jusqu'aux dernières traces de l'ancien despotisme.

Ces actes de malveillance puérile, qui prouvent la faiblesse et non la force du gouvernement, quoique insignifians en eux-mêmes, sont importans en ce qu'ils caractérisent l'esprit du temps. Et s'ils n'engagent pas tout homme honnête à abandonner une cause défendue par de tels moyens, ils apprennent du moins à tous les hommes d'état sages des cabinets de l'Europe, à s'abstenir de risquer sa tranquillité, pour soutenir un système si évidemment voué à la destruction par ses propres mesures.

Les funérailles du duc furent suivies par les personnes les plus éminentes de Paris, et par un nombre infini d'artisans de tous les métiers, et de jeunes gens de toutes les professions. Un discours fut prononcé sur sa tombe par M. le baron Charles Dupin, célèbre dans les sciences; et quand l'orateur, parmi d'autres traits de bonté, rappela que le défunt, lorsqu'il découvrait en de jeunes gens des dispositions heureuses, s'empressait à leur ouvrir une carrière d'honorable industrie et à leur fournir les moyens de commencer leurs travaux, plusieurs individus de l'assemblée posèrent la main sur leur cœur, se désignant ainsi comme un exemple de ce fait; et leurs parens s'écriaient : « Il est vrai; ils doivent leur état, leur existence au duc de Larochefoucauld. »

La classe industrielle ainsi puissamment renforcée par le patriotisme zélé d'un membre de la haute noblesse, est devenue maintenant un ordre auquel les plus grands personnages de France sont fiers d'appartenir. Il est l'objet de l'estime populaire, la source de la richesse nationale, le canal d'une prospérité largement distribuée. Elle est ce que fut la chevalerie dans les temps de ténèbres, un des caractères essentiels du siècle, l'objet de l'enthousiasme contemporain. *Nous autres industriels*, se dit présentement avec le même orgueil que l'on disait auparavant, *nous autres braves militaires*, *nous autres gentilshommes*. Le premier des Bourbons s'honora d'appartenir à cet ordre. Les hommes les plus estimés par leurs talens ou leurs vertus, les patriotes les plus sincères, les caractères les plus conséquens et les plus influens dans les affaires publiques, composent maintenant cette classe jadis négligée et méprisée.

Eminent parmi les plus éminens de ce corps vraiment noble, est le *manufacturier-propriétaire de Saint-Ouen*, car c'est ainsi que M. Ternaux se désigne lui-même. Il est cependant me mbre très-distingué et très-influent de la chambre des députés, de la Société pour l'encouragement de l'industrie, des Sociétés royales d'agriculture de Paris, Boulogne, Lyon, Dunkerque, etc., du Conseil des manufactures; il est président de la Société de la morale chrétienne, officier de la Légion-d'Honneur et de l'ordre du Lion-Belgique; et il possède plusieurs autres distinctions obtenues par sa grande et utile vocation. Dans ses vastes et utiles spéculations commerciales, il mêle la philosophie de son temps à l'esprit d'entreprise des siècles plus aventureux, et quelque chose du grand négociant asiatique, avec le goût qui distingua les Médicis, et l'industrie persévérante, les habitudes simples du manufacturier anglais. C'est à la haute intelligence, à la probité, à l'opulence d'hommes tels que Ternaux, que la France pourra confier l'arche sainte de sa liberté intérieure; tandis qu'elle enverrait des légions de ses jeunes citoyens, défendre son territoire contre les invasions de despotes alliés, si de telles alliances pour les mêmes objets étaient encore formées contre elle.

Si l'on veut juger de la philosophie, de l'excellence, de l'heureuse existence de cette classe industrielle, le meilleur point de vue où l'on puisse se placer est celui que fournit une visite au *manufacturier et propriétaire* de Saint-Ouen. Parmi ceux dont les attentions nous ont paru les plus flatteuses, les plus agréables, pendant notre séjour à Paris, je compte ce vénérable et digne patriote. Il prévint nos désirs en nous invitant à venir voir ses silos, ses chèvres du Thibet, son paradis de cachemire ouvert sur les rives de la Seine. N'ayant pu, par suite d'engagemens pris d'avance, assister à sa fête annuelle, qui présente une sorte de congrès européen, nous fûmes amplement dédommagés par la délicieuse journée que nous passâmes à Saint-Ouen en *petit comité*, composé seulement du général Lafayette avec trois générations de sa famille, de celle de M. Ternaux et de la nôtre.

Tout le monde a entendu parler de Saint-Ouen. C'est un des sites les plus historiques et sans aucun doute, l'un des plus beaux de France. Il est au milieu d'une plaine riche et bien cultivée, sur la rive droite de la Seine, à une lieue de Paris; et la royauté le choisit très-anciennement pour son *esbattement*. Une pierre carrée sur laquelle était inscrit en lettres gothiques, *Ici était la maison de Dagobert*, a été déterrée en 1750 près des fondations du château de M. Ternaux. Là s'élevait aussi le château ou *manoir* de la *Noble maison*, édifice royal érigé par le roi Jean, qui en 1351 y plaça le chapitre de son ordre militaire et chevaleresque de l'Étoile. Les belles campagnes de Saint-Ouen étaient *l'île de Malte* de cette troupe de cinq-cents guerriers, *l'élite* de toutes les nations; et ils tenaient leur assemblée annuelle le jour de la Notre-Dame d'août dans la grande salle de la *Noble maison*, qui tirait son nom bien plus de sa haute destination que de la splendeur de son architecture [1].

En 1374, cet édifice fut donné au dauphin, petit-fils du roi Jean et depuis Charles VI, *pour son esbattement*, comme il est dit dans l'acte. Il devint la résidence favorite de ce prince, et l'objet de grandes dépenses. Une lettre de Louis XI annonce l'intention qu'il avait de tenir un chapitre des chevaliers de l'Étoile à Saint-Ouen, et de se faire accompagner en cette occasion par plusieurs princes et seigneurs. Cependant les chevaliers de Saint-Michel remplacèrent ceux de l'Étoile dans la faveur royale, et ces derniers furent relevés de leurs vœux et privés de leurs colliers. En 1582 la *Noble maison* fut donnée par Louis aux moines de Saint-Denis, *afin qu'ils priassent Dieu pour la conservation de sa personne.*

Louis XIII donna la seigneurie de Saint-Ouen au comte d'Évreux, qui fit bâtir un château en face du pavillon que l'on appelle encore le *Pa-*

---

[1] Le roi Jean résida souvent à Saint-Ouen, et plusieurs de ses édits sont datés de la *Noble maison*.

villon de la reine Blanche. Quelques personnes de goût engagèrent Louis XIV à élever un château royal sur cet emplacement; mais après avoir quelque temps hésité entre Saint-Germain et Saint-Ouen, il déclina l'un et l'autre, parce qu'ils découvraient Saint-Denis, et le clocher qui surmontait le lieu de son dernier repos; et il fixa sa résidence au milieu des arides plaines de Versailles. Saint-Ouen appartint ensuite à un chancelier de Monsieur, frère de Louis XIV, qui donna dans ce château des fêtes si brillantes qu'elles furent comparées aux fêtes célèbres de Chantilly. Le gendre de ce magnifique domestique de la maison d'Orléans, le duc de Gisors, vendit Saint-Ouen à madame de Pompadour; et la maison et les jardins furent embellis par le goût et l'extravagante prodigalité de cette royale concubine. Mais une plus haute distinction devait honorer Saint-Ouen; ce fut là que Louis XVIII s'arrêta en mai 1814, à son retour en France; et ce fut la première résidence qui reçut en ce pays un roi constitutionnel [1]. Là, les sénateurs lui présentèrent la constitution qu'ils avaient rédigée, dans laquelle il était annoncé que Louis-

---

[1] Le premier du moins qui ait pris volontairement et en apparence de bonne foi ce titre.

Stanislas-Xavier serait proclamé *roi des Français*. Et le roi répliqua par une déclaration (sa première faute) où il prenait le titre de *roi de France et de Navarre*.

Bientôt après, le vieux château fut vendu et démoli; mais ce fut pour élever sur ses ruines un édifice d'une magnificence royale qui laissait bien loin derrière lui la résidence somptueuse de madame de Pompadour. Là, sa belle propriétaire actuelle donna cette fête splendide qui rappelait les *meilleurs vieux temps* des Boissances et des Pompadours, et dans laquelle, en s'adressant à ses hôtes royaux et nobles, la comtesse Ducayla s'écria avec une éloquence digne du siècle de Louis XIV : « *Saint-Ouen, le 2 mai, appartient à toute la France ; et ce jour-là, je n'en suis plus la propriétaire; je n'en suis plus que la concierge* »[1].

---

[1] La France est maintenant quelque chose de mieux qu'un assemblage de courtisans et de parasites. A cette fête anniversaire on fit l'inauguration du portrait de Louis XVIII, par Gérard, lequel inspira à la *flagornerie* de Désaugiers les vers suivans, dont les louanges sont assez équivoques :

> Du roi qui sut aimer, boire et combattre,
> Ton art divin aux Français réjouis,
> A rappelé les traits épanouis...
>   C'était au peintre d'Henri-Quatre,
> A nous offrir l'image de Louis.

Cependant un autre château, qui s'était élevé dans le voisinage de Saint-Ouen, eut une destinée bien différente. Ce fut d'abord l'élégante *villa* du prince de Rohan, ensuite la résidence de M. de Laborde, valet-de-chambre de Louis XVI [1], duquel M. Necker l'acheta. Là, madame Necker prononçait ses petites sentences sénatoriales, et rassemblait sa cour de *beaux esprits*; les Thomas, les Marmontel, les Saint-Lambert, les Suard, les Morellet, les dieux inférieurs du Parnasse français. Là, son mari médita ces ordonnances, ces décrets qui le couvrirent de gloire; là, il jouit du triomphe de son premier exil, où toute la France lui servit de cortége. Là leur fille, encore plus célèbre, donna, à l'âge de douze ans, les premiers signes de ce génie qui devait la placer au premier rang de la littérature féminine de France, en produisant une petite comédie intitulée : *les Inconvéniens de la vie de Paris* [2]; et là réside M. Ternaux,

---

[1] M. de Laborde a joui de quelque réputation littéraire dans son temps. Il a composé des opéras, un *Essai sur la musique;* et son ouvrage le plus remarquable est un *Recueil* de pièces pour servir à l'histoire des règnes de Louis XIII et Louis XIV.

[2] « Marmontel, qui l'a vu représenter dans le salon de Saint-Ouen, par l'auteur et sa petite société, en a été touché jusqu'aux larmes. » (GRIMM.)

dont les droits seigneuriaux sont fondés sur l'union intime de ses intérêts avec ceux de ses concitoyens.

Nous arrivâmes à Saint-Ouen à l'heure la plus chaude d'un beau jour d'été. La belle vue que nous découvrîmes, de la terrasse, nous rappela les riches paysages du Poussin plus qu'aucune scène naturelle que nous ayons jamais contemplée. Quelque chose dans les campagnes de Saint-Ouen fait penser à cette partie du *val d'Arno*, où Bocace a placé le site de son Décameron. Les larges sinuosités du fleuve suivent les détours d'une vallée onduleuse; des bouquets d'arbres superbes, projetant des ombres profondes et majestueuses, sont interrompus par des plantations d'arbustes fleuris, parmi lesquels brillent les rosiers et les orangers; des champs de fleurs distribués dans les vertes pelouses, déployaient les plus vives couleurs, répandaient les odeurs les plus suaves. Les troupeaux du Thibet se nourrissaient en effet d'une pâture orientale. La rivière, un moulin, un pont, une tour, une cascade, et la perspective de l'abbaye gothique de Saint-Denis complétaient l'aspect pittoresque de cette scène animée.

Malgré l'intérêt du château, si rempli de souvenirs; malgré l'entraînement, auquel il est souvent difficile de résister, d'un repas où le luxe le mieux entendu se déployait, nous ne pouvions nous arracher à cette vue, dans laquelle tous les charmes d'un paysage pastoral se combinaient pour montrer les bienfaits de la nature sous leurs plus aimables formes. Il était surtout délicieux d'observer que ce qui flattait le plus les sens et l'imagination, dans ce beau lieu, produisait quelque bien réel, ouvrait une source d'indépendance substantielle à des milliers d'êtres humains. Au milieu de ces bosquets fleuris, sont placés les vastes silos, ces galeries souterraines de l'agriculture moderne où l'expérience a prouvé que le grain peut être gardé plusieurs années dans un état de parfaite conservation. Les troupeaux pittoresques des chèvres de cachemire, qui semblaient avoir été amenés là exprès pour la décoration, fournissent la matière d'une marchandise de la plus haute valeur commerciale, et de l'article le plus précieux de la toilette.

En prenant part à un repas somptueux, notre conversation tomba naturellement sur les objets intéressans que l'on appercevait des fenêtres. Les troupeaux qui paissaient devant nous, avaient produit les beaux schalls qui flottaient sur le dossier des chaises occupées par nos belles compagnes, et pouvaient rivaliser de finesse avec le turban du grand seigneur. On persuaderait difficilement aujourd'hui à une petite maîtresse de Paris qu'il fut un temps ou une Française à la mode pouvait exister sans cachemire, un temps où cette pièce indispensable était aussi inconnue aux femmes les plus élégantes que le grand turc. « Les premiers cachemires qui parurent en France, dit madame de L'Aub...' (car une Française instruite a toujours quelque chose d'intéressant à dire sur toutes sortes de sujets), avaient été envoyés par le baron de Tott alors au service de la Porte, à madame de Thessé. Quand ils furent produits dans sa société, chacun admira leur beauté; mais personne ne savait à quel usage on pouvait les employer. On décida enfin qu'on en ferait de jolis couvre-pieds et des rideaux pour les berceaux d'enfans : mais la mode s'empara depuis de ces tissus pour les schalls; et les dames revinrent à leurs couvre-pieds piqués et à leurs édredons. »

M. Ternaux observa que, bien que les tissus de cachemire fussent dès long-temps connus en Europe, ils ne commencèrent à être à la mode qu'après l'expédition de Bonaparte en Égypte; et qu'ils ne prirent faveur que lentement.

—Le schall de cachemire était encore une nouveauté en France quand Joséphine, femme du premier consul, ne savait comment en diriger les plis élégans, et dut à la brusque franchise de Rapp la grâce avec laquelle elle sut par la suite les porter. — *Permettez que je vous fasse observer*, dit Rapp, comme ils allaient partir pour l'Opéra, *que votre schall n'est pas mis avec cette grâce qui vous est habituelle.* Joséphine, en riant, permit au général d'arranger son schall à la manière des Egyptiennes. Cette toilette impromptu retarda le départ, et la machine infernale éclata en vain ! Quelles destinés dépendaient de l'arrangement de ce cachemire ! Un moment plus tôt ou plus tard, ce schall aurait fait prendre aux événemens un autre cours qui aurait changé toute la face de l'Europe.

— Depuis cette époque, continua M. Ternaux, *point de salut* pour une belle, sans un schall de cachemire. — Chacun fournit son anectode piquante sur l'immortel cachemire; et, tout en parlant de ce produit, nous nous levâmes de table pour aller visiter la manufacture que M. Ternaux a établie à Saint-Ouen, et que l'on appelle *fabrique d'échantillons*, parce qu'on y voit des spécimens de ses diverses manufactures répandues dans toute la France, et qui donnent de l'emploi à onze mille familles d'ouvriers.

En passant devant le pavillon de la reine Blanche, le contraste offert par ce monument des anciens temps et les habitations commodes des manufacturiers du temps actuel, nous parut frappant. Après avoir comtemplé l'industrie, l'intelligence déployées dans ces établissemens, et leur prospérité visible, je me trouvai plus disposée à converser avec M. Ternaux qu'à revoir la scène qui nous avait séduits le matin. Le sentiment qu'il nous inspirait était semblable à celui que le jeune Henri de Prusse [1] éprouva en visitant le spirituel et aimable duc de Nivernais, à sa maison de campagne de Saint-Ouen. Ce prince répondit à ceux qui lui demandèrent comment il avait trouvé le site de Saint-Ouen : — Je n'y ai fait aucune attention; je n'ai vu que le duc de Nivernais.

C'est à l'activité, à la persévérance de M. Ternaux que la France doit les immenses progrès de ses manufactures de schalls, sur lesquelles son attention fut attirée par la fureur des Parisiennes pour les tissus indiens. A l'époque où l'expédition d'Égypte mit ce produit à la mode, l'animal qui en fournit les matériaux était abso-

---

[1] Frère du grand Frédéric. Cette visite au duc de Nivernais lui inspira une ode que Grimm a conservée.

lument inconnu en France; et les premiers efforts de M. Ternaux tendaient à se procurer, en contrebande, d'une ville à quelques centaines de wersts au delà de Moscow, un échantillon de cette laine. Ce projet fut exécuté par un de ses courriers, qui rapporta le ballot précieux, pesant environ soixante livres, caché sous le coussin de sa voiture. Les premiers essais pour imiter les tissus furent faits avec ces rares matériaux, et ce ne fut qu'après la paix de Tilsitt qu'il eut le moyen d'en faire venir une plus grande quantité.

Un parfait *fac simile* du corps du schall indien fut alors produit; mais les bordures et les dessins offraient de grandes difficultés par le haut prix de la main d'œuvre en France, cette partie étant entièrement travaillée à l'aiguille. La seconde tentative de M. Ternaux eut donc pour but de faire les bordures et les dessins de fond, par les procédés employés à Lyon pour fabriquer les étoffes de soie à fleurs. Le prix excessif était cependant toujours un obstacle à leur vente; et des tissus inférieurs dans lesquels entrait une partie de soie, fabriqués par une autre maison, obtinrent la préférence. M. Ternaux ne se laissa pas décourager par cet échec, et il a fini par produire des schalls qui, sous le rapport de la finesse de l'étoffe et de la beauté des dessins, n'étaient pas inférieurs à ceux de l'Inde.

L'objet le plus intéressant pour lui devenait alors de se procurer une ample provision de laine, et comme il avait remarqué que les Russes, desquels il l'achetait, nommaient cet article laine de Perse, il dirigea ses recherches de ce côté; il apprit que Thamas Kouli-Kan, dans ses expéditions d'Asie, avait amené du Thibet trois cents chèvres qui produisaient cette laine; et que ces animaux s'étaient multipliés en Bukarie et jusque dans la province de Kirman. Ayant ainsi reconnu que ces chèvres peuvent vivre à une latitude de quarante-deux degrés et dans un pays que son élévation rend beaucoup plus froid que la France, et qu'elles supportent aussi la chaleur du Kirman, qui est sous le treizième degré de latitude, il résolut d'essayer de les naturaliser dans son pays.

Mais pour s'assurer de l'identité des animaux, et que leurs produits au Thibet fussent précisément les mêmes qu'en Perse, une inspection personnelle était nécessaire. A cet effet le capitaine Bandin, qui fit voile pour Calcutta en 1814, se chargea d'obtenir de véritable laine du Thibet. L'examen de ce produit éclaircit tous les doutes; mais le plus difficile restait à faire; savoir, d'obtenir les animaux eux-mêmes. La distance, les dangers du voyage, la jalousie des gouvernemens étrangers présentaient de grands obstacles à cette entreprise. Pour y réussir, il fallait un homme intelligent et courageux, familier avec les langues orientales et accoutumé aux voyages longs et périlleux. Il fallait aussi l'intervention du ministère français pour disposer le gouvernement russe en sa faveur. Heureusement, le duc de Richelieu dont les relations avec ce pays lui donnaient de grandes facilités pour mener à bien cette entreprise, s'y intéressa vivement. M. Amédée Jaubert, qui fut envoyé à cet effet, après avoir été forcé d'abandonner trois cents chèvres dans les steppes du Oural, après avoir été contrarié par des maladies de ces animaux, les attaques des loups, celles des hordes barbares qui habitent ces contrées, par la faim et la soif, parvint enfin à embarquer en Crimée cinq cent soixante-huit bêtes, dont deux cent quarante de race pure, trois cents de race mêlée; six moutons de Barbarie, huit chevreaux, sept jeunes mères et sept mâles.

Par le succès de cette entreprise, aussi heureuse que bien combinée, un simple manufacturier a donné à son pays un nouveau et profitable objet d'industrie agricole, et a enrichi les manufactures d'un produit qui sera la source de travaux et de profits étendus, tant qu'il restera en Europe du goût et de la richesse.

Mais peut-être les perfectionnemens que M. Ternaux a obtenus dans les races de moutons offrent-ils encore de plus grands avantages pour la France.

Comme il avait fait les premières imitations des schalls de cachemire avec de la laine de mérinos, son attention s'était naturellement fixée sur ce produit et sur l'animal qui le donne. L'amélioration des bêtes à laine avait été un des projets favoris de Colbert; et quand un certain M. Cadot, fabricant de lainages, se trouva prêt à manquer à cause des dépenses qu'il avait faites en essais pour surpasser les manufactures de Leyden, il réussit à le sauver par un manége adroit qui remplit parfaitement son but. Il engagea Louis XIV à porter un habit de cette fabrique, et dans une partie de chasse il remarqua avec éloge la couleur, la contexture de l'étoffe; chaque courtisan, et ensuite tous les courtisans des courtisans, commandèrent aussitôt des habits semblables. Tous les draps fabriqués furent rapidement et chèrement vendus; la manufacture de Sédan fut sauvée et devint la mère de celle de

Reims, long-temps fameuse pour cette étoffe que l'on connut depuis sous le nom de Sillery.

M. Ternaux a contribué à l'amélioration des races de moutons par l'importation de plusieurs belles races d'Espagne, d'Angleterre et d'Égypte; et il a publié des brochures pour répandre les connaissances sur cette importante branche de l'agriculture. Divers produits nouveaux sont dus aux fabriques exploitées par M. Ternaux, sur différens points de la France, spécialement ce tissu léger, durable, uni, maintenant parfaitement imité en Angleterre et que l'on connaît sous le nom de mérinos. Je crois qu'il est aussi l'inventeur du procédé d'imprimer en relief les dessins sur les draps, pour les tapis de tables et autres objets d'ameublement.

Comme représentant très-populaire de Paris à la chambre des députés, le nom de Ternaux est bien connu aux politiques anglais. On dit qu'il possède une immense fortune; et si un esprit étendu, éclairé, de l'industrie, et un patriotisme qui lui fait voir la prospérité du pays dans le bien-être de ses habitans, et suivre cet objet avec une infatigable prévoyance, si tout cela, dis-je, donne un juste titre à l'éminence, « il l'a bien gagnée; et puisse-t-il en jouir long-temps! »

Ce fut avec beaucoup de regret que nous nous privâmes d'assister à la fête de l'ouverture de ses silos, à laquelle nous étions invités. J'aurais été bien aise de pouvoir en parler d'après mon propre examen; mais tout ce que je puis en dire est que ce sont des excavations faites à une certaine profondeur dans la terre et garanties de l'humidité, dans lesquelles il a été expérimenté que le blé se conserve pendant des années sain et à l'abri des insectes et autres animaux destructeurs. On dit que l'usage s'en est répandu assez rapidement en France, et c'est un moyen de grande économie pour l'agriculture de ce pays.

Ni mes habitudes ni mes relations ne me permettaient d'observer exactement ce qui concerne l'état actuel de la classe industrielle en France. Dix ans de paix et de tranquillité intérieure ont, de l'aveu de tout le monde, développé dans une très-grande étendue les ressources manufacturières, commerciales et agricoles du pays; et ce fait implique en lui-même une amélioration correspondante de la condition du peuple. La division des terres, produite par l'abolition du droit d'aînesse et la vente des biens nationaux, a répandu l'aisance non pas seulement d'une manière directe par l'érection de petites propriétés, mais encore indirectement par le plus grand développement d'industrie que ce morcellement a occasioné sur des terres moins vastes. On trouve assurément moins de terrains perdus, pour la culture utile, qu'avant la révolution, et le nombre de propriétaires résidant sur leurs biens, et s'occupant personnellement de leurs exploitations, est considérablement augmenté. La tendance directe de ce changement doit être en faveur de la classe ouvrière, et l'on ne peut douter qu'elle n'ait beaucoup d'avantages au dessus de la même classe en Angleterre et en Irlande. Toutefois, le nombre circonscrit des électeurs payant 300 francs de contributions directes, dans un pays où les terres et les maisons sont fortement imposées (nombre qui n'excède pas de beaucoup quatre-vingt mille), prouve que la France n'est pas ce qu'elle devrait et ce qu'elle pourrait être; et quand la moyenne classe ne jouit pas d'une aisance suffisante, les laboureurs ouvriers, qui dépendent d'elles, ne peuvent être dans un état parfaitement satisfaisant.

A notre arrivée à Paris, deux sujets occupaient l'attention publique, la misère des ouvriers en soie de Lyon et la détresse des vignerons, qui chargeaient de leurs pétitions le bureau de la chambre des députés. L'état de la fabrique de soie nous intéressait spécialement, parce que nous avions été témoins d'un rassemblement des ouvriers de Spithlfieds peu de jours avant notre départ de Londres, lesquels réclamaient du gouvernement la prohibition des soieries françaises, dont l'admission, à ce qu'ils supposaient, avait paralysé cette branche de l'industrie de notre pays. Nos informations à ce sujet ne nous donnèrent aucune explication satisfaisante sur les causes de cette détresse des Lyonnais, sinon qu'elle tenait à ce qui influe plus ou moins sur toutes les branches d'industrie, l'incertitude du commerce dans toute l'Europe.

On expliquait mieux les malheurs des cultivateurs de vignes, par les restrictions absurdes qu'apportent à la circulation intérieure des lois fiscales qui paraissaient alors d'autant plus pesantes, que l'on venait d'avoir plusieurs années consécutives d'abondance[1]. La denrée surpas-

---

[1] L'*octroi*, ou droit d'entrée intérieur, avait été aboli à la révolution. Mais les abus dans le gouvernement sont si fortement enracinés, une fois qu'on a permis leur existence, que cet abominable mode d'impôt, en dépit du bon sens et de l'évidence des maux qu'il produit, fut bientôt renouvelé pour fournir aux dépenses municipales.

sait de beaucoup la consommation dans les pays de vignobles; et les vins de haut prix valaient seuls les frais d'un transport assujetti à des taxes si élevées.

Dans une certaine classe de raisonneurs en France, on suppose que l'avarice des gros capitalistes fait baisser le prix du travail, en obligeant à se livrer à des entreprises hasardeuses et peu profitables. Mais l'intérêt des capitaux n'est pas plus élevé en France qu'en d'autres pays, et la condition du pauvre ne serait pas améliorée par le reserrement de l'argent, qui ne produirait pas un revenu suffisant.

Le poids des taxes, léger en comparaison de celles de l'Angleterre, est le sujet de plaintes graves, comme paralysant l'industrie du pays. En jugeant cependant d'après la vue superficielle qu'un voyageur peut obtenir pendant un séjour peu prolongé, on n'aperçoit en France que peu de signes de misère. Une longue habitude, fruit d'une politique erronée, a conduit le peuple de Paris à compter sur le gouvernement pour le tirer de tous ses embarras; et la quantité de citoyens qui meurent dans les hôpitaux de cette ville conduirait à supposer qu'il y existe une pauvreté que ne prouvent point les habits et le régime des dernières classes. La cessation soudaine de cette affluence d'argent qui, sous l'empire, arrivait à Paris de tous les coins de l'Europe, peut en effet avoir dérangé les opérations des industriels; en dernier lieu, la brusque suspension des entreprises de bâtimens mal calculées peut avoir produit le même fâcheux résultat. Cependant, les mendians ne sont point importuns dans les rues, et le spectacle des visages amaigris et des habits déguenillés des malheureux ouvriers sans travail n'excite pas, comme en Angleterre, et la compassion et l'effroi [1].

Dans un pays aussi étendu que la France, et dont les circonstances locales diffèrent tellement d'une province à l'autre, il est difficile de tirer aucune conséquence générale. La plupart des provinces du nord sont comparativement plus florissantes que celles du midi, et la condition

---

[1] Des comparaisons aussi défavorables à notre pays sont pénibles à faire; mais en les répétant fréquemment on espère parvenir à montrer la vérité, à provoquer les mesures salutaires qu'exige l'état des choses. Si l'on trouvait quelque chose d'antinational dans ces aveux, je répondrais que le mal ne consiste pas à les faire, mais à les rendre nécessaires. Le patriotisme doit se montrer par des efforts pour éloigner les causes de malheur de son pays et pour le rétablir dans son ancienne splendeur, et non par une indignation déplacée contre ce qu'on appellerait très-injustement une scandaleuse confession.

du paysan y est conséquemment meilleure. L'éducation, les habitudes d'industrie sont également plus répandues dans le nord. Toutefois, on peut affirmer que les ressources du pays en général vont en croissant, et que le peuple prend tous les jours plus de bien-être et d'importance: et s'il n'était pas troublé dans sa conscience par les prêtres, ou alarmé sur la stabilité de ses institutions politiques et la solidité de ses propriétés nationales par les prétentions du parti ultra-royaliste, il serait content de son gouvernement, tout imparfait qu'il est, et ne se prêterait pas facilement à des plans d'amendement abstraits et théoriques. La révolution, en déchargeant la France du poids des taxes et de celui des innombrables cadets de famille qu'il fallait soutenir dans l'oisiveté, a donné à l'industrie une impulsion telle que, avec le temps nécessaire pour accumuler des capitaux, la France peut et doit devenir le pays le plus puissant du continent. Elle a déjà cessé d'être purement agricole, et conséquemment condamnée à une pauvreté générale par la concentration des propriétés foncières. Des fortunes commerciales et manufacturières naissent de toutes parts, et prennent la place de l'aristocratie de naissance et de magistrature. Leur influence se fait sentir dans la société, sur les élections, sur l'opinion publique, et jusqu'à présent à l'avantage du pays. Si les gouvernemens de l'Europe agissent avec sagesse, et que celui de la France particulièrement adopte une politique éclairée et libérale dans ses relations avec les nations étrangères; cet accroissement dans la prospérité de vingt-huit millions de consommateurs tournera au bénéfice de tous les états européens. Mais si l'ancien système de jalouse exclusion et de rivalité continue, il tendra seulement à altérer la balance du commerce, à porter l'argent et les entreprises sur d'autres points d'opérations, et à provoquer de nouvelles guerres où les intérêts de tous les peuples seront également sacrifiés.

FÊTE-DIEU EN 1829.

Pendant toute la semaine dernière, les rues ont été occupées par des processions préparatoires pour la Fête-Dieu. Elles se composaient de jeunes personnes vêtues de blanc depuis leurs souliers jusqu'à leur voile flottant, ou (comme le nomma l'une d'elles) leur toilette de sacrement. Les jeunes garçons avaient des rubans blancs noués autour du bras, comme pour un bal de maître-à-danser de village. Les processions sont toujours plus nombreuses en femmes qu'en hommes. Chaque paroisse a son petit troupeau, composé de jeunes filles de tous rangs qui marchent deux à deux le long des rues, sous un soleil brûlant ou une pluie soudaine, suivant les chances du temps; conduites par un jeune prêtre qui marche à leur tête, en se retournant de temps en temps pour voir si tout est en ordre. La plupart des jeunes personnes ainsi exposées aux regards des passans devaient faire partie de la grande procession de la Fête-Dieu, tâche véritablement pénible. Je vis au milieu d'elles mademoiselle de B***, qui reçoit dans le sein de sa famille l'éducation domestique d'une Anglaise de distinction, et dont la mère est une des plus *grandes dames de par le monde*, et de la société du château. Je fis observer cette circonstance à madame de T***, qui me répondit avec le *que voulez-vous* accoutumé : *Elle* veut aller aux bals de la duchesse de Berri. — Je fus toute surprise : — Mais qu'ont à faire les bals du pavillon Marsan avec une procession? Madame de T*** répondit : — Je représentais dernièrement à une de mes amies (qui rit en secret de la *cagoterie* de la cour) qu'elle avait tort d'exposer ainsi ses filles; elle répliqua comme je viens de le faire à votre question, en ajoutant que madame la dauphine ne permettrait pas à la folâtre petite duchesse d'inviter à ses bals des jeunes personnes qui n'observeraient pas à *la rigueur* toutes les formes extérieures de la religion.

— Ainsi, dis-je, un billet de confession est un préliminaire nécessaire pour obtenir un billet d'invitation; et la route pour arriver aux fêtes de la cour est *par l'église, Sire.* »

— Peut-être bien, me répondit-elle en riant.

En rentrant à une heure assez avancée de la nuit, d'une soirée au Jardin-des-Plantes, chez le baron Cuvier, nous trouvâmes tous les alentours du Pont-Neuf, du quai des Orfévres, etc., occupés par des ouvriers travaillant, à la clarté des lampes, à élever des arcs de triomphe, à décorer de riches *reposoirs*, à placer de tous côtés des images de la Vierge et des bustes du roi. Entre ces préparatifs pour la Fête-Dieu et la société que nous avions laissée au Jardin-des-Plantes il y avait un intervalle de plusieurs siècles. La dernière montrait, pour user des paroles de Voltaire, *l'esprit des hommes dans le siècle le plus éclairé qui fut jamais.* Les derniers étaient une tentative pour ramener des temps où des pratiques religieuses, souvent d'une origine païenne, étaient seules observées, tandis qu'on négligeait la morale qu'elles devaient enseigner.

Le lendemain matin, de bonne heure, on nous envoya des billets pour le balcon de la colonnade du Louvre, d'où l'on pouvait voir, à son plus grand avantage, la procession royale de la Fête-Dieu.

Tout le chemin, depuis la grille des Tuileries, était semé de fleurs, tendu de tapisseries de chaque côté et bordé de soldats. Des spectateurs de toutes les classes se pressaient en foule derrière eux, et ils ne laissaient passer que ceux qui étaient pourvus de billets. Quand nous prîmes nos places au milieu de cette colonnade sans pareille, une scène magnifique et pittoresque se déploya à nos yeux. Il faut connaître le site pour juger de son effet singulier. La colonnade qui occupe la façade orientale du Louvre est le triomphe de l'architecture française; car ce que le Bernin avait manqué, Perrault l'exécuta avec succès [1]. La vue que l'on découvre de cette fa-

---

[1] Cette colonnade fut érigée d'après les ordres de Louis XIV. Pour faire avancer cet ouvrage il empiéta également sur les droits des propriétaires et sur les priviléges de l'église. Il fit une ordonnance pour défendre l'érection d'aucun bâtiment sans sa permission expresse, sous peine de payer une amende de dix mille livres; et aux ouvriers de travailler ailleurs qu'à ce palais, sous peine d'emprisonnement pour la première fois et des galères pour la seconde. Il ordonna également à l'archevêque de Paris de suspendre toutes les fêtes, pour donner plus de temps aux ouvriers qui travaillaient au Louvre.

çade est une des plus belles qu'une capitale européenne puisse offrir : à droite, la Seine, des tours, des clochers, des dômes, des édifices de toutes les époques et de tous les styles d'architecture, enfin le *Pont-Neuf* et le *Pont des Arts*, tous deux caractéristiques de leur temps ; en face, et séparée par un grand espace libre, l'église de Saint-Germain-l'Auxerrois, l'un des exemples les plus graphiques de l'architecture gothique, et l'un des monumens les plus expressifs de la puissance de l'église en France. Fondée dans les premiers siècles de la barbarie, et reconstruite dans sa forme actuelle pendant la domination de l'église, en 1423, son antiquité s'accordait parfaitement avec la cérémonie qu'on allait célébrer dans ses murs. Les statues de Childebert et d'Ultrogothe gardent encore le porche par lequel Charles X et la duchesse d'Angoulême étaient entrés une heure avant. Au dessus de ce porche, sur un balcon orné de tapisseries, étaient assises des dames en habit de cour; un grand espace, en face de l'église, était gardé par des soldats et entouré par la multitude; le tout avait l'apparence de quelque ancienne fête de tournois ou de carrousel.

Enfin, le service étant fini dans l'église, un mouvement se communiqua au peuple à l'extérieur par la sortie de la foule des suivans de la cour et de l'église, huissiers, officiers de la garde, prêtres et autres *personnages dramatiques*, tous en costumes remarquables. La cloche sonna (comme le jour de la Saint-Barthélemi); les bannières furent élevées; des hymnes, des *hosannas* firent retentir l'air de leurs sons prolongés, éclatans. Des confréries et d'autres associations sortirent des portes en longues files, escortées par des troupes. Ensuite vinrent les jeunes catéchistes, les divers officiers de la cour, le clergé, les évêques. Alors parut le *dais* qui couvrait le Saint-Sacrement, objet splendide soutenu par des individus de rang élevé, qui ne rougissaient point de s'exposer aux yeux de leurs concitoyens dans cet acte de fausse humilité et de véritable flatterie de l'esprit du jour. Immédiatement après le dais marchait le roi, accompagné de son fils le dauphin et entouré des grands officiers de sa maison; la duchesse d'Angoulême en habit de cour et couverte de diamans venait ensuite, deux dames portant sa queue; la duchesse de Berri la suivait avec ses dames, également parée, mais marchant avec difficulté, avec une chaussure légère, peu propre à se soutenir sur un pavé humide.

Pour voir de plus près ce superbe cortége, je

quittai la galerie, et me hâtant de regagner la cour du Louvre, je marchai à côté du roi, dont je n'étais séparée que par la file de soldats. La fatigue, l'ennui, étaient peints sur toutes les faces royales ; l'indifférence ou la moquerie sur celles des spectateurs. Les acteurs de cette scène pompeuse étaient *en évidence*, depuis huit heures du matin. Ils avaient été renfermés, avec leur suite nombreuse et une foule de curieux, dans l'intérieur de l'église au milieu de la fumée des cierges et de l'encens. Maintenant ils marchaient lentement, alternativement mouillés par des averses et brûlés par un soleil de juillet. Nous les laissâmes comme ils allaient montrer le long du quai cet échantillon de la marche de leur intelligence à la France du dix-neuvième siècle; imaginant sans doute qu'une telle exhibition était un moyen non moins infaillible pour capter la faveur de la nation [1], que pour attirer sur eux la protection divine.

---

[1] Les observations de quelques personnes du peuple m'amusèrent beaucoup pendant que nous passions devant elles en même temps que la procession royale. La toilette des princesses attirait particulièrement l'attention des jeunes femmes. On commentait le costume de la duchesse de Berry, avec beaucoup d'admiration ; et les diamans de madame la dauphine excitaient plus d'intérêt que la piété qui l'enga-

La même cérémonie est remplie dans toutes les paroisses du royaume, avec la différence que les maires, les préfets et autres autorités de divers degrés, remplacent le roi et la cour. De somptueux reposoirs étaient élevés dans tous les quartiers de la ville, et les rues par lesquelles devaient passer les processions étaient tapissées et jonchées de verdure et de fleurs. Le reposoir de l'hôtel du ministre des finances, à côté de notre hôtel, était remarquablement beau. Toute les arcades de la rue de Rivoli formant la facade de cet édifice étaient richement drapées.

La fête-Dieu est une des grandes solennités de l'église dans tous les pays catholiques; et si de telles pompes étaient capables d'éveiller dans les cœurs un sentiment religieux, l'on n'aurait pas un mot à dire contre elle. Mais, comme machines politiques employées à faire reculer le peuple français à l'ultra-royauté, et à lui donner le goût du despotisme, elles sont plus nuisibles qu'utiles. Si l'on considère la froideur générale avec laquelle on reçoit toutes ces pompes et la

geait à se montrer ainsi dans une pompe si peu chrétienne. *Eh bien, oui!* disait une douairière des halles au milieu d'un groupe, *on fait grand cas de tout cet embarras-là, mais dame c'est nous qui payons les frais*, allez!

tendance, même des gens pieux, vers une réforme religieuse, on sentira que la présence du roi à la suite des prêtres que l'on méprise et que l'on craint, ne peut avoir d'autres conséquences que de l'envelopper lui-même dans cette crainte et ce mépris. En proportion de la magnificence de la cérémonie et du goût général du peuple, pour les fêtes, la foule des spectateurs n'était pas très-nombreuse; et le peu d'hommes qui s'y trouvaient mêlés aux femmes et aux enfans paraissaient honteux d'être là : du reste personne ne donnait aucune marque d'enthousiasme, soit pour la procession elle-même, soit pour ses royaux acteurs. Si la cour est capable de quelques réflexions, ces circonstances doivent lui en suggérer, et l'engager à fonder sur de meilleurs titres sa popularité, en accordant à la nation les bienfaits substantiels d'un bon gouvernement et des garanties pour leurs droits que la charte de Louis XVIII, telle qu'elle est administrée maintenant, n'a point encore confirmés.

LES OSAGES DE PARIS.

La renommée dont le général Lafayette jouit est sans exemple dans les annales de la vertu humaine. Elle fleurit dans le véritable centre de la civilisation européenne; elle retentit sous les tonnerres de Niagara, et trouve des échos le long des rives de l'Ohio. J'allai ces jours derniers rue d'Anjou tenir compagnie au général, pendant qu'il posait pour son portrait exécuté par un éminent artiste anglais de l'école romaine [1].

[1] Ce portrait était exécuté d'après le désir d'une Anglaise pleine d'esprit et de sentimens élevés, mistress Traf-

Il arriva, et tout-à-fait à propos d'une anecdote plaisante que je venais de conter sur la curiosité à la mode, *les chefs Osages*, que le valet de chambre de M. de Lafayette entra pour lui porter un message suppliant de ces pauvres sauvages. Ils demandaient que le général s'intéressât à les tirer d'un embarras dans lequel ils étaient tombés. Leur propriétaire avait saisi leur garde-robe indienne pour le loyer qu'ils ne pouvaient payer; il paraissait qu'ils étaient d'ailleurs dans l'état le plus triste. Ils étaient venus, disaient-ils, voir le pays de Lafayette dans la singulière idée qu'ils voyageaient pour leur propre amusement, non pour celui du public oisif et curieux de l'Europe; et ils imaginaient que le grand nombre de visiteurs qu'ils attiraient était un hommage à leur importance personnelle.

S'il faut en croire les bruits publics, leur *Cicerone* ne les détrompa qu'à l'arrivée de la baleine royale; et la diminution des fonds communs

---

ford Southwell de Norwich. J'étais chargée de faire la requête au général, elle fut à l'instant accordée, bien que sans doute elle ne fût pas sans quelques inconvéniens pour celui dont le temps appartient au genre humain. Le succès de M. Davis a été complet. Son admirable ouvrage est maintenant dans les mains de la dame libérale qui a fait faire le voyage de Paris à cet artiste.

amena une explication qui leur montra le malheur de leur situation dans toute son étendue, et l'impossibilité soit de subsister où ils sont, soit de retourner dans les régions sublimes, que la louable curiosité de visiter un pays qui avait produit des hommes tels que Lafayette avait seule pu leur faire abandonner.

Il n'est pas nécessaire d'ajouter que leur confiance dans la prompte sympathie de l'objet de leur vénération n'a pas été trompée, et que leurs demandes ont eu un plein succès.

NOTRE DERNIÈRE SOIRÉE A PARIS.

Adieu, plaisant pays de France,
Adieu, France, adieu, mes beaux jours;
La nef qui disjoint nos amours
N'aura de moi que la moitié :
Une part te reste, elle est tienne,
Je la fie à ton amitié
Pour que de l'autre il te souvienne.

Ainsi chantait Marie Stuart en quittant la terre de sa prédilection pour sa terre natale. En quittant la capitale de la civilisation européenne pour une région barbare peuplée d'hommes rudes, grossiers; une société polie par les ouvrages et la conversation de Montaigne, de l'Hôpital, de Du Bellay, de Marot, de Ronsard, pour les enfans de la féodalité, rendus encore plus farouches par le fanatisme de secte et par les dissensions politiques.

Si jamais il fut un moment dans lequel la France dût être visitée avec plaisir, quittée avec regret, c'est lorsque tout conspire chez elle à montrer qu'elle a découvert les grandes fins de toute humaine science; le secret d'un bon gouvernment dirigé dans l'intérêt et pour le bonheur du grand nombre. Elle a souffert et combattu long-temps pour atteindre à cette application-pratique, et ses efforts de même que ses souffrances ont été sans exemple, sans parallèle. Elle a chèrement acheté (mais non trop chèrement) la sagesse, par ses trésors et son sang, par la suspension momentanée de son ancienne et belle renommée d'humanité. Elle a souffert l'ignominie, la calomnie; elle a supporté les persécutions universelles et en a triomphé. L'Europe entière s'est levée contre elle; des nations ordinairement ennemies se sont unies pour sa destruction. Des armées à l'extérieur, des divisions, des trahisons intérieures; des préjugés consacrés par le temps; des intérêts formés par une longue prescription, se sont vainement opposés à ses progrès. Elle a franchi les barrières féodales et fiscales, elle a vaincu la barbarie, l'ignorance, la cruauté, renversé les priviléges dans la poussière et tiré de leurs ruines les droits civils. Elle a prouvé que ce bel univers a été créé non pour un seul, mais pour tous, non pour César, mais pour l'homme; et que les lois humaines, comme celles de la divinité, ne reconnaissent aucune inégalité dans les personnes. Elle a démontré que les idées et les institutions des âges de ténèbres, de l'enfance de la société, sont absolument inapplicables à des temps où la civilisation est dans toute sa vigueur. Elle a démontré que le dogme de la supériorité du présent sur le passé, est faux et tout-à-fait contre nature; car il implique une progression de mal qui aurait depuis long-temps conduit au dernier terme de l'anarchie et de la destruction [1].

Ayant reconnu ce principe, la France est préparée à mettre en pratique cette glorieuse découverte; à maintenir, à défendre ses libertés par la force invincible de l'unité nationale; car, sur les grandes questions vitales de gouvernement, elle n'a qu'un intérêt, un sentiment, une volonté. Trois millions de baïonnettes ont pu l'étourdir, mais non la paralyser; les ruses des courtisans

---

[1] « Si cela était vrai les hommes seraient à présent pires que des ours. » — MONTESQUIEU, *Pensées diverses*.

et du clergé jésuitique ne peuvent ni l'aveugler ni la tromper. Comme elle sent sa force, elle attend que le moment de manifester avec sûreté ses pensées soit arrivé ; mais si les ennemis de leur espèce comptent trop sur une patience, une docilité dont ils ignorent la source, si leur vanité, leur arrogance les égarent dans des mesures d'une violence directe et dangereuse, alors sans doute l'on verra se r'ouvrir le grand abîme de la révolution ; et les Bourbons encore une fois expulsés d'une contrée qu'ils n'auraient pas su gouverner. Cette conséquence est déjà assurée d'après ses antécédens ; en l'annonçant, on ne prophétise point, on observe, on tire de justes inductions des faits. Si, dans la grande lutte qui aura lieu en ce cas, entre le bien et le mal, le droit et l'illégalité, les lumières françaises et les despotes alliés de l'Europe, on trouvait physiquement possible d'exterminer le peuple de France, et d'effacer son nom de la carte de l'Europe, il serait encore moralement impossible de le corrompre, de l'enchaîner, de le faire rétrograder vers les ténèbres de la superstition et de l'abrutissement de l'esprit.

POST SCRIPTUM.

Vous l'avez voulu, George Dandin, vous l'avez voulu.

10 août 1830.

L'ouvrage précédent avait été envoyé depuis peu de jours aux éditeurs de Londres, et s'imprimait rapidement, quand les nouvelles de la révolution de France nous arrivèrent à une résidence peu éloignée de Dublin. Nous rentrâmes en ville, sûrs d'y recevoir des lettres de Paris, qui ajouteraient aux détails recueillis par nos journaux, et nous ne fûmes pas trompés dans notre attente.

Toutefois il n'était pas possible de changer une seule ligne de l'ouvrage susdit, non plus que d'y ajouter un seul mot. Mais tout inattendue que fut la grande explosion qui venait d'avoir lieu, je vis avec satisfaction qu'aucun changement n'était nécessaire. Si le temps l'eût permis on aurait pu sans doute faire de nombreuses additions; mais il n'y avait rien à retrancher, à modifier.

La révolution de 1830 justifie toutes les opinions; elle est la conséquence de tous les faits établis dans les précédens volumes : de même qu'elle autorise et sanctionne tous les sentimens que j'ai exprimés dans ma *France en* 1816. Ce n'est pas ici le lieu de s'étendre sur la force et la nature de sentimens privés, ni de se laisser entraîner même au plus pardonnable des amours-propres, en exprimant une sympathie personnelle pour le triomphe de la grande cause des peuples et de l'humanité. Mais si les amis de la liberté dans tout le monde se réjouissent d'un tel événement, d'après le principe abstrait de sa justice, même quand ils n'ont aucun rapport personnel avec la grande nation qui l'a effectué : que ne doivent pas sentir ceux que des pensées et des sentimens communs ont presque naturalisés en France, qui sont unis pas les liens d'une longue et tendre amitié avec les premiers de ses enfans, qui ont pu voir dans sa vie privée le fondateur de la garde nationale de 1789, le commandant de la sublime armée de 1830; car le mot sublime lui est applicable dans toute son étendue! La sublimité morale ne peut aller plus loin que dans la combinaison qu'elle a offerte de la plus haute raison et des passions les plus énergiques.

Cependant quels combats! que de calomnies! que de maux! quel triomphe de la folie et du crime! quelle oppression de la sagesse et de la vertu ont précédé cette catastrophe! Mais le passé est passé; ou s'il doit encore être rappelé, ce doit être comme avertissement pour le futur, comme excuse pour une révolution sans vengeance une victoire sans crimes.

Quand je terminais les dernières notices de l'ouvrage précédent en 1829, la France était en paix avec l'étranger, avec elle-même; résignée à laisser les événemens suivre leur cours, supportant le présent, pleine d'espoir dans l'avenir. Le ministère était vu peu favorablement, mais il n'excitait aucune haine. Il n'était pas à la hauteur des circonstances, mais il était bien au dessus de l'administration Villèle, qui fut renversée par une vraie révolution [1]. La faction jésuitique, abhorrée comme instrument de dégra-

[1] Telle fut du moins l'opinion qui nous fut exprimée par le général Lafayette la veille de notre départ de Paris.

dation nationale, avait été repoussée par la force de l'opinion publique. La prospérité du pays avait repris son mouvement ascendant, et les vertus de la brillante jeunesse de France étaient une ancre de salut pour l'avenir. Une sage expérience veillait sur les raisonnables intérêts du pays, l'esprit de la liberté se montrait vigilant, infatigable; et toutes les espérances reposaient sur l'immuable nature des choses et la marche inévitable des événemens.

Telle était la France pendant l'été de 1829 sous l'administration de M. de Martignac et de ses collègues; quand par un acte de la royale volonté ou plutôt de la royale démence, le prince de Polignac fut appelé au ministère. Personnellement insignifiant, il était haï comme le signe de principes odieux : son nom seul était cabalistique. Chargé de souvenirs abhorrés en France, il rappelait la corruption des mœurs, le despotisme, le *favoritisme* de l'œil de bœuf et la conspiration de la machine infernale. Il réveillait toutes les préventions liées à une longue absence du pays dans la dépendance de l'étranger, et tout ce qu'elle produit de faux, de misérable, d'anti-national.

Le signal de la contre-révolution ainsi donné, la nation se releva pour se défendre. On se préparà simultanément à la résistance, et la presse, la presse encore libre, prit l'initiative. La force morale de France se mit sous les armes; et la nation fit bien et sagement en se tenant sur ses gardes pour repousser les attaques dont elle était menacée avant qu'on eût le temps de les rendre plus formidables; afin d'empêcher s'il était possible les maux dont on voulait l'accabler. Des observateurs froids ou malveillans, en France comme en Angleterre, ont accusé le peuple français de précipitation, d'ignorante impatience, quand il s'opposait au bon plaisir royal, dans la nomination du ministère avant qu'aucun acte de sa part eût autorisé la haine qu'on lui montrait. Mais si la future conduite de Polignac et de ses collègues était encore indécise, leurs antécédens étaient notoires : le passé était une claire indication de l'avenir. Fallait-il donc que la nation se livrât à une indolente sécurité jusqu'à ce que le moment de la résistance se trouvât passé et ses libertés anéanties; et cela parce que le coup médité n'était pas encore porté, et que la conjuration déjà ourdie n'était pas mûre pour l'exécution? Les événemens ont assez justifié la vigilance de la nation, et ont prouvé la sagesse et la vertu de ses représentans quand ils ont protesté contre des traîtres.

Les ordonnances du 25 juillet ont été le mot d'ordre de la bataille; et trois jours ont vu commencer et finir la plus grande révolution qui ait jamais été faite : car la révolution de 1830 est finie, et moralement et par le fait; il ne reste plus à ajuster que quelques points de forme. L'unité rapide de son action épique n'a pas été souillée d'un seul crime, ternie par une seule faute. Tout ce que l'humanité offre de grand, de bon, de sublime, se montre dans ses faits, qui laissent la poésie de la vertu et les fictions du génie bien au dessous de leur simple récit historique. Rome n'a jamais produit des hommes, Sparte des enfans semblables aux citoyens de Paris, aux élèves de ses écoles, de ses colléges. L'héroïsme stoïque de l'antiquité, et la résistance indomptée des temps révolutionnaires en Angleterre et en Amérique, ont été plus qu'égalés, plus que surpassés par le dévouement, la valeur, l'unité de vues et de sentiment des habitans de la plus raffinée, de la plus polie, de la plus riche capitale du monde. Ce n'est pas ainsi que des esclaves recouvrent leur liberté; c'est ainsi que de libres citoyens la protègent. Ce furent les sujets du roi du *parc aux cerfs* qui fournirent les acteurs du règne de la terreur; ce sont les sujets de la charte qui ont achevé la révolution de 1830[1] ! Pour ceux qui voient de loin et sans danger ce grand spectacle, il a pu sembler probable qu'une conspiration universelle et organisée a précédé la levée *en masse* du peuple; et la supposition est juste par le fait, quoique fausse sous le rapport des

[1] Ceux qui donnèrent à la révolution son plus sanglant caractère n'étaient point miraculeusement procréés, spontanément produits par le nouvel ordre de choses; mais c'étaient les véritables enfans du despotisme qui, de même que les monstres voraces nés du péché de Milton, se tournaient contre leur mère:

« Hurlaient, et dévoraient ses entrailles. »

Familiers avec la vue du sang et des souffrances auxquels les exécutions publiques les avaient accoutumés, leur conduite fut influencée par leur horrible expérience. Leur sensibilité depuis long-temps émoussée par la nature de leurs institutions, ne pouvait s'exercer alors en faveur de ceux qui les avaient ainsi dégradés. Ce furent ces sujets long-temps passifs et profondément avilis d'un gouvernement abusif, qui, sortant des antres où ils gémissaient à l'ombre de la Bastille, se mirent à la suite de chefs sanguinaires, altérés de sang, avides de carnage, dont les atrocités apprirent au monde que ceux-là seuls qui ont été élevés sous un régime de liberté, peuvent défendre sa cause; et que plusieurs révolutions peuvent passer, plusieurs systèmes de gouvernement peuvent naître et mourir avant que la tache de l'esclavage soit enlevée, la marque des chaînes effacée, avant que l'homme libre oublie qu'il a été asservi. » (*La France.*)

moyens employés et du caractère de cette conspiration. Il n'y en eut aucune, dans l'acception ordinaire du mot; cela est suffisamment prouvé par l'absence de chefs pour diriger la révolte, et de mouvemens simultanés dans les provinces, et par l'impossibilité de prévoir les causes du soulèvement et le manque d'armes, de préparatifs de défense, des insurgens. Mais il existait une conspiration d'intérêts communs, d'unité nationale; la conspiration d'esprits tous élevés dans le principe de l'égalité devant la loi, et mus par le même grand levier, des lumières pures de fraude pieuse, de détours politiques. Ce n'était ni à Port-Royal, ni à Saint-Acheul, ni dans les séminaires monastiques de Rome et de l'Autriche, que la génération actuelle avait puisé l'amour de la liberté. C'était dans les grandes écoles nationales d'un peuple libre, payées par le peuple, ouvertes au peuple, fondées par le peuple, et présidées par les hommes les plus éclairés et les plus méritans du siècle. Les connaissances ainsi disséminées avaient dès long-temps porté d'heureux fruits. On savait que les véritables bases de la liberté étaient la confiance en soi-même; on reconnaissait généralement qu'une nation pour être libre, devait mériter de l'être. Un patriotisme indomptable, une loyauté incorruptible, une complète abnégation de soi-même dans là grande cause, dominaient chez toutes les classes. Et nous étions encore en France, quand une société fondée sous le nom de *Aide-toi, le ciel t'aidera*, s'occupait activement de combattre l'influence ministérielle dans les élections, de propager les connaissances utiles et d'établir des communications entre les libéraux de tous les départemens. Les sentimens de tous les individus un peu notables étaient ainsi reconnus, les forces numériques des divers partis estimées ; les événemens contingens prévus ; et l'opposition requise déterminée et préparée. On adopta universellement un système de résistance passive aux ordonnances illégales, et l'association bretonne fut l'un de ses résultats. On s'abstint de tout acte prématuré d'indignation. La force inhérente de la nation une fois sentie et reconnue, il ne lui restait plus qu'à attendre l'ouverture de la nouvelle chambre pour régler sa conduite suivant les occurrences.

En jetant les yeux sur le journal qui m'a fourni ces volumes [1], j'ai été frappée de la légè-

---

[1] Particulièrement une notice sur la Fête-Dieu. Quel contraste entre la scène que j'ai décrite et le suivant extrait du *Journal des Débats* du 13 courant !

« En face du Louvre et de l'église de Saint-Germain-

reté, quelquefois de la frivolité des souvenirs que j'y ai consignés. Toutefois c'était un rapport fidèle de l'état des choses tel qu'il était alors. L'esprit public était formé sur les grandes questions politiques; il pouvait s'amuser de discussions sur des sujets moins importans : mais quand le tocsin de la résistance constitutionnelle eut sonné, que devinrent les distinctions de classiques et de romantiques, de constitutionnels et de royalistes, de disciples de Tracy et de Broussais, et de suivans de Kant et de Cousin; de lecteurs du *Globe*, du *National*, des *Débats* et du *Constitutionnel!* Toutes ces nuances disparurent comme les vapeurs d'une matinée de printemps, et chaque teinte se fondit dans le grand arc-en-ciel de la liberté, qui s'étendit sur l'horizon de la pensée tel qu'un prisme de lumière et de gloire.

La presse anglaise a été l'écho si prompt et si

---

l'Auxerrois, est un terrain vide, entouré d'une barrière en bois. Dans un coin de ce terrain, du côté le plus voisin de la Seine, on a enterré aujourd'hui les restes des héroïques citoyens qui ont succombé dans les actions des 28 et 29. Quelle guerre! quelle histoire! quel peuple! On a érigé sur cette place de sépulture une croix de bois portant cette seule inscription funéraire :

« *Aux Français qui sont morts pour la liberté.* »

fidèle des journaux français, si long-temps insultés, qu'il serait aussi présomptueux qu'inutile d'entrer dans les détails qui ont accompagné la chute de Charles X. Dans le sommaire rapide que je présente ici de la grande semaine, je ne note que quelques renseignemens qui m'ont été transmis par les lettres particulières de diverses personnes qui ont joué un rôle actif dans les événemens, renseignemens que les papiers publics ont montrés authentiques.

Si les desseins des hommes faibles et pervers qui composaient le ministère Polignac, étaient bien connus en France, les moyens dont ils devaient se servir pour les effectuer étaient un peu moins évidens; car les calculs de la folie n'étant fondés sur aucune base fixe, ni dirigés d'après aucun principe certain, sont essentiellement indéchiffrables. La direction que ces hommes avaient prise ne menait, il est vrai, à aucune issue praticable. La dissolution de la Chambre les mettait à la merci des électeurs; les électeurs les remettaient entre les mains des députés; et si ceux-ci les rejetaient à leur tour, où pouvaient-ils chercher un refuge? Leur retraite, ou un coup d'état, un acte d'autorité illégal, étaient les seules alternatives qui leur étaient présentées. Dans cette route si clairement tracée, le ministère avait marché aveuglément et sans hésiter; mais peu de gens lui supposaient le courage désespéré d'ébranler tout ce que la restauration avait rendu à la famille royale, en renversant les lois. L'opinion générale était qu'ils continueraient de menacer jusqu'à ce que les Chambres se prononçassent contre eux; et qu'alors ils feraient place malgré eux à d'autres hommes moins violens. Ce n'eût pas été la première fois que la cour aurait adopté une pareille tactique, et l'expérience était d'accord avec cette supposition.

Tel était l'état de l'opinion publique le 24 juillet; mais chacun s'attendait aux choses les plus fâcheuses, et l'événement de la grande dissolution des Chambres fit résoudre à refuser le paiement des contributions qui ne pouvaient plus être légalement imposées, et à mettre ainsi le ministère dans l'impossibilité de continuer ses fonctions.

Le 24, des nouvelles sinistres se répandirent par les papiers ultrà royalistes, et circulèrent dans les salons et les cafés; un coup d'état était annoncé; mais les plus expérimentés ne pouvant calculer le degré d'obstination qui peut accompagner la plus complète impéritie, comme le génie le plus élevé, refusaient de croire à cette assertion. On attendait avec anxiété la lutte qui allait avoir lieu sur l'arène des Chambres entre les agens du despotisme et de la trahison, et les défenseurs des droits du peuple.

Le lundi 26, cette illusion fut dissipée par la publication des ordonnances qui, à la manière de Cromwell, détruisaient la représentation nationale, imposait silence à la presse, annullaient la Charte. La première émotion qu'elles excitèrent fut l'étonnement, la stupeur; la seconde, l'indignation; mais ces émotions passives furent de courte durée. La presse (et c'est avec un profond sentiment d'orgueil et de satisfaction que je rappelle ce fait), la presse prit l'initiative de la résistance. Une protestation signée des rédacteurs des principaux journaux libéraux [1], fut publiée et promptement mise en circulation, annonçant leur détermination à n'accorder leur obéissance à ces ordonnances que contraints par

---

[1] Une assemblée à laquelle se joignirent des électeurs de Paris se réunit dans les bureaux du *National*, pour rédiger cette pièce: les éditeurs de ce journal, et ceux du *Globe*, du *Courrier Français*, du *Journal de Paris*, du *Temps*, du *Journal de Commerce*, de *la Tribune des Départemens* et du *Figaro* y assistèrent. Dans la protestation qu'ils signèrent ils appelaient le peuple à se révolter contre un despotisme qui avait renoncé même à l'apparence d'un droit légal à son obéissance.

une force majeure. L'entrée de militaires armés dans les imprimeries des journaux, et la destruction de leurs presses furent les premiers actes du despotisme ministériel. Ce procédé rendit vivantes et tangibles les paroles des ordonnances, les rendit intelligibles aux plus ignorans. Un silencieux et universel sentiment de résistance s'éveilla dans les cœurs et réunit la population entière dans une détermination commune, avant même qu'aucune communication l'eût exprimée. Les amis cherchaient leurs amis, les connaissances leurs connaissances; et des gens étrangers les uns aux autres se rassemblaient avec la même confiance que s'ils avaient été liés depuis long-temps. On n'avait rien à s'apprendre les uns aux autres, mais on avait beaucoup à résoudre. Des centres d'union furent établis dans la capitale avec une célérité télégraphique, que l'on ne peut mieux comparer qu'aux feux subitement allumés sur nos montagnes dans nos anciens rites.

Dans la matinée du 27 [1], la noble protestation

---

[1] L'opinion générale à Paris, le soir du 26, était que le moment de la résistance était éloigné. Les libéraux (j'en avais vus plusieurs le jour même) parlaient de préparer, de stimuler un refus de payer les impôts après le 1ᵉʳ janvier.
(*Lettre particulière.*)

des journalistes fut publiée avec ses signatures dans le *Globe* et le *National*, et distribuée gratis au peuple. D'autres journaux suivirent cet exemple et contribuèrent à l'exaltation universelle.

Vers midi les imprimeries furent envahies par la *gendarmerie*; et la violence, l'illégalité de ces procédés communiquèrent un choc électrique à la multitude assemblée. A cette première attaque contre la citadelle de la Charte, les cris de *Vive la Charte! vive la liberté!* d'abord faibles et peu nombreux, devinrent bientôt des acclamations retentissantes. Ouvriers, marchands, écoliers des lycées, adolescens, enfans même, se rassemblaient et parcouraient les rues. Les boutiques se fermèrent. Arts, sciences, commerce, affaires, tout fut suspendu.

La bourse ferma ses portes, la banque nationale refusa d'escompter; et des milliers de citoyens privés d'emploi, montrant sur leur visage l'expression du besoin, se joignirent à la masse des mécontens. Des troupes de gendarmes, et des détachemens de la garde royale et des Suisses, poursuivirent les citoyens, rassemblés, quoiqu'ils fussent désarmés, et sans aucun moyen de résistance. L'autorité avait fait entendre la voix, la terrible voix de la proscription, et rappelé les plus horribles temps de la terreur. On sut le soir que plusieurs magistrats et les députés les plus populaires étaient inscrits sur ces noires listes. Une décharge de mousqueterie dans le voisinage du Palais-Royal, le cœur, le centre de la capitale, annonça l'alternative offerte par le gouvernement, la soumission ou l'extermination. Le peuple courut aux armes ; tous les instrumens de destruction qui purent tomber sous la main furent saisis. Les boutiques des armuriers, les magasins de curiosités furent envahis : on enleva, dans le Musée d'artillerie, les armes du temps de la chevalerie qui couvraient les simulacres des rois et des héros, la pique ornée de joyaux de François Ier, la lourde épée de Charlemagne, le sabre rouillé de Henri IV : et quand ces ressources furent épuisées, les broches, les fourches, les bâtons, les pierres, les branches des arbres, les barres des fenêtres suppléèrent à leur défaut. Des cœurs si dévoués, des mains si hardies devaient trouver promptement et facilement des armes. Les engagemens se multiplièrent de tous côtés. Le peuple n'était pas toujours victorieux, mais il était toujours indomptable ; il se ralliait sous le feu régulier des soldats : ici, il élevait des barricades, l'ancienne défense des Parisiens ; là, il repoussait l'ennemi par une grêle de pierres. Tant de bravoure et de résolution désarmèrent leurs adversaires mercenaires, plutôt que leurs forces. Le brave 50ᵉ de ligne refusa de tirer sur le peuple, et ces soldats citoyens prirent part à l'insurrection.

La nuit du 27, personne ne dormit, hors ceux qui s'endormirent pour toujours; et le lendemain matin, les citoyens étaient encore prêts à combattre. Ils manquaient de fusils, ils manquaient de munitions; mais ils ne manquaient pas de courage. Le pavillon tricolore, ce pavillon qui avait flotté sur les ruines de la Bastille et triomphé dans toute l'Europe, fut arboré [1]. Ce fut sans doute un spectacle trop beau, trop touchant, pour être imaginé, que ces familles entières de citoyens, paisibles deux jours avant, et sortant à la première clarté du jour de leur demeure, où peut-être ils ne devaient pas rentrer. On voyait parmi eux tous les âges, toutes les conditions; quelques-uns marchaient seuls, d'autres avec un petit nombre d'amis, de frères; d'autres, se réunissant en groupes dans une entière confiance, allaient gaîment au devant du danger. Les femmes, inquiètes, agitées, suivaient

[1] On dit que le premier drapeau tricolore fut improvisé avec la chemise et les habits d'un soldat mort.

de leurs vœux et de leurs regards les objets de leurs affections; mais elles ne proféraient pas un seul mot, elles ne se permettaient pas un seul geste pour s'opposer à cette glorieuse impulsion. Si quelque mère s'éloignait de son seuil en versant des larmes sur les fils qu'elle venait de quitter, peut-être pour toujours, elle cachait ses pleurs dans l'intérêt de son pays. Au milieu de ce grand conflit, un silence universel régnait; pas une bravade, par un cri d'insulte. La physionomie des hommes était grave et triste; mais elle s'animait en présence des baïonnettes et sous le feu des soldats.

A neuf heures, la garde nationale parut en nombre considérable, rassemblée par pur dévouement, sans aucun ordre donné. Elle marcha à la tête des ouvriers de Paris contre l'Hôtel-de-Ville, que les troupes du gouvernement occupaient. Dans cette attaque, le peuple triompha, et se rendit bientôt maître de la place; mais il fut repoussé à son tour par un renfort de Suisses et de la garde royale. Immobiles devant cette force supérieure, les citoyens furent massacrés à leur poste; et les soldats ne reprirent possession de l'Hôtel-de-Ville qu'en marchant sur le corps de leurs adversaires. Une nouvelle attaque eut lieu, dirigée cette fois par les élèves de l'École polytechnique; et l'Hôtel-de-Ville, après un combat meurtrier, resta au pouvoir des Parisiens.

Pendant ces combats, le bourdon de Notre-Dame sonnait un tocsin continu; bruit terrible en un pareil moment. Les élèves en droit et en médecine, plus envieux de montrer leur courage que de chercher des occasions de commander, suivirent les élèves de l'École polytechnique, et les aidèrent à s'emparer des magasins d'Ivry et du Musée d'artillerie de Saint-Thomas-d'Aquin. Ce fut ainsi, et au milieu d'une révolte populaire, que ces jeunes enfans des sciences et ces novices de la guerre établirent l'ordre militaire et mirent en pratique leurs théories de tactique.

Cependant on mit le feu à la caserne de la rue Saint-Denis, et un furieux engagement eut lieu entre les rues Saint-Martin et Saint-Denis, le quartier le plus peuplé de la ville. Là, furent élevées les premières barricades dans ces rues étroites et si remplies d'habitans. Là, le peuple, dont les rangs étaient éclaircis par un feu soutenu, fit la plus vigoureuse résistance. En quelques endroits, on tirait derrière des redoutes construites à la hâte, d'autres fois, des fenêtres et des toits des maisons, ou du sommet des portes Saint-Denis et Saint-Martin: l'on tenait ainsi les militaires en échec, et l'on épuisait leur force. Des grêles de pierres et de gravois tombaient du haut des maisons sur la tête des soldats; les beaux arbres des boulevards étaient abattus pour obstruer le passage; et des voitures, des charrettes, des meubles, étaient employés pour comcompléter les barricades.

Quand la nuit vint terminer ce massacre civil, bassement excité par quelques lignes de la main d'un despote, la vigilance infatigable des braves citoyens se déploya par des mesures d'une intelligence et d'une sagesse admirables. Les rues furent dépavées, les lanternes brisées, les tonneaux roulés hors des caves, mêlés à tout ce qui pouvait arrêter la marche de la cavalerie, formèrent de cinquante en cinquante pas des barrières solidement construites. Une ardeur si imdomptable, une fermeté si calme, une résolution si arrêtée, épuisèrent la patience, abattirent le courage des officiers les plus expérimentés. Plusieurs, touchés d'admiration, émus de pitié, abandonnèrent, dit-on, l'horrible tâche qui leur avait été imposée, et le poste qu'il n'était plus honorable de défendre. Cependant, jusqu'après minuit, le canon gronda et les décharges de fusils se succédèrent dans divers quartiers de la ville; tandis que le tocsin, plus terrible encore dans les ténèbres, éveillait celui que la fatigue allait accabler, et ranimait l'espérance des braves, jusqu'à ce que le matin, le matin du troisième jour de combat se leva.

Avec la première clarté du jour, le combat du 29 commença par un feu éloigné à longs intervalles, qui devint bientôt éclatant et général. Mais les troupes de ligne cessèrent bientôt de tirer. La garde royale harassée, découragée, se replia sur le Louvre, les Tuileries et les extrémités des boulevards. De nouvelles troupes avaient reçu de Marmont l'ordre de marcher sur Paris; et la ville était déclarée en état de siége par le gouvernement royal. Cependant les habitans des communes voisines, Passy, Chaillot, Boulogne, Auteuil, Neuilly et d'autres, s'étaient déjà soulevées pour s'opposer au passage des troupes, qui se replièrent sur Saint-Cloud, où le roi s'était retiré après avoir lancé les ordonnances, pour y passer le temps, qui devait être employé au meurtre ou à la soumission de ses sujets, dans les plaisirs de la chasse!

Le Louvre, dans lequel les Suisses s'étaient retranchés, fut pris; les Tuileries se rendirent deux heures après; le peuple, de tous côtés victorieux, repoussa le dernier soldat hors des barrières; et le drapeau tricolore flotta encore une fois triomphant sur les tours Notre-Dame et sur les Tuileries. Une armée organisée par un sentiment unique et puissant, armée au hasard, avait combattu trois jours de suite, sans chefs, au milieu de toutes les privations, contre les troupes les plus braves, les mieux disciplinées, les mieux payées de l'Europe; elle les avait vaincues; elle avait conquis la liberté de son pays, et laissé un souvenir impérissable de la supériorité du courage civil sur la force militaire, quand les citoyent sont unanimes dans leurs sentimens et décidés à être libres.

Et où se trouvaient cependant celles qui ne pouvaient combattre, les femmes de Paris? où des femmes patriotes devaient être dans ces jours glorieux, près de la couche des blessés et des mourans : elles prodiguaient leurs soins avec une égale humanité, sinon avec un égal intérêt, à leurs frères, à leurs fils, à leurs maris et à des étrangers. Leurs cours et leurs maisons étaient pleines de malheureux souffrans; ou bien elles se rendaient elles-mêmes dans les hôpitaux porter des secours, des consolations à leurs défenseurs. Les plus nobles sentimens dominaient dans toutes les âmes. Les prisonniers n'étaient pas traités en ennemis, mais en amis infortunés. Pas un outrage, pas une violence, pas un exemple de pillage sordide. La guerre civile, cette corruptrice des anciens temps et des autres pays, semblait en cette occasion ennoblir et purifier tout ce qu'elle touchait.

Trois jours, les plus glorieux que la France ait jamais vus, ont terminé la querelle entre le despotisme et les droits constitutionnels; trois jours de carnage et de confusion pendant lesquels aucune autorité établie n'était restée debout. Le jour d'après on respire, on répare ses forces épuisées, et tout reprend ensuite l'ordre accoutumé. Les armes destructives sont laissées pour les instrumens des travaux paisibles; les bureaux sont rouverts, la grande machine de l'état est remise en mouvement par un gouvernement provisoire composé d'hommes qui réunissaient tous les suffrages. Chacun de ses membres s'était montré digne de l'admiration et du respect de son pays par le talent, les lumières, la probité politique et le courage. Le duc d'Orléans, appelé par la Chambre des députés rassemblée, à la lieutenance générale du royaume, avait combattu jadis dans les années républicaines de France et sous le drapeau tricolore; et quoique Bourbon, il était connu par son attachement aux principes de la liberté. Et quel était le commandant que la garde nationale choisit par acclamation? le nom de Lafayette se présente de lui-même; qui pourrait penser à un autre qu'au meilleur, au plus grand citoyen que le monde ait jamais connu, dont l'expérience est aussi profonde que son zèle est infatigable, dont l'amour pour le peuple est aussi touchant qu'il est sincère? Quels noms suivent le sien! chacun d'eux représente quelque qualité profitable au genre humain. Gérard, la loyauté et la bravoure; Dupont de l'Eure, l'incorruptible probité; de Rigny, l'héroïsme de Navarin; d'autres, le savoir et l'éloquence; tous le dévouement aux droits du peuple! Telles sont les premières garanties que la nation a choisies au moment de la nécessité, et sur lesquelles elle se confie pour lui donner un gouvernement (quel que soit son nom et sa forme extérieure) qui soit digne d'un grand peuple, adapté aux besoins, aux vœux, aux lumières du dix-neuvième siècle, la meilleure époque dont l'histoire ait consigné les faits.

On ne peut et l'on ne doit point cacher que les combats de ces trois jours ne sont pas l'époque la plus critique, pour la constance, la longanimité des Français. C'est dans le moment même de la victoire que les destinées de la France courrent les plus grands dangers. Les principes de la masse des citoyens sont républicains, leurs habitudes ne le sont point. Le choix d'un gouvernement est entouré de difficultés, d'inconvéniens en des sens opposés, qui exigent tout le bon sens, toute la modération d'un peuple hautement civilisé pour en triompher. Les ennemis de la liberté sont nombreux, alertes à profiter de la moindre apparence d'incertitude de discorde, prêts à reprendre les hostilités à la première division qui éclaterait parmi les diverses classes de libéraux. Déjà le parti jésuitique est affublé des plus larges cocardes tricolores, et avec une inconcevable impudence, il se montre le plus exagéré pour pousser à la démocratie. Mais l'élection du duc d'Orléans à la royauté constitutionnelle en conciliant à la France les puissances de l'Europe, ou en calmant leurs craintes, borne, du moins à l'intérieur, l'arène des passions haineuses. Une triste expérience de l'inefficacité des formes de gouvernement pour assurer la liberté, aura peut-être l'effet heureux d'éloigner le fanatisme; et sans doute la meilleure partie de la société parisienne est bien plus désireuse de s'assurer la substance que de disputer sur les signes extérieurs du gouvernement. Où il n'existe point d'aristocratie territoriale le roi n'est que le premier citoyen de l'état, un président couronné;

et le despotisme étant tout-à-fait hors de la question, la France, quel que soit le nom qu'elle portera, sera toujours république par son esprit et ses institutions. Mais la plus grande espérance pour le rétablissement de la paix est dans les vertus que ce conflit a mises en évidence; le jugement, la promptitude, l'instinct de l'ordre, la sagacité, et surtout le désintéressement de toutes les classes qui présentent un aspect de la société bien opposé à celui qui précéda la terreur.

Parmi tant de sujets de félicitations offerts par ce merveilleux événement, la manière dont il a été reçu en Angleterre n'est pas le moins grand. La presse anglaise a rempli noblement son devoir; et il est consolant de voir qu'au milieu de nos dissensions politiques aucune voix servile n'a jeté un seul cri en faveur du despotisme. Le grand principe de la révolution de 1688 a reçu par là une seconde et solennelle sanction; et ce principe est aussi contraire à la tyrannie d'une oligarchie qu'au despotisme d'un monarque. Les acclamations universelles qui ont retenti dans notre île pour la victoire du peuple français, sont un bon augure pour nos réformes à venir. Le vieil édifice vermoulu a vibré jusque dans ses fondemens à ce son fatal; et, de même que les murailles de Jéricho, devant les trompettes juives, il tombera devant l'expression réitérée d'une opinion si généreuse, si éclairée, si libre. « Espérons, dit le général Lafayette dans une lettre que j'ai depuis une heure à peine en ma possession, que cette révolution sans tache amenera la liberté de l'Europe [1]. »

[1] Cette lettre est un monument historique et ne peut rester propriété privée. Je la donne au public sans attendre la permission de l'illustre écrivain, comme digne de tout ce qu'il a produit.

A sir Charles et à lady Morgan.

« Au milieu du tourbillon où je vis, mes chers amis, je vous demande la permission de dicter ma réponse à vos deux bonnes lettres, en reconnaissant l'envoi de dix livres sterling. Nous avons fait une belle et rapide révolution : toute la gloire en est au peuple de Paris, c'est-à-dire à la portion la moins aisée de ce peuple, aux élèves des écoles de droit et de médecine, etc., mêlés à la population, et particulièrement à la noble école polytechnique, dont l'uniforme était partout un signal de confiance. Le peuple s'est montré aussi grand par sa générosité après la victoire qu'il a été terrible et habile dans les combats. Je vois avec plaisir que vous approuvez la résolution prise par nous autres républicains, de concourir à l'érection d'un trône populaire, en l'amalgamant à des institutions républicaines. Le choix du prince et de la famille est excellent.

» Vous me demandez des nouvelles personnelles de votre vieux ami. J'étais à *La Grange*, à déjeuner, le mardi, lorsque nous avons reçu le *Moniteur* et les ordonnances : huit heures après j'étais à Paris. On s'est battu mardi soir, la journée du mercredi et du jeudi. Le jeudi matin, l'Hôtel-de-Ville, pris et repris, était devenu mon quartier-général ; et le drapeau tricolore, que j'y avais planté il y a quarante ans, y flottait de nouveau. Le vendredi on se battait encore dans les faubourgs ; mais la plus grande partie de l'armée royale couvrait Saint-Cloud. La cour a fait mine de résistance à Rambouillet. Elle avait encore dix mille hommes des meilleures troupes réglées. J'ai fait marcher vingt mille citoyens ; ce qui a déterminé le mouvement de retraite. La famille royale a ensuite traversé la France sous l'escorte de nos commissaires à écharpe tricolore. Elle a partout trouvé le silence sans la moindre insulte. La France s'organise en garde nationale, dont on a voulu que je restasse provisoirement le commandant en chef.

» Toute la famille est en bonne santé, et vous fait mille amitiés. Nous sommes profondément touchés des témoignages d'approbation et de sympathie qui nous ont été donnés par le peuple de la Grande-Bretagne et de l'Irlande. Il faut espérer que cette révolution sans tache amènera la liberté de l'Europe.

» Recevez, mes chers amis, tous mes remerciemens et amitiés.

» LAFAYETTE.

» Je vous enverrai notre chant national, par Casimir Lavigne, quoiqu'il soit mêlé de choses trop flatteuses pour moi ; mais je n'ai pas le temps de le copier. »

FIN.

TABLE.

	Pages
Le Droit d'aînesse.	1
La Galerie d'Orléans.	17
Les Doctrinaires.	33
Nouveaux Romans.	45
Les Théâtres.	52
Archives de France.	85
Hôtel de Ninon de l'Enclos.	123
Art Mosaïque en France.	137
Journaux français.	144
Magasin de curiosités. Napoléon en 1829.	183
Promenades du matin.	190
Le Peuple.	204
Polichinelle.	209
Un Dîner au faubourg.	211
Jardins publics.	216
Cours publics.	230
La Toilette.	241
Société de la morale chrétienne.	257

	Pages.
Musique.	268
Dîners.	298
Soirée chez la princesse de Salm.	329
Historiens Modernes.	341
La Classe industrielle, Visite à Saint-Ouen.	354
Fête-Dieu en 1829.	395
Les Osages de Paris.	404
Notre dernière soirée à Paris	407
Post scriptum.	411

FIN DE LA TABLE DU TOME SECOND.

www.ingramcontent.com/pod-product-compliance
Lightning Source LLC
Chambersburg PA
CBHW070607230426
43670CB00010B/1439